本书获教育部人文社会科学研究规划基金（题名："先富能人治村"对村民公共参与的影响及对策研究，批准号：12YJAZH105）项目资助，谨致谢忱！

绍兴文理学院
出版基金资助

"先富能人治村"
视域中的村民公共参与

XIANFU NENGREN ZHICUN
SHIYUZHONG DE CUNMIN GONGGONG CANYU

裴 斌◎著

前　言

迈入新世纪以来,随着村民自治的推进,"先富能人治村"现象日益引起人们的关注。早在十年前,由纪圣麟等人完成的一项针对浙江农村的调查表明,2002 年,浙江省近四万个村委会完成第六届换届选举后,全省新当选的 133222 名村委会成员中,先富能人约占 30%,而在浙江省义乌市 2726 名村委会成员当中,先富能人当选比例高达 60%,在新当选的 421 名村委会主任中更是占到 65%。永康、东阳、瑞安、乐清等地,先富群体当选村委会成员的比例也都在 60% 左右。[①] 时至今日,"先富能人治村"成为我国不少农村地区一道越发亮丽的政治风景线。陈锋在 2010 年调研浙东地区一个乡镇时发现,该镇 70% 的村支书和村主任由先富能人担任。[②] 我们在浙江省嵊州市新近所作的调查也发现,先富能人担任村干部的现象比比皆是。

村民公共参与,作为衡量农村基层民主发展水平的重要指标,近年来日益受到党和政府有关部门的重视。胡锦涛在党的十八大指出:"在城乡社区治理、基层公共事务和公益事业中实行群众自我管理、自我服务、自我教育、自我监督,是人民依法直接行使民主权利的重要方式。要健全基层党组织领导的充满活力的基层群众自治机制,以扩大有序参与、推进信息公开、加强议事协商、强化权力监督为重点,拓宽范围和途径,丰富内容和形式,保障人民享有更多更切实的民主权利。"[③] 可见,积极推进乡村基层的村民公共参与,是现阶段新农村建设系统工程中的有机组成部分,也是我国政治文明建设的重要内容。

鉴于此,在当下,认真探讨村民自治运作中的公共参与及其推进思路,既是党和政府有关部门的职责,也是乡村治理理论工作者责无旁贷的任务。特别是当乡村治理嵌入"先富能人治村"这个变量以后,村民公共参与将呈现出怎样的运作态势?"先富能人治村"将给村民公共参与带来怎样的影响?先富能人治理下村民公

---

① 纪圣麟,周炳泉,陈军:《先富群体竞选村官现象调查》,《乡镇论坛》2003 年第 8 期。由王信川等人完成的一项调查则表明,在第六届选举后担任村委会主任的 763 人中,办厂、经商的有 480 多位。详见王信川:《义乌老板们的村官仕途》,《经济月刊》2003 年第 11 期。

② 陈锋:《富人治村易提高参政门槛》,参见中国共产党新闻网 2011 年 11 月 2 日报道(网址:http://theory.people.com.cn/GB/16108007.html)。

③ 胡锦涛:《坚定不移沿着中国特色社会主义道路前进为全面建成小康社会而奋斗——在中国共产党第十八次全国代表大会上的报告》,《求是》2012 年第 22 期。

共参与的发展走向如何？我们认为，这些都是理论工作者当下需要关注的重要研究课题。

从理论上而言，认真探讨上述诸问题，可以进一步拓展对"先富能人治村"的考察和分析。村民自治强调在村级管理中村民群众的自我教育、自我管理、自我服务，注重在选举、决策、管理、监督各个环节中民主实践的贯串。而"先富能人治村"将对村民自治的全过程带来深刻的影响。因此，如果以"先富能人治村"对村民公共参与的影响为考察视角，立足于实证调研，将能进一步拓展对"先富能人治村"的多维理论研究。同时，由于理论界对具体村治模式及背景下村民公共参与的专题研究尚不丰富，因此，如果能对"先富能人治村"背景下村民公共参与的运作和优化展开细致的实证考察和理论分析，可以有效深化村民自治运作中公共参与的理论研究。

从实践上来说，认真考察和研究经济能人治理背景下村民公共参与的发展态势，将有助于有关部门对"先富能人治村"有一个更全面的认识。近年来，学界和政界对"先富能人治村"持乐观态度的居多。而现有的实证研究表明，"先富能人治村"给村庄治理和建设带来的影响是多向度的。因此，如果能在区域性实证研究的基础上，全面分析"先富能人治村"对村庄民主政治发展的多重影响，对有关部门全面把握先富能人主政下的村民自治发展走向是不无裨益的。其次，本项研究也有助于有关部门对"先富能人治村"背景下村民公共参与的正确指导。现在，"先富能人治村"现象越来越受到各方面的关注。最新的数据则表明，浙江省2/3的村是"富人治村"。因此，分析先富能人治理下村民公共参与的发展态势与推进对策，对于促进农村基层民众的有序政治参与具有重要的政策意义。

目前，关于"先富能人治村"背景下的村民公共参与，学者们的研究主要集中在以下三个方面。

一是"先富能人治村"对村庄权力结构的影响以及村民在村治中的地位。

随着村民自治的推进与发展，"先富能人治村"现象的不断涌现。这一现象逐渐受到部分农村理论工作者的关注。徐勇等学者对不同经济背景下能人型村治模式的权力结构作了较为细致的个案研究。[①] 董明等注意到"先富能人治村"使得村域政治的自主性得以增强，并促使村庄内部以及它与乡镇政府之间的关系发生着嬗变。[②] 胡序杭则认为，先富能人主政既提高了村庄权力结构的合法性，又影响到村级权力结构的稳定性。[③] 华农心等认为，经济能人型村治模式主要依靠能人的

---

① 请参见徐勇：《由能人到法治：中国农村基层治理模式转换——以若干个案为例兼析能人政治现象》，《华中师范大学学报》（哲学社会科学版）1996年第4期；卢福营：《村委会选举中私营企业主的竞选行为》，《学习与探索》2009年第2期。

② 董明：《再析先富参政现象的生成背景》，《湖北省社会主义学院学报》2008年第12期。

③ 胡序杭：《先富能人争当村官与村级权力结构的稳定性》，《中共福建省委党校学报》2007年第3期。

超凡能力,突出能人的特殊作用。同时,该村治模式也存在自身难以超越的缺陷。如村民群众对能人的依赖,对治村能人缺乏必要的监督与制约,等等。①

二是"先富能人治村"背景下村民公共参与的特点与面临的挑战。

有学者发现,在集体经济发达的村庄,村民大规模的群众性参与往往是动员和组织的结果;而在个私经济发达的村庄,出于维护和扩大自身利益的动机,村民的参与大多是自觉自愿的。② 杨小柳等通过对集体经济型村庄与散户经济型村庄的比较,也得出了基本一致的结论。③ 赵晓峰等针对"富人治村"存在的对普通村民公共参与的排斥机制,认为此问题应引起高度关注。④ 陈锋等也指出,富人村官"以私济公"的村务管理手段在使村民获益的同时,也排斥了普通村民的参政。⑤ 龚博君认为村庄的去集体化将导致"老板村官""个人化自由政治空间"的膨胀。⑥ 万慧进等指出能人治村主要问题在于普通村民参与的不足,致使村民自治发生了不同程度的异变。⑦

三是"先富能人治村"背景下村民公共参与发展的思路。

针对先富能人治理下村民公共参与存在的问题与不足,郭正林强调了提高村民公共意识对推进公共参与的重要性。⑧ 黄俊尧等则认为,农民的参与需要有一个制度平台,这个平台就是村务公开。⑨ 张小劲、应小丽等指出,协商民主取向的村民公共参与制度创新,是破解部分乡村治理困境的有益尝试。⑩ 贺雪峰则指

---

①　华农心:《一个应引起重视的政治现象——中国农村能人政治分析》,《前进》1997 年第 3 期。

②　卢福营:《村社区公共权力的监督——兼以浙江省的两个村为例》,《社会主义研究》2000 年第 4 期。

③　杨小柳:《乡村权力结构中的经济能人型村治模式》,《中南民族大学学报》(人文社会科学版)2005 年第 3 期。

④　赵晓峰:《富人治村的社会吸纳机制及其政治排斥功能——对浙东先锋村青年农民精英治村实践的考察》,《中共宁波市委党校学报》2010 年第 4 期。

⑤　陈锋:《富人治村易提高参政门槛》,参见中国共产党新闻网 2011 年 11 月 2 日报道(网址:http://theory.people.com.cn/GB/16108007.html)。

⑥　龚博君:《苏南农村政治精英的转型及其伦理困境》,《江苏行政学院学报》2006 年第 1 期。

⑦　万慧进:《"先富能人"担任村书记的绩效、存在问题及其对策》,《中州学刊》2007 年第 3 期。

⑧　郭正林:《卷入民主化的农村精英:案例研究》,《中国农村观察》2003 年第 1 期。

⑨　黄俊尧:《论村民代表会议与"先富群体治村"》,《浙江学刊》2009 年第 2 期。

⑩　张小劲:《民主建设发展的重要尝试:温岭"民主恳谈会"所引发的思考》,《浙江社会科学》2003 年第 1 期;应小丽:《协商民主取向的村民公共参与制度创新——浙江省常山县"民情沟通日"制度调查与分析》,《浙江社会科学》2010 年第 2 期。

出,在"富人治村"背景下,大力发展基层民主,是推进乡村治理和建设的基本思路。①

国外学者如塞缪尔·P. 亨廷顿、蒲岛郁夫等,在公民政治参与方面提出了不少重要观点和思想②,这无疑为本项研究提供了较好的理论支撑。

然而,由于受到研究视角、样本、力量等各种因素的制约,目前理论界对"先富能人治村"背景下村民公共参与的研究尚有待于拓展和深入。

一是对先富能人治理下村民公共参与的研究面有待于拓宽。现有研究主要集中在对个私经济、集体经济发达背景下的能人型村治研究。对先富能人治理下不同社会关联度的村庄、不同村治规模的村庄、不同经济基础的村庄等的村民公共参与运作态势及发展情况的研究尚有待于拓展。

二是对先富能人治理下的村民公共参与专题研究有待于深化。目前的研究主要是在对能人型村治模式进行考察的同时,对能人治理下的村民公共参与作了相应分析。因此,关于"先富能人治村"对村民公共参与的多重影响及相关对策的专题研究亟待深化。

我们认为,随着党和政府对"先富能人治村"现象和对发展农村基层村民有序公共参与的日益重视,关于先富能人治村背景下促进村民公共参与的研究和探讨将会受到更多理论工作者的关注。

针对目前理论工作者的研究现状,本书试图在实证研究的基础上,对于"先富能人治村"背景下的村民公共参与问题展开更为深入系统的考察和研究。首先,笔者在本书中准备系统考察"先富能人治村"背景下各阶层村民公共参与的运作态势。十多年来,我们始终关注"先富能人治村"这一乡村政治现象,并结合相关课题研究,对此现象作了不少调研与思考,发表了"能人治理型村庄的政治信任基础"、"能人治理下普通村民公共参与的非均衡性"等论著。③ 但研究还是较为初步的,对能人治理下村民公共参与的考察仅是局部的。我们计划在本书中对"先富能人治村"下村民公共参与的运作态势作一更为系统的调研与考察。"先富能人治村"这个变量的嵌入,对村民公共参与到底带来了怎样的影响?其深层次原因何在?我们希望通过对上述问题的研究能获得更明确的思路。

其次,笔者在本书中准备更深入探讨"先富能人治村"背景下村民公共参与的推进策略。贺雪峰认为,当下,先富能人治村不仅是一个重大的经验现象,而且涉

---

① 贺雪峰:《论富人治村——以浙江奉化调查为讨论基础》,《社会科学研究》2011 年第 2 期。

② 参见塞缪尔·P. 亨廷顿:《难以抉择:发展中国家的政治参与》,北京:华夏出版社 1989 版;浦岛郁夫:《政治参与》,解莉莉译,北京:经济日报出版社 1989 年版。

③ 袁斌:《能人治理型村庄的政治信任基础》,《云南行政学院学报》2011 年第 2 期;《能人治理下普通村民公共参与的非均衡性》,《天津社会科学》2011 年第 3 期。

及乡村治理的基本走向,是一个重大的政策问题。[①] 近年来,如何促进"先富能人治村"背景下乡村政治发展和社会稳定? 如何更主动地应对先富能人治村下村民公共参与面临的挑战? 如何将"先富能人治村"和基层民主政治发展更有机地结合起来? 是我们一直在探索的问题,然而,这些问题尚有待于进一步探索,我们计划在本书中进行更为系统的探讨。

在研究样本的选择上,我们坚持典型性与客观真实性相结合。注重调研样本的代表性,我们通过与当地政府有关部门的同志协商,选择浙江省嵊州市若干个比较典型的"先富能人治村"型村庄展开全面的实证研究。同时,注重样本的客观性和调研数据的真实性,在保证案例分析达到一定数量的同时,确保采集信息、搜集资料的客观真实性。在本项研究中,我们重点考察的样本村[②]有四个,它们是嵊州市浦口街道的俞村、棠村和剡湖街道的张村、何村。

俞村,位于嵊州市经济开发区浦南大道东侧,全村 1155 人,426 户,有党员 49 名,设有 2 个党小组,5 个村民小组,有村民代表 42 名,村两委会班子共 5 名。俞村现有各类存款近 3000 万,2010 年村级集体经济收入 198 万,村民人均收入 15000 元。俞村是省级文明村、省级体育特色村、绍兴市级小康村、绍兴市卫生村和嵊州市文化示范村。该村的村主任是村中为数不多的颇有实力的私营企业主之一,企业资产超过 1000 万元。该村的村支书也办过不少企业,拥有较强的经济实力,并积累了丰富的企业管理经验。

棠村,位于嵊州市经济开发区浦南大道东侧,有 1088 户,包括 18 个村民小组,98 名党员,6 个党小组,6 个村委,7 个支委,总共 9 人。2002 年 11 月,该村被依法征用土地后,村民全部农转非,现在村里土地被征用的款子,安置费给了老百姓,征用费存在开发办,有 4000 多万,每年拿利息。2009 年村集体经济收入 320 万元,人均纯收入达 8256 元。由于过去前任领导班子闹分歧,管理混乱,工作几乎陷入瘫痪,村民纷纷向上级部门上访,一段时间成为全市"重点矛盾村"。但自从换届选举以来,棠村党支部、村委会新官上任,精神面貌焕然一新。该村的村主任是一位跑建筑工程的老板,资金实力雄厚。村支书家里则办有领带加工厂,企业由他和妻子共同打理,每年收入颇丰。

张村,由原来的董泽、张树两个自然村合并而成,全村现有 363 户,人口 1060 人,总区域面积 1.79 平方公里,被征用土地 570 亩,现有耕地面积约 214.7 亩,山林 286 亩。张村紧邻环城公路,距嵊州市政府约 3.5 公里,交通十分便捷。现在村里绝大部分村民都建起了新房子,2012 年度村民人均收入达 14605 元。张村在 2008 年被评为嵊州市全面小康建设示范村,2009 年被评为省级平安农机示范村,

---

① 贺雪峰:《富人治村与"双带工程"——以浙江 F 市农村调查为例》,《中共天津市委党校学报》2011 年第 3 期。

② 根据学术惯例,本书中对文中涉及的有关村名和人名作了相应的技术处理。

2010 年被评为绍兴市级民主法治村、浙江省级农村信息化示范村。村支书办有一家金属冷拉型材公司,经济实力雄厚,现有资产约 1.5 亿,年产值也达到 1 亿以上,其企业位居嵊州市百强企业,他本人是嵊州市人大代表。村主任则办有一家石材加工厂,其产品主要用于高速公路及建材方面,资产有三四千万。

何村,位于嵊州市城北经济开发区,属于嵊州市剡湖街道,地理位置优越,交通便捷。全村共有村民 521 户,1352 人,党员 79 人,其中,劳动力 854 人,从事农业劳动 50 人,外出务工 420 人。2011 年村级集体经济收入为 229 万元,主要来源于标准厂房、综合楼等的出租和个私集聚区土地使用租金的收入等,农民人均收入达到 12437 元。近年来该村被评为省级小康示范村、省级农村新社区、省级科普示范村、省级党风廉政建设示范村等。村主任办有一家包装用品加工厂,资产上千万。村支书主要从事房产投资业,经济实力雄厚。

在研究方法上,我们试图采用实证研究和理论分析相结合的方法,立足于样本村的考察与分析,对于先富能人治理下的村民公共参与进行综合研究。在具体研究中突出"实际"、"实证",通过社会调查和案例分析得出客观的结论。在考察环节上,坚持全程观察与重点考察相结合。即在对"先富能人治村"背景下村治运作的全过程作认真分析的同时,重点考察村民选举、村务决策、村务监督等环节的村民公共参与。在分析视角上,注重由内而外与由外而内相结合。我们通过蹲点村庄,驻村观察,力求从内部考察村治的运作。同时,我们又以调查者身份与村干部、村民群众通过问卷调查和访谈等方式,试图获得更全面和更客观的资料。

之所以采取这种立足于村落社区的研究和分析方法,是因为我们觉得中国的乡村治理实践永远处在"进行时态"中。费孝通先生认为,"以全盘社会结构的格式作为研究对象,这对象并不能是概然性的,必须是具体的社区,因为联系着各个社会制度的是人们的生活,人们的生活有时空的坐落,这就是社区"[①]。作为研究者,只有扎根于村庄田野调查,才能更真切地了解乡村治理的实际情况。对于我们来说,也只有立足于田野考察,才能深入洞察"先富能人治村"背景下村民公共参与的现状和发展走向。应该指出的是,"先富能人治村"下的村民公共参与是一个非常丰富的考察范畴,我们所分析和探讨的充其量只不过是冰山一角,"先富能人治村"背景下涌现出来的更多现象和问题,尚有待于乡村治理研究者从多个维度作出进一步的实证考察和理论探索,这是需要说明的。

---

① 费孝通:《乡土中国》,北京:生活·读书·新知三联书店 1985 年版,第 94 页。

目 录
MULU

第一章

先富能人的崛起和"先富能人治村"的形成

一、先富能人崛起的政策背景、物质基础和发展空间

20世纪80年代改革开放以来,中国的农村发生了翻天覆地的变化。其中一个令人瞩目的新气象是,一批经济能人凭借国家开放、搞活的新政策,通过合法经营和诚实劳动率先富起来,成为令人羡慕的先富能人。[①] 在农村中崛起的先富能人成为乡村基层一支重要的经济和社会力量,并对农村基层政治生活的稳定和发展产生重要影响。

(一)先富能人的内涵及其构成

1. 先富能人的内涵

在笔者看来,先富能人是有其特殊的内在意蕴的。众所周知,在农村中,能者济济,能者之所以为能,是因为其在某一方面或某些方面的能力特别强,超过了一般的人。在农村中,这样的能人是很多的。有的在政治方面有高人一筹的敏感性和领悟能力,在理解和贯彻上级的政治意图和有关路线、方针政策方面有过人的禀赋,这样的人通常能特别得到上级的青睐及信任,往往被委以有关职务,是谓政治能人也。有的在文化方面出类拔萃,或是乡村中小学的民办、代课教师,具有较高的文化程度,因高考失利或经济困难等原因而放弃了继续深造,选择了在乡村培养农家子弟;或是乡村合作医疗机构中的农民医生,通过传承父业或自学成才,担当起为父老乡亲看病抓药的重任,等等,是谓文化能人也。有的在生产投资或经济管理领域具有超凡的能力,善于捕捉经济信息、敢于投资新兴产业、精于产品推销和成本核算,他们在改革开放以前高度集中的农村社会管理制度下是舒展不开手脚

---

① 鉴于改革开放以来,先富能人群体已成为农村基层最主要的能人群体,在本文中,"先富能人"亦称为经济能人,或者简称为能人;"先富能人治村"有时亦称为"能人治理",相应地,主政村庄治理的先富能人亦称为"治理能人"。

的,但是在改革开放以后,随着农村基层经济和社会管理权力的下放,他们在商品经济浪潮中奋力搏击,获得了前所未有的闯荡和发展空间,他们依托国家改革开放的政策,大力发展规模化经营,积极投身非农产业,凭借自己的胆魄、能力以及吃苦耐劳的精神,在农村发展市场经济的浪潮中挣得"第一桶金",率先富裕起来,是谓经济能人也,也即是本文中所指的先富能人。

2. 先富能人的构成

先富能人的出现和崛起是离不开 20 世纪 80 年代以来农村社会改革开放这个重要的政策背景的。同时,"条条道路通罗马",随着农村改革的推进和开放的深入,经济能人可以根据自身的兴趣、爱好和能力基础,选择最适合自身特点和家情、村情、乡情的不同致富道路,从而使得当今农村的先富能人有其丰富的构成。关于这个问题,已有学者结合调查研究作了较为全面的考察,[①]笔者在吸收有关研究成果的基础上,针对现阶段农村先富能人构成的实际情况,作一比较系统的梳理和分析。笔者认为,在当今的农村社会,先富能人主要由农村私营企业主、农村个体工商大户、农村专业大户以及乡村集体企业管理者等几类人构成。

(1) 农村私营企业主。所谓农村私营企业主,是指利用自有的生产资料和生产工具,雇用员工数人,兴办或者经营有一定规模的企业的农村经济能人。他们往往见多识广,具有卓著的经营管理才能,拥有颇为丰厚的经营收入,是农村基层社会中最引人注目的先富能人,也是农村市场经济发展中的弄潮儿、带头人以及最大的受益者。他们兴办及经营的企业既在量产上有一定的优势,彰显出可观的规模效益,又不至于庞大到像不少国有企业那样缺乏灵活性,由于他们对瞬息万变的市场反应敏捷,及时决断,因此往往能够取得较好的经济效益。

案例:华某,浙江省嵊州市溪滩村人,是 20 世纪 80 年代村办集体企业的员工,该村办集体企业主要业务是为改革开放以后我国兴起的一家大型家电企业提供配套的标牌生产业务。80 年代末,他从集体企业中出来自办私营企业,其主业依然是为家电企业提供配套的标牌生产。华某为人低调,精明能干,通过努力,他与位于杭州的西湖电子集团建立起了稳定的业务关系,生产得到迅速发展,经过多年的积累,其资产已经拥有上千万。

(2) 农村个体工商大户。所谓农村个体工商大户,是指主要利用自有生产资料和生产工具,依靠自身及家庭劳动者,从事工、商服务行业或其他某些专业劳动的个体工商大户。在改革开放以来,政府一反从前那种对个体经济动不动就限制甚至禁绝的做法,对于个体工商劳动者给予积极引导和大力支持,使之成为繁荣农村经济的一支重要生力军。同时,当前农村社会中的个体工商业者呈现出多元化、

---

① 请参见卢福营:《论农村社会转型中崛起的经济能人群体》,《浙江师大学报》(社会科学版)1998 年第 5 期;华农心:《一个应引起重视的政治现象——中国农村能人政治分析》,《前进》1997 年第 3 期。

多层次的特征,既有爬摸跌打、维持基本生计的商贩和工匠,也有经营成绩斐然、收入可观的个体工商大户,我们所指的显然是后者。

案例:雷某,浙江省嵊州市湖村人,早年参军,退役后被安排到一家乡办的制冷机械厂工作,后因工厂经营效益等原因,离开单位自谋出路。他看到自己村庄不少村民在农闲时利用家庭劳动力生产的榨面很受市场欢迎,觉得是个不错的创收路径。于是,他刻苦学习榨面加工技术,开始举办家庭榨面加工厂。由于他善于钻研,注重推销,加工榨面的技术日益精湛,加工的榨面很受市场欢迎,生产规模不断扩大。现在已成为嵊州市城关镇不少面食经销店的榨面供应商,通过多种经营,他自己也积累了可观的财富,资产已有数百万元。

(3)**农业专业大户。**所谓农业专业大户,是指主要依靠家庭成员或雇请少量帮工,通过承包大片耕地、山林、果园、水面,或者举办家禽、牲畜、水产养殖场,实行专业化、规模化农副业生产的农村村民。他们往往具有较高的文化技术水平、较强的经营管理能力,以及商品市场意识,是真正依托农业富起来的新一代农民。

案例:金某,浙江省嵊州市赵村人,20世纪80年代改革开放以来,凭借政府的政策支持,他大力发展生猪的规模化生产,取得了可观的经济效益,已有家产数百万元。近几年来,他针对生猪销售价格波动较大,获利难以保证稳定性预期的情况下,采取了不少举措,努力将生猪养殖产业做大做强做高,并同该市的肉类加工厂建立了紧密型的合作关系。由于经营成绩卓著,在当地颇具威信,是该市的人大代表。

(4)**乡镇集体企业负责人。**20世纪80年代改革开放以来,获得国家政策鼓励和支持的乡镇企业如雨后春笋般地异军突起。乡镇企业一开始就面临着市场的洗礼和竞争的考验。其原料和产品均经由市场获得或销售,其员工一般是离土不离乡的农民,在其与国有大中型企业的竞争中,在原料、市场、技术、资金等方面都处于不利的地位。出于竞争和生存的需要,被推举为乡村集体企业管理者的往往是农村中那些在经营管理方面具有过人禀赋的经济能人。乡镇集体企业通过市场浪潮的洗礼,一部分生存环境越来越艰难,甚至步入倒闭、歇业的窘境;另一部分则在企业管理者的引领下,爬摸跌打,闯出一条生路,一步一步地发展壮大起来。而这些企业的管理者本身也在激烈的竞争中进一步磨炼了自己的意志力,提升了自身的风险意识和经营管理能力,并在企业运作中因其辛劳的付出和卓著的经营成效,而获得了可观的酬劳,成为农村中先富能人的构成部分。

案例:王某,浙江省嵊州市泥村人,年轻时即表现出非凡的领导和组织能力,长期担任村团委书记,后来被推举为村办机械厂的负责人。他不辞劳苦,率领村民艰苦创业,企业获得不断发展,并取得可观的盈利,在积累集体资产和安排村庄闲置劳动力方面作出了很大贡献。后来,他又被推选为村党支部书记,通过他的积极争取,他所在的村庄获得了上级有关部门关于农村小康示范村的资金和政策支持,通过努力,依托该村自有资金以及上级部门的配套支持,有步骤地实施村级发展规划及设施改造,村容村貌发生了翻天覆地的变化,该村进入嵊州市首批省级小康示范村的行列,他自己也当选为嵊州市政协委员。

(二) 先富能人崛起的背景、基础和发展空间

先富能人的崛起既离不开自身的努力和禀赋,也离不开改革开放以来的政策背景、物质基础和前所未有的发展空间。

1. 农村基层治理机制的变迁

1958 年开始,中国农村逐步构建起来的人民公社管理体制,表现出工、农、兵、学、商一体,高度集中、政经合一的特点。其基本特征是"一大二公","大"即规模大,动不动数千上万人;"公"则是强调生产资料上的公有性质,在建立初期还一度作过生产资料全民所有、产品分配实行供给制的尝试,在分配上呈现出非常严重的平均主义的色彩。虽然后来由于中央的重视,通过调查研究和实践,最终确立了"三级所有、队为基础"的产品分配机制,使劳动产品分配上的平均主义问题得到一定程度的抑制。但由于"包产到户"一直被视为不能碰触的禁区,使得生产队中人与人之间的平均主义问题始终没法消除。在"大家一样穷"的社会背景下,少数人发展个体经济的努力通常被视为资本主义因素的复苏而被毫不留情地压制。

党的十一届三中全会以来,发端于农村的改革开放的主要内容是权力的下放和政、经、社合一的高度集中的人民公社体制的解体。随着以村民自我管理、自我教育和自我服务为特点的村民自治制度的推行,农村基层干部和广大群众获得了前所未有的经营管理和发展生产的自主权。村民们不仅可以自由流动,而且可以自主选择经营的品种、投资的产业以及生产的组织方式,同时拥有了自身独立的经济利益,这成为先富能人得以崛起的一个重要原因。

2. 市场经济的发展和非农产业的异军突起

20 世纪 80 年代以来,国家逐步确立以经济建设为中心的社会主义初级阶段基本路线。在农村基层,"改革、开放、搞活"成为农村经济和社会发展过程中大家耳熟能详的主题词。农村中以市场为导向的改革,突破了传统的计划经济体制框架和经济结构,打破了行业、区域、城乡之间的限制,拓展了农村基层经济能人的活动空间,经济能人的关系网络也得以相应地扩大。另一方面,伴随着农村基层的改革和政策的变化,村镇企业和个私企业如雨后春笋般地涌现出来,从而造就了一批善闯荡、敢冒险的新兴经济精英。

3. 政府支持和农村社会价值观念的变化

在先富能人的崛起过程中,政府的支持是一只看得见的手。改革开放以来,国家选择的以经济建设为中心的社会发展战略,使农村中的规模化经营和非农产业的发展,获得了前所未有的政策支持。而国家"让一部分人先富起来"的经济发展战略则消除了经济能人大胆追求财富的思想负担。他们开始"八仙过海,各显神通",结合自己的实际情况和所在农村地区的发展基础,在市场经济浪潮中自由搏

击,取得了可观的经济效益。改革开放以来,随着农村经济的发展和社会的进步,长期以来形成的"越穷越光荣"的传统价值观念被大胆追求个人富裕的崭新理念所取代。"富"不再被忌讳,而成为能力和本事的象征和体现。在这样的背景下,缺乏市场经营知识和二、三产业经营经验的普通农民特别羡慕那些有眼光、信息灵、会经营的经济能人。如此,经济能人的崛起获得了农村民众普遍的价值认同,这成为经济能人们进一步博取财富的动力,成为"又富又光荣"的先富能人。

(三)农村先富能人崛起的意义

20 世纪 80 年代改革开放以来,农村先富能人的崛起,是一件影响深远的事情,并在很大程度上推进了农村社会的发展、经济的增长和村民群众的共同致富。

1. 促进了农村经济的发展

抓住了农村改革开放机遇的经济能人既是市场经济的弄潮儿,又是个人致富的先行者。他们信息灵、技术精、会经营、懂管理。在他们身上,既体现出一股务实作风和效益意识,又洋溢着一种不畏艰辛的闯劲和不满足于现状的创劲,因此,他们身上映照出新时代的精神和现代人的素质。正是在他们的推动和引领下,农村的经济发展获得了前所未有的活力。

2. 推动了村民群众的共同致富

党让一部分人先富起来的政策实际上是农村经济发展的一种路径选择,其最终目的是通过先富带后富,最终走向共同富裕。从农村改革开放以来的实践来看,党和政府的这项工作正在日益彰显出其推动村民群众走向共同富裕的积极意义。先富能人在市场浪潮搏击中获得的成功和取得的收益在广大村民群众中取得良好的示范效应,同时不少先富能人富了不忘乡亲,他们通过向村庄捐资、向村民群众传授实用技术、给村民群众提供市场信息、在自己的企业中优先安排村庄中的闲置劳动力等途径,给其他众多村民也提供了创收和致富的机会。

3. 有利于乡村社会管理

先富能人在经济上所表现出的出众才能和卓著成绩无疑令广大村民群众敬佩,而事实上先富能人的才能往往不只是在经济方面。通过在市场经济大潮中的磨炼和洗涤,他们积累了丰富的人脉资源和宝贵的经营管理经验。因此,如果给他们主政村庄治理的机会,他们往往也表现出高人一筹的才能,从而有利于农村基层的社会管理和社区和谐。

二、"先富能人治村"现象的形成和发展

改革开放以来,随着先富能人在农村的崛起,凭借他们高人一筹的致富能力和令普通村民羡慕的经济实力,在农村基层社会中的影响力迅速扩大。与此同时,随着以政社合一为重要特征的农村人民公社体制的解体,以"民主选举"为基础的村

民自治制度在农村的推进,越来越多的先富能人通过参与村委会选举等方式进入农村基层村级公共权力组织,并在村级公共权力的运作中发挥着主导作用,从而形成农村基层政治生活中一道亮丽的风景线。

(一)"先富能人治村"的内涵和特点

"先富能人治村"是改革开放以来在农村基层涌现出来的一种村庄治理模式。在这种治理模式下,先富能人在村庄公共权力结构中占据核心的岗位,处在关键性的位置,并在村庄社区公共权力的运作中发挥着主导的作用。这种村级治理模式突出了先富能人在村庄治理中举足轻重的作用,先富能人往往凭借其自身超凡的能力和权威,对村庄治理发挥着旁人不可替代的影响力。

实证研究表明,从总体上而言,这种村庄治理模式对促进村庄的经济和社会发展具有良好的绩效。这种村级治理模式通常具有以下特点:

一是村落社会的动员能力强。凭借自身卓有成效的致富能力和颇为可观的经济实力,主政村庄治理的能人在村庄中树立起强有力的权威,在村级社区中拥有广泛的社会动员能力。鉴于此,先富能人主政下的村级公共权力结构往往能够在村庄治理和建设中积累起数量可观的资金资源、宣传资源以及政策资源。

二是村级权力结构的决策快。在先富能人治村背景下的村落社区中,村级公共权力资源往往集中于治理能人,治理能人往往是农村基层村级组织中的核心和关键人物,也即是村级治理中的"一把手"。凭借自己出类拔萃的能力,以及其在村级公共权力组织的核心地位,村级公共权力组织在运作中往往表现出较高的决策效率。

三是村级治理和建设的效能显著。在先富能人主政的村庄治理模式下,依靠村级公共权力组织中的其他成员和村民群众的配合和支持,先富能人的治村谋划能有效地转换为村庄治理的决策。如此,整个村落社区就被聚合成一台发动迅速、运转高效的机器,从而得以抓住一般村庄难以抓住的机遇,取得一般村庄难以取得的治理绩效,推动村庄超常规地向前发展。

如前所述,先富能人治理型村庄在村民自治运作中具有自身鲜明的特色和其他村治模式难以企及的优势。鉴于此,随着改革开放的推进和深入,这种村级治理模式得以在农村基层迅速崛起和发展,成为乡村政治生活中一道引人注目的政治景观。

(二)"先富能人治村"的形成和发展

改革开放以来,"先富能人治村"现象在全国各地农村基层不断涌现。以浙江省为例,在该省一些个私经济发达的农村地区,先富能人治理型村庄已超过一半的比例。基于此,"先富能人治村"现象值得我们关注和思考。下面,本文拟围绕"先富能人为什么要主政?"和"先富能人为什么能主政?"这两个问题,从主观和客观两个层面,对此进行较为详细的讨论和分析。

1. 主观层面的考察——先富能人为什么要主政?

一个人做一件事,往往有其一定的主观动机。调查研究表明,先富能人之所以愿意甚至积极争取主政村庄治理,其主观动机是想通过接近政治,借以获得更多的利益,同时实现自身更高的价值。

(1)获取更多的利益。随着改革开放的深入,中国已经进入社会发展的转型时期:即从一个传统的农业社会转换成一个现代化的工业社会。而各国社会发展的经验通常表明,一个社会的经济发展往往会推动该社会的政治自主性的提高。伴随着经济发展而涌现出来的新兴社会阶层,其公民权利主张意愿、社会主体自觉性和政治表达热情不断提升。与此同理,伴随着农村的经济和社会发展而涌现出来的先富能人,随着自身经济实力的增强,迫切期待自身能在农村基层政治生活中获得更高的政治待遇和更多的公共参与机会。

农村社区的先富能人们是一个注重实干的群体,随着改革开放以来农村基层民主政治的推进,他们急切地寻找有利于自身政治发展的正式及非正式的制度空间,通过获取各种正式的或非正式的政治安排,构建起与基层地方政府及有关官员之间的紧密关系。先富能人追求自身政治发展的一个重要目的是,如果能拥有一定的政治权力,就容易为自己争取到更多的经济和社会资源,让自己在农村基层经济和社会发展中拥有更多的话语权,从而为自己的事业发展开辟更广阔的道路。

就先富能人争取自己政治发展的具体路径而言,争取县级甚至更高层面的人大代表或政协委员的机会实际上是比较有限的,这是一方面。另一方面,自从20世纪80年代改革开放以来,随着政社合一、高度集中的人民公社体制的解体和以"自我服务、自我教育、自我管理"为主旨的村民自治制度在农村基层广大地区的推行,农村基层村级干部的产生实现了主要由上级任命到主要由村民群众选举产生的创造性转换。以村委会选举为中心环节的农村基层政治生活日益呈现出开放性,这对有意问鼎于村庄政治的先富能人而言显然是一个利好的现象。与此同时,在村委会干部的竞选中,先富能人显示出普通村民难以企及的比较优势:经济资本的丰厚、人脉资源的丰富、动员能力的强劲,等等,这显然使先富能人在竞选中拥有了较之于普通村民要高得多的获胜概率。

如果从争取利益的角度来考察,尽管"村官非官",[①]村落场域中的村干部却绝对是有头有脸的人物。综览当代中国的乡村治理,尽管国家权力和意志的影响要比前现代时期深入得多,然而,现阶段村庄的治理精英对广大村民群众的影响力仍是很深远的。特别是政府的正式权力结构收缩至乡镇一级后,随着乡政村治格局

① 严格地讲,村级干部并不是国家行政系统中制度层面的正式官员,而只是村级自治组织中的"当家人"。

的确立,"地方精英对村落社会的支配性影响愈益明显"。① 党的十一届三中全会以来,随着工业化、市场化、城市化在广大乡村地区的推进,各个层面的村民在发展生产、合法致富方面都流露出日益强烈的愿望,而隐匿于权力背后的经济回报②,则使得参与村委会竞选的先富能人舍得投资。

从更微观的层面来剖析,出于经济利益的考量而参与竞选的先富能人们,大致上又可以分为下述几种心态。

第一种心态是为了捞一把。这种情况在村级集体资源比较丰富的村庄比较常见。持此种心态的先富能人在竞选中往往不惜血本,不论是在村委会、村支委的竞选中,还是在更高层面的人大、政协代表的选举中,都能见到这种满身铜钱味、上蹿下跳的先富能人。调研期间,一位村民告诉我们,"我们旁村的一位老板在上次村委会主任选举中,送给每位选民1000元钱,这样算下来,光是这笔钱就得上十万。他这样做是有明确目的的。他们村级集体资金比较可观,如果他选上了,这笔竞选中砸下去的钱肯定得加倍捞回来"③。这种能人选上后往往热衷于利用其职务捞取私利,选不上就心怀忿恨,在村里制造矛盾。抱这种心态的人是村庄先富能人中的非主流,随着村民自治制度的完善和村级组织运作的日益规范化,抱这种心态的先富能人总体上呈现出不断减少的趋势。

第二种心态是为了保护自己的既有利益。改革开放以来,有眼光、敢冒险、懂经营的经济能人在市场经济浪潮中奋勇搏击,终于赢得了第一桶金,在村落社区中率先富裕起来,成为受人尊重的先富能人。然而,在以经济建设为中心的农村社会发展进程中,仅仅以经济精英的角色存在,尽管有可能赢得村民群众的羡慕和村庄治理能人甚至政府有关部门的重视。然而,先富能人们仍感到存在诸多不够踏实、不够安全的因素。譬如:各级执政部门当前有什么样的最新政策信息及变迁意图?本村的村级公共权力结构现阶段有什么样的治村谋划和管理设想?自身的经济利益和公共参与、利益表达权利在村民自治运作中能否得到保证和尊重?等等。在他们看来,尽管主政村庄治理要耗费一定的精力和时间,但是为了保护自己的既得利益,与其在村级公共权力结构这个圈子外面观望,还不如直接参与其中,到圈子里面主导和掌控,选择后者显然是一种明智的做法。

第三种心态是为自己的经济发展和利益争取搭建一个更大、更高的平台。首先,主政村庄治理,先富能人能够认识更多的人。治理能人通过参与官方组织或自

---

① 吴毅:《制度引入与精英主导:民主选举规则在村落场域的演绎——以一个村庄村委会换届选举为个案》,《华中师范大学学报》(人文社会科学版)1999年第2期。

② 在村级社区中,治理精英既是村级公共资源的主要掌控者及其处置的核心决策者,又是代表村民与政府沟通的主要联系者。在嵊州市张村的调查中,不少村民告诉我们,村干部们在与政府部门的沟通过程中,既关注村庄的事务,也会趁便关注自身的事务。

③ 浙江省嵊州市浦村村干部访谈记录,2012年8月。

己策划的会议、考察等活动,获得了结识更多有头有脸的各方面人物的机会。而这里面往往隐藏着巨大的商机,从而为自己企业原料的供应、产品的销售、人才的招聘提供了各种便利和机会。其次,通过主政村庄治理,先富能人能办成更多的事情。中国有句俗语:"在家靠父母,出门靠朋友",通过担任村官,先富能人更能够积累起各个层面的政治、社会资源,而这往往能够成为其在市场经济中搏击的"敲门砖"和"避风港"。因为中国在传统上是一个熟人社会和面子社会,尽管现阶段的中国正处在社会的转型期,这种传统的渗透和影响力量仍然有力地存在着,在很大程度上,这是办成更多事的必需人脉基础。第三,主政村庄治理,先富能人能打开更多的"门"。主政村庄治理的先富能人不同于其他经济能人之处,在于他手里有一张"某某村书记"或"某某村主任"的名片,这为其进出所在的乡镇乃至更高级的政府部门提供了极大的便利。作为村庄的当家人,先富能人在经办村庄社区有关公共事务的同时,他们可以就自身所拥有企业面临的问题、需要提供的帮助等方面同有关部门及其负责人进行充分的沟通,从而公事私事一块儿办。

(2)实现更高的价值。2006年全国第七次私营企业抽样调查结果显示,当前我国的私营企业主在经济上有更多作为的同时,在政治上也表现出更浓厚的兴趣。其中有28.8%的私营企业主的"争取当人大代表、政协委员方面的意愿最为迫切"[1]。

另外,一项主要面向浙江省的调查表明,改革开放以来,农村社区中的经济能人在解决温饱问题并过上富足殷实的小康生活后,迫切地需要提高自身的社会地位和政治地位,而村委会的直接民主选举,又为他们提供了最简捷的实现途径。研究表明,当前为数不少的先富能人之所以参与村官竞选,是希望为民办事,甚至"为了改造农村的落后面貌,造福家乡人民甘愿作出经济利益等方面的牺牲"[2]。

上述调查研究结果值得我们的关注和思考。根据马斯洛的需要层次理论,人的需要可以分为不同的层次,其较低层次的需要满足后,较高层次的需求就成为其下一个追求的目标。笔者认为,应用这一理论来解释农村中的先富能人在经济上取得的成功后,进而寻求自身政治发展的途径之现象,也是较有说服力的。

改革开放以前,农村长期处于高度集中的人民公社体制之管理下,农村社会成员所需要的最主要的事情就是听上级的话。在这种背景下,村民群众在其发展生产、创造财富的主动性和积极性遭到极大的压抑的同时,其诸多正当、合理的需求也很难得到满足。

改革开放以来,以"放权"为核心的改革在农村率先兴起。在经济方面,以家庭

---

① 中国私营企业研究课题组:《2006年全国第七次私营企业抽样调查数据分析综合报告》,中华人民共和国商务部网站,2007年2月16日。

② 周炳泉:《"先富群体"竞选"村官"现象的调查与思考》,中国村民自治信息网,2002年8月19日。

联产承包责任制为主要内容的生产组织形式取代了农村人民公社体制下共同劳动、平均分配的生产组织形式。在以经济建设为中心的发展战略的主导下,党和政府对农业生产的规模化、专业化以及农村第二、第三产业的发展予以积极扶持。故此,一批有眼光、敢冒险的农民在市场经济的大潮中获得了自由搏击的广阔天地以及可观的经济收入,率先富裕起来,成为受人羡慕的经济能人。

伴随着经济方面高度集中的计划经济体制被逐渐放开的市场经济体制所取代,在政治方面,党和政府逐步施行面向农村基层的以"民主选举、民主决策、民主管理、民主监督"为主要内容的村民自治制度。农村基层政治发展中日益彰显出的开放性和包容性,给有意问鼎村政的乡村精英们实实在在的舞台。对于率先富裕起来的经济能人而言,其经济层面的奋斗目标取得成功后,其中有部分先富能人进而对乡村治理表现出强烈的兴趣。他们希望在村官的岗位上一试身手,并愿意贡献自己的一部分资源和能力来推动村政的建设和发展,从而实现自己的更高层次、更广阔层面的人生价值。

2. 客观层面的考察——经济能人为什么能当上村官?

内因是关键,外因是条件——改革开放以来,先富能人治村现象的涌现,既有其主观意愿的一面,也离不开各种客观因素的支撑。尤其是农村经济与社会发展的迫切需要、执政党和政府的支持、农民的迫切期待等诸多因素,为"先富能人治村"现象的涌现营造出一个良好的外部客观环境。

(1)农村经济和社会发展的迫切需要。党的十一届三中全会以来,党和政府逐步推进和深化"改革、开放、搞活"的政策,并确立起以经济建设为中心的战略发展取向,在城乡建设中注重经济发展的推进和经济效益的提升。

政治是经济的集中体现,农村基层经济建设的推进,对农村基层治理体制的调整提出了迫切的要求。新形势下,中国广大乡村呼唤一种有利于农村基层经济和社会发展的治理模式。正是基于上述背景,先富能人治村现象在农村基层崛起并跃入人们的眼帘。各地乡村的治理实践表明,在改革开放的新时期,这种决策效率高、资源动员能力强的能人型村治模式有其良好的治村绩效,在当代中国乡村有其强大的生命力。

众所周知,改革开放以前,以"一大二公"为主要特征的人民公社体制在我国农村沿袭了二十多年。在这种体制下,代表国家意志的人民公社掌控着农村基层的政治和经济运作。同时,通过这种政、经、社合一的人民公社体制,国家权力可以深入渗透到乡村每一个角落。在这种情况下,作为公社社员的农民,按照上级的指示和命令实实在在地干活是最稳妥的选择,如果有个别农村社员不那么安分,偷偷搞点副业、做点生意什么的,一不小心就会被戴上"搞资本主义"或"投机倒把"的帽子。很显然,在这种僵化的农村基层管理体制下,并不存在经济能人崛起的制度空间。

20世纪80年代改革开放以来,国家在农村率先发起了以放权为核心的经济与政治改革,在农村延续了二十多年的人民公社体制解体了。伴随着国家的放权,农村基层干部和民众获得了治理基层和发展经济的自主权和相对独立的权力,依托国家的新政策,农村的经济能人们凭着自己的闯劲和创劲,在商海中奋力搏击,成为农村基层率先富裕起来的一个引人注目的群体。与此同时,改革开放以来农村经济和社会的进一步发展,迫切需要懂经济、会经营的经济精英主政村庄的治理和建设。而以民主为核心的村民自治制度的及时施行和推进,刚好为先富能人通过村委会选举走上村庄领袖岗位提供了实实在在的可能性。

(2)执政党和政府的大力支持。在当代中国,中国共产党是执政党,我们实行的改革开放政策在政府的主导下逐步推进和完善的。在这样的背景下,20世纪80年代农村基层率先富裕起来的能人群体的形成和"先富能人治村"现象的涌现,如果得不到执政党和政府的支持,显然是不可想象的。事实表明,执政党和政府对于先富能人主政村庄治理现象的认可和支持,既是执政党自成立以来吸纳精英之治理传统的体现,也是其基于农村基层稳定和发展维度考量的理性选择。

首先,对先富能人治村的支持,是执政党重视吸纳精英之治理传统的体现。如果仔细考察一下持续了数千年的中国传统社会,不难发现其实际上有两个治理中心:国家权威和地方权威。在中国传统历史上,"皇权不下县",[①]国家层面的行政管理的设置止于县一级,而对于广大乡村的治理则委托给了地方乡绅,作为传统中国农村社会中的精英阶层,正是乡绅,协助历朝政权完成了赋税征缴、秩序维持、矛盾调处等诸多事务。

分析表明,中国共产党也有重视精英治理的执政传统,党自从成立以来始终重视吸纳精英分子加入其组织便是一明证。诚然,党在很长时间以来,一直将其自身在本质上定位为工人阶级的先锋队组织。实际上,党对于各阶层精英分子的吸纳在不违背其基本宗旨的原则下,历来就显得很包容和开放。

早在民主革命时期,党就不但将工人阶级、农民阶级、知识分子等各阶级、各阶层中的先进分子发展成自身组织中的骨干力量,而且还大胆地吸收虽然出身于地主阶级、资产阶级等剥削阶级,却敢于与其旧阶级决裂,具有初步共产主义思想的知识分子。中国共产党正是在汇聚各阶级、各阶层精英的基础上,不断发展壮大,最终打败了国民党右派集团控制下的南京国民政府,取得了民主革命的最终胜利。

党在1949年领导民众建立新中国后,毛泽东和他的战友们开始了对适合自身国情的社会主义建设道路的艰辛探索。为了粉碎以美国为首的西方反华势力对新中国的经济封锁,更为了早日实现中国的现代化,使新中国能尽快屹立于世界强国之林,毛泽东及其战友们最终选择了优先发展重工业的国民经济赶超战略。

出于调动全国的经济社会及人力资源,顺利实现上述赶超战略的考虑,党和政府逐步强化了对广大农村的领导和控制,最终于20世纪50年代后期在农村建立

---

① 张静:《基层政权:乡村制度诸问题》,杭州:浙江人民出版社2000年版,第22页。

起高度集中的政社一体化的人民公社体制。在这种管理体制下,国家的行政命令以及政治意图可以直达乡村的每一个社区乃至每个社会成员。如此,执政党成功构建起历史上从来没有过的对乡村基层的严密控制系统。在这种背景下,一些出身可靠、又能充分领会上级政治意图的乡村政治精英就成为执政党在选任农村基层社区干部时的首要考虑目标。

改革开放以来,党和政府在吸取以毛泽东为核心的党中央第一代领导集体艰辛探索社会主义建设道路经验教训的基础上,基于新的历史起点,提出了以经济建设为中心的现代化发展战略。出于此战略考虑,党和政府率先在农村发起了以放权为核心的经济和政治改革。得益于改革开放以来农村基层宽松、包容的政策和制度环境,经济能人在广大乡村迅速崛起,成为一个受人瞩目的经济精英群体。

先富能人在经济上取得成功后,迫切希望在政治上也得到应有的地位。面对改革开放以来乡村局势的此种变迁,作为执政党,如果不能把握农村基层的此种经济和政治发展趋势,如果忽视该群体的这种希望和意愿,其在政治层面蓄积起来的能量得不到有序释放,就极有可能蜕变成一种影响农村社会安定和政治发展的强大因素。值得欣慰的是,新形势下,执政党继续发挥了其一向以来重视吸纳社会精英分子的治理传统。当前,党和政府对农村中涌现出来的先富能人治村现象的认可和支持,正是执政党历来重视精英之治理传统的逻辑演进。

其次,执政党和政府对先富能人治村的认可和支持,也是基于农村基层政治稳定和经济发展维度考量的理性选择。

"先富能人治村"并不是新中国成立后马上出现的农村基层治理景观,而是改革开放以后农村经济和社会发展的产物。就农村村民的公共参与而言,在 1949—1979 年改革开放前的 30 年间,我国乡村的群众性政治运动并不少见。但该时期的政治运动呈现出"被动员"的特点,且充满着工具色彩。因此,该时期农村村民的政治运动实质上是一种"政治卷入"而已,广大农村民众主观上缺少参与乡村公共事务的主动性和对政治生活运作民主化的清晰目标追求,而且就客观上而言,当时的农村基层社会中,党和政府也没有为农村社会成员提供理性公共参与的乡村政治机制。

与此同时,在高度集中的农村人民公社体制得到广泛实施的客观背景下,个别胆子大的干部和农民为了解决温饱问题乃至改善生活而在小范围内搞起来的"包产到户"和个体副业等生产方式和经济形态,由于其被当时的执政党主流意识形态总体上认定为具有个体经济和资本主义的色彩,不利于社会主义集体经济的培养和发展,有使党变修国变色的危险,而往往被上级部门及有关干部毫不留情地加以压制和扼杀。

党的十一届三中全会以来,政府提出了以经济建设为中心的社会主义现代化建设战略。随着改革和开放政策的推进和深入,一批有眼光、敢冒险、信息灵、会经营的经济能人成为社会主义商品经济发展中的弄潮儿,凭着他们的经济智慧和闯荡精神率先富裕起来。然而，直至20世纪80年代后期，对于在农村基层社会中崛起的先富能人而言，要想介入村庄政治生活并不是一件容易的事。其中的一个重要原因，是当时各个层面仍有为数不少的人对个私经济的旧有观念并没有随着我国改革开放政策的实施而马上消融，在他们看来，农村中个私经济的经营者由于和社会主义公有制经济的发展主流相左，因此只能在农村基层经济和社会发展中处于从属、补充、非主流的地位。在他们看来，经济基础决定上层建筑，既然个私经济在社会主义农村经济发展中处于非主流地位，那么，个私经济经营者也只能在农村基层政治生活中处于非主流的地位。故此，当时在经济上崛起的先富能人在各地农村的村级公共权力结构中基本上处于被排斥的地位，他们在村庄公共权力运作中人微言轻。

然而，随着改革开放的推进和深入，农村基层不断涌现的先富能人随着其经济实力的增量而为乡村社会创造着越来越大的价值。正如美国政治学者亨廷顿所言，"一个处于现代化之中的社会，其政治共同体的建立，应当在'横向'上能将社会群体加以融合，在'纵向'上能把社会和经济阶级加以同化"[①]。到了20世纪90年代，在农村经济和社会不断发展的情况下，执政党的政治理念终于发生了相应的变化："在价值取向上……对政策活动的控制由高度集中转变为适度开放……政策活动的关注点实现了从重视有效性到合法性、有效性并重的转变。"[②]党的十五大首次明确提出了城乡"非公有制经济是社会主义市场经济的重要组成部分"，迈入21世纪后，执政党更是进一步提出，包括个私企业主在内的新社会阶层都是"中国特色社会主义事业建设者"，同时明确规定，其中的优秀分子还可加入中国共产党。

与此同时，随着社会转型的深化和时代变迁的加快，在坚定实施以经济建设为中心的现代化发展战略取向背景下，为了进一步推进农村经济和社会发展的需要，党和政府迫切希望新时期主政村庄治理的干部们能够在带领村民群众致富、繁荣农村社区方面发挥更大的作用。为了实现上述村级干部的选任目标，不少地方党政部门对于选配乡村基层干部制定了新的标准，同时加强了对新时期农村基层的干部建设，力图通过选拔和培训，打造出一支新型的农村基层干部队伍。故此，有意问鼎村政的农村先富能人迎来了前所未有的主政村庄治理的机遇。在上级部门看来，愿意为村庄发展和村民致富贡献一份力量的先富能人显然比以前只懂得规规矩矩贯彻上级政治意图的旧式干部们更符合"靠得住、有本事"的村庄干部选任新标准。况且，在目前农村基层"乡政村治"的治理格局下，由于作为国家行政系统末梢的乡镇政府和作为村民自治组织的村委会之间理论上而言是指导关系，而不

---

① ［美］塞缪尔·P.亨廷顿：《变化社会中的政治秩序》，王冠华等译，上海：上海人民出版社2008年版，第332页。

② 徐锋：《我国公民政治参与的成长与执政党政策活动的变化》，《河南社会科学》2003年第1期。

是人民公社时期的命令关系,所以乡镇政府指派的面向村庄的各项任务能否完成以及完成质量如何,就更取决于村庄领袖的配合程度和组织能力。在这样的背景下,新形势下在村民群众中具有较高威望,又具有较强社会动员能力和决策效率的先富能人在上级部门看来无疑是担任村庄领袖的合适人选。

义乌市民政局一位原副局长认为,有一定的经济实力的人站出来竞选村官,至少应该看到这些老板有能力的一面,让村里的能人经依法选举成为村民群众的领头羊,只要选举程序合法,且他们在当选后能把自己的事业和集体事业结合在一起,应当不失为一种双赢的思路。①

党的十六大报告也指出,不能简单地将有没有财产、有多少财产当做判断人们政治上先进和落后的标准,而主要应该看他们的思想政治情况和现实表现,看他们的财产是怎么得来的,以及财产怎么支配使用,看他们以自己的劳动对中国特色社会主义事业所作的贡献大小。② 十六大报告的上述论断为"先富能人治村"提供了强有力的政策保障和理论支持。

(3)村民群众的真诚期盼。新形势下,"先富能人治村"既离不开上级政府部门的大力支持,也离不开广大村民群众的由衷拥护。特别是从实行村民自治制度以来,村庄干部的产生,由原来的主要靠上级干部提携任命改为主要靠村民群众的选举产生。故此,村民群众对"先富能人治村"现象的态度,直接关系到这些经济精英们能否最终实现主政村庄治理的目标,实现由经济精英到政治精英的角色转换。实证研究表明,"先富能人治村"正是出于村民群众的真诚期盼。

首先,村民群众对先富能人治村的拥护,始于其自身观念的转变。20世纪80年代改革开放以来,随着我国由传统社会向现代社会的转型,在国家大力提倡劳动致富、日益致力于提高人民群众生活水平的情况下,农村基层广大村民群众的价值观念发生了根本性的变化。人民公社体制下"越穷越光荣"的心理被新时期"致富光荣"的理念所取代。凭自己的能力追求富裕成为村民群众向往的目标。故此,出于对先富能人的羡慕和敬佩,在村委会选举中,先富能人对主政村庄治理的努力得到了不少村民群众的认同和支持。

其次,不少村民群众迫切希望先富能人担当村庄领袖,也受到其传统政治文化心理的影响。传统中国经历了数千年漫长的封建专制主义统治时期,在历代统治者的灌输下,"明主意识"、"权威崇拜"等思想深深植根于广大民众的意识中,成为中国民众一种特殊的政治文化心理。故此,中国民众自古以来总是希望有一个超凡人物来治理社会,此种文化心理至今仍有深刻影响。新中国成立以来,政府在农

---

① 吴坚,戴天才:《选得好,是百姓之福——义乌市村委会换届选举采访札记》,《今日浙江》2005年第5期。

② 《十一届三中全会以来党和国家重要文献选编》,北京:中共中央党校出版社2008年版,第440页。

村基层实行的高度集中的人民公社体制,使广大的农村民众形成了特有的思维模式和行为习惯,规规矩矩接受政府部门和各级干部的指令和统一指挥,成为众多农村社会成员的明智选择。然而,时代以超越人们预期的速度发展着,改革开放以来,村民群众获得了生产经营的自主权和相对独立的经济利益,面对着瞬息万变的市场和无从下手的第二、三产业,缺乏信息、技术和致富能力的村民群众感到无所适从,在致富的征途中找不到门,迈不开路。在这种情况下,作为经济精英的先富能人站出来担当村庄领袖,既是村民们传统政治文化心理的自然流露,也是村民们新形势下走上富裕道路的现实需要。

第三,"先富能人治村",也是村民群众的一种迫切愿望和理性选择。改革开放以来,市场经济在农村的孕育和发展,在极大地解放农村生产力的同时,也使村民群众的认识和思想发生了深刻的变化。而且村民自治制度在农村基层也得以施行和推进,正是在切切实实的民主选举训练中,村民群众的民主素养也得到了相应的提升。不少村民群众在村委会选举投票中,并不是像以前的动员式参与一样,只是将其视为一桩例行公事,而是在选举投票过程中注入了对村庄发展和自身利益的期待和要求。鉴于先富能人在致富道路上的榜样作用和示范效应,众多村民逐渐形成了这样的观点:村干部只有自己有率先致富的能力支撑,才能带领他们走上共同富裕之路。这种观念随着农村政治、经济和社会发展而逐渐深入人心,并导致了只会当上级传声筒的旧式村干部的退场,以及先富能人之进场。

除了上述各个层面的宏观分析,如具体到对各次村委会选举微观层面的分析,不难看到,随着像浙江省这样个私经济较发达地区村委会选举竞争激烈程度之增加,实际上对村干部竞选者在竞选策略的制定和选择、竞选资源的动员和运作等方面提出了越来越高的要求,而先富能人显然在其自身所掌握的经济、政治、关系资源方面拥有普通村民无法企及的优势。有研究者曾经指出,"村民是讲实际的,他们早已不简单地把选举仅仅看作村委会干部的更换,他们的选票背后,更多的愿望是村庄经济的发展和自身生活的改善。因此,先富群体相对于普通村民来讲,无疑是更具竞争力和当选资格的群体"[①]。

总而言之,"先富能人治村"是新形势下各种主客观因素共同作用的结果,通过村民自治制度中的选举环节,改革开放以前的政治、道德权威让位于改革开放以来的经济权威,已是当前乡村基层民主政治发展的一种趋势。随着改革开放的深入和农村基层经济、社会结构的变化,经济上崛起的先富能人终于在村庄政治生活层面也获得了较之以往多得多的自我展示机会。

---

① 周炳泉:《"先富群体"竞选"村官"现象的调查与思考》,中国村民自治信息网,2002年8月19日。

◆◆◆ **第二章** ◆◆◆

"先富能人治村"对村庄权力结构
及其运作的影响

20 世纪 80 年代以来,随着改革开放的深入和农村经济的发展,由于农村社区政策选择的差异和各地经济发展的不平衡,农村社会的经济发展越来越呈现出多样化的态势。而这又带来各地农村治理模式的多样化。因为村庄治理是与当地的经济发展有着紧密的关联的,经济决定了政治,政治是经济的集中体现。同时,各地的村治实践表明,影响村庄治理模式的,不仅仅是经济发展的水平和数量,而且还涉及各地农村的经济运行体制,涉及经济资源的配置方式。

改革开放以来,城乡之间的经济交往和流动加快也是一个有目共睹的现象。相对而言,不管是经济贸易的便利性,还是劳动力的安排,以及土地的征用,靠近城镇的村庄往往比其他村庄更容易获得与城镇有关联的各种资源。在本文,我们对靠近城镇的能人治理型村庄也给予了特别的关注。

在本章,笔者拟对集体资源丰富的村庄、个私经济发达的村庄、集体经济发达的村庄以及若干城郊村的能人治理下形成的权力结构及其运作情况做些初步的分析和考察。

一、"先富能人治村"背景下的村庄公共权力结构

(一)集体经济资源丰富背景下能人治理型村庄的权力结构

我们拟重点介绍一下浙江省嵊州市浦口街道的俞村。该村地处嵊州市经济开发区浦南大道东侧,由原来的青口、有山两个自然村合并而成。根据 2011 年的统计资料,全村 1155 人,有党员 50 名,设立两个党小组,5 个村民小组,村民代表 42 名。俞村现有各类存款近 3000 万,2010 年村级集体经济收入 198 万,村民人均收入 15000 元。俞村是一个省级文明村,省级体育特色村,绍兴市市级小康村,绍兴市卫生村和嵊州市文化示范村。

该村的干部队伍中有一个突出的特点：村党支部书记赵建华和村委会主任李永兴自从1984年初在村党支部、村委会的换届选举中高票当选后，一直在这两个村主职干部的岗位上担任至今，两人搭档也近三十年，两人自从2001年首次被浦口街道党委政府评为好搭档以来，从来没有间断过。

村主任李永兴跟我们介绍了他和村支书的履历：

我于1979—1983年在部队当兵，1983年时我23岁，老赵（村支书赵建华）27岁开始，我当村委会主任，他当书记。现在看来23岁可能并不适合，太嫩气了。在当时来说，我们都是正劳动力吧，经验谈不上，但体力是有的。干部团结才能做事，这一点我是有体会的。1986年开始，我办厂，刚开始是预制板厂，就村办企业而言，那时在村里还是我和老赵牵头，集体办了一个玻璃丝厂，后来模仿外面的做法，企业转制给个人，交承包款，因为当时集体办厂似乎有点落后了。然后，1986年开始，我和老赵另外办厂，当时尽管也叫厂，但很小，主要从事菜籽油加工，应该说效益还不错，当时也只能说给村里带个头吧。我和老赵本来在村里而言家里并不富裕，所以借了几千元钱办厂，就是想改变生活处境，这样一直到1995年，然后将厂转给了他人，自己又买了一个预制板厂，花了30000多元钱。当时有这么多现金，自己感到已经不错了。我的想法是：一是为村里办点事，二是通过办厂，这样自身有了点实力后，当干部的优势就体现出来了。

我认为当干部也是需要有点经济实力的，因为钱是人人眼红的，家里很穷，往往会走歪门邪道。自身有点实力，讲话口气也能硬点。

从1995年开始，预制板厂一直办到2001年，中间停了几年，又觉得太空闲了，从2004年开始又办了一个化工厂，一直搞了六七年。这个厂（三健网业有限公司）是2010年办的，已经有1200万投资下去了。

我的体会是，自身办着厂，在群众中的威信会高些。因为在经济上面肯定能占点优势，老百姓选举时眼睛也是看过的，如果真的是吃了上餐没有了下餐，或者家庭经济压力很大的话，老百姓也很难信任你。因为有时穷的人不一定能清正，往往富的人有很多是正当收入。特别像我们，是通过勤劳一点一点致富的。当了这么多年干部，自己为办公事而请客买单也是有的。而用集体的钱买几包烟供自己用，这种事倒是没有的。这一点，老百姓不一定能看到，但村里负责财务监督的干部是清楚的。

三十年来，跟我们合作的干部三五年更换一茬是常有的事，但我和老赵还没有更换过。我们也听到很多老百姓的评价，说我们干部当得还是可以的。

从村主任的话语中，不难看出他和村支书都是改革开放以来通过办企业而率先富裕起来的经济能人，而且值得称道的是，他们自从1983年开始担任村主任和村支部书记后，从来就没有间断过，其在村庄公共权力结构中的位置非常稳定。村主任李永兴告诉我们：

我们村两委现在共有干部6人，本来是5名，后来上面要求有一名专职专选的女村委,这样加上共 6 个人。我们两位村主要干部的报酬是街道发的,每年 12800 元。另外的干部,我们这里给补贴 8000 到 9000 元,也就是我们的 8 折。我们不去多拿的,因此其他干部也没有意见。如果我们拿 5 万~6 万,那可能其他干部就有意见了。因此,我们村在经济方面的问题是没有的。

据了解,俞村是一个集体经济资源比较雄厚的村庄。这一点,在该村所在街道和村庄中调研时,多次得到证实。那么,该村的集体经济资源主要来自哪里呢? 具体是怎样一个情况呢? 该村一位村干部告诉我们:

我们村集体的经济收入主要靠利息。自从 2006 年土地开发后,开发区除了偿付征用款外还有部分土地返还,约有 70 亩,现在用于集体出租,而不是一卖了之,所以收入主要来自土地盘活资金及利息。我们对这笔资金绝不乱用,而是借给了开发委,每年有 70 万利息,拿下来作为红利分给老百姓。

不难看出,该村之所以拥有较为雄厚的实力,主要是凭借其地利。由于该村靠近嵊州市经济开发区,因此随着该市经济的发展,城镇规划步伐的加快,该村大部分土地已被嵊州市开发部门征用。现在该村拥有存款近 3000 万,对于一个只有一千多个村民的村庄而言,这显然是一笔不小的财富。

有学者曾经对另外一个集体经济资源丰富的村庄——A 村的公共权力结构做过专门研究,结果发现该村的权力结构呈现出一体化、高度集中的特征。[1] 一是党政一体化。与全国多数村庄一样,20 世纪 80 年代以来,A 村的治理也是建立在国家有关村民自治的制度安排的基础之上的,有村级党组织、村民自治委员会、集体经济合作社等系列村级组织。然而,在 A 村,呈现出村级组织一体化和公共权力运作集中化的特征。从理论上讲,村级党支部是共产党在农村最基层——村庄的组织机构,担任着协助和指导村委会顺利开展工作的职责。而村民自治委员会是村民自己选举产生的自治机构,按照国家有关制度和政策要求开展村庄的各项工作,促进村庄的经济和社会发展。然而,在 A 村,村级党支部和村民委员会实际上是两块牌子、一套班子。不但有关村庄的公职交叉任职,而且还在一起办公,很难分出你我。通过查找该村 2000 年 2 月到 2007 年 3 月的村级组织的会议记录,发现期间一共召开了 74 次会议讨论村务,均为村两委联席会议。不论村级党组织与村民自治组织人员如何变换,从未出现两个组织分开开会的经历,表现出党政组织高度统一的状况。其次,这表现在村级集体经济组织与"村两委"权力结构的一体化。A 村矿产公司是该村集体经济收入的主要来源。调查研究表明,该村矿产公司的决策层领导一直以来均由村两委主要干部担任。2005 年以前主要由村支部书记担任,2005 年以后改由村委会主任担任。矿产公司的财务核算和会计事务也由村级会计负责。本来,村级财务和公司财务实行一本账管理,2002 年以后分为

① 卢福营,金珊珊:《集体经济资源丰富背景下的村庄治理》,《中共宁波市委党校学报》2008 年第 5 期。

两本账目,但仍由村会计统一负责。

二是议行监不分。在 A 村,由村级党支部和村委会组成的"村两委"是该村主要村级公共事务的决策和执行机构。自从 2002 年 11 月开始,根据政府有关部门的要求,新设立村务监督委员会。尽管上级制度明确规定,村委会成员、村级会计、出纳等人不得担任村监委会成员,同时上述成员应由村民代表会议选举产生。然而,在该村,村监委有关成员是由村两委及党员大会举手表决方式产生,而且经推选确定的 3 名村监委成员均是由村委会成员兼任。村监委会自从 2002 年成立以来,其成员一直未作任何变动。

A 村之议行监不分还表现在该村没有对村监委的职能及监督程序作出明确的规定。其体现村级民主监督的主要内容是一月一次的村级财务和村务公开制度。然而,据村民反映,每月向全村村民公开的主要是计划生育等事务,鲜有财务方面的公开内容。对该村村务公开栏的实地查看也证明了这一点。

两个村相比较之下,我们所调研的俞村的村务监督做得要规范得多。一方面,在其村务监督组织的生成方面,没有出现由村委会成员兼任村监委成员等与上级部门有关制度设计明显存在偏离的现象。另一方面,该村的村务监督实践操作也比较规范,村民对此的认可度也非常高。该村一位干部向我们做了介绍:

本村的监委会由一位村支委兼任主任,共有三位监委会成员,班子严格按照上面的要求配备。由于本村的村级财务及其他相关村务的运作比较规范,到目前为止,还没有出现村监委对有关村务运作中产生的票据拒签的情况。本村的村务公开也非常清晰,主要是出去公务考察,非常阳光。例如,村里安排的招待,以前较多,现在很少了。当然,如果有必要,还是可以的。如果晚上你在这里吃饭,我们就让主任、书记、会计,再叫几个委员签一下字,还是很规范的。不一定写上招待某某,但尽量写明开支项目。因此,在财务方面,我们做得非常透明。一个村就像一个家,兴衰情况老百姓都是知道的,因此我们做事也非常谨慎。

按照有关要求,我们村设有村务公开栏,并且定期公布,但不大有人去看,这么几年下来,老百姓对我们几个干部已经非常了解了。他们知道像我们这几个村干部是不会去乱花钱的。因此,他们对村级财务方面非常放心,并没有半点怀疑。

(二) 个私经济发达背景下的能人治理型权力结构

我们本次调研主要在浙江省开展,而浙江省是全国有名的个私经济发达的东部沿海省份。因此,笔者调研走访的能人治理型村庄中,有好几个都是个私经济发达的村庄,如浦东街道的棠村、剡湖街道的张村、何村。早在上个世纪末,已有学者对个私经济发达背景下能人治理型村庄的村治模式作了比较全面的分析,[1]为我

---

① 卢福营:《个私经济发达背景下的能人型村治》,《华中师范大学学报》(人文社会科学版)1998 年第 3 期。

们提供了十分有价值的参考材料。

我们考察的浦东街道棠村是一个引起我们特别关注的村庄。一方面，该村的集体经济资源也是颇为丰富的，而其拥有雄厚的集体经济资源的原因和前面介绍的俞村相类似，主要来自村庄土地被政府征用后获得的补偿款。该村支书唐某向我们介绍了该村概况：

村庄有农户 1088 户，包括 18 个村民小组，98 名党员，6 个党小组，村委 6 个人，支委 7 个人，总共 9 人。选举时接连两次几位同志选票并列，后来又任命了 2 位。现在村里被征用的款子，安置费给了老百姓了，征用费存在开发办，有 4000 多万，每年拿利息。

上述情况与俞村十分相似，但是，我们也注意到了两者的区别，其中之一是俞村村民的经济支柱之中，90％的村民主要在公司、企业中打工，而棠村的村民则大部分以从事个体经济为主。众所周知，嵊州市的领带制造非常发达，处在嵊州市经济开发区的棠村离嵊州市城关镇非常近。正如该村村支书所言："现在城乡差别是越来越小了，有些方面城关镇还是农村强了。现在我们村和城关镇的交通非常方便，往双塔大桥走不要多长时间。"而该村的许多村民正是利用其得天独厚的地利优势，主要从事领带的加工业务。由于领带的初级加工技术要求比较简单，场地要求又不高，因此，该村几乎家家户户村民都从事该项业务，成为远近闻名的领带加工特色村。

刚才已经简单介绍了该村的村干部队伍，现在再重点来看看村支书和村主任这两位主要干部的情况。

据该村老年协会会长唐兴国介绍，"村支书家中办了一个领带厂，平时生产经营主要由其妻子打理，他儿子是做生意的，女儿 29 岁博士毕业后，今年 32 岁，在绍兴文理学院数理信息学院工作，家里经济条件是比较富裕的。村主任条件也不错，是跑工程的，还办了一个水泥厂，很挣钱，家里的房子造得非常漂亮"。不难看出，该村的两位主职干部均是属于已经富裕起来的经济能人，棠村也是一个能人治理型村庄。

在调查研究中，我们的一个感觉是，在该村，治理能人在村级公共权力结构中的影响力、凝聚力和该村公共权力结构的稳定性比较一般，远不及在同一街道并且相邻的俞村。造成这种差别的原因是什么？这引起了我们的特别关注。或许，调查研究中获得的下述信息有助于我们对此问题的考察和分析。

长期以来，在我们村，书记和主人总是不和，每人背后都有一派人。每次搞选举，总是伴随着打架什么的，搞一次选举就乱一次。

现在看来，棠村本来是可以发展得较好的，就是因为班子的不和，以及选举的失败，造成了村庄的不稳定。书记和主任总是不和，最近两届总算稳定了些，情况也好了不少。

一个村如果在选举时参选的人花了很多钱，当选后要不要拿回来？像我们棠村,一次选举,参选者需要花几十万,香烟钞票什么的,他当选后肯定要想办法:怎样将这笔钱拿回来?这些问题,我们村民反映反映也没用,希望你们理论工作者也在各种场合多讲讲。

在村民的话语中,我们不难看出棠村存在着两委关系长期不和、①村委会选举中金钱对选举的操纵、后选举阶段村干部利用公职谋取私利等直接涉及村民选举的公平性以及民主决策、民主管理能否真正实现等问题,这就直接影响到该村公共权力结构的稳定性、治村能人在村级公共权力结构中的影响力、凝聚力等诸多方面。如该村的支部书记就告诉我们,"我是上届的上届中途接过来的,当时就是因为一直乱,所以不得不中途调整村级领导班子"。

对于该村两委之间的摩擦和矛盾,老年协会会长唐兴国从制度层面谈了他的想法:"现在的情况是上面对党员会议没有硬性规定,而对村民代表会议则有刚性的召开要求,这样,在强调村级党支部在村庄经济和社会发展中的领导作用的同时,无形中又突出了村民自治组织的功能和地位。事实上,让村党支部成为村庄最高权力结构才对。"

村支书也向我们发了一顿牢骚:"现在的实际情况是:一方面支部书记是一把手,党组织是农村领导核心。另一方面,村庄又是基层自治组织,实行村民自治,最高权力机构是村民会议及由其选举产生的村民代表会议。所以这其中实际上是很矛盾的。"

不过,据了解,最近几年来,该村的公共权力结构还算稳定,村支书和村主任之间的关系也不像前几届一样矛盾重重,经常吵闹打架什么的。一位村民告诉我们:"这一届刚刚稳定下来,本来的书记和主任一直是斗争,打架也不少。现在的书记原来也是村委、支委,人比较诚恳踏实。尽管胆量欠大些,魄力欠大些,人是很实在的。现在的村主任尽管家里的经济条件很强,但村庄治理的经验比较少,相应的工作能力也不够强,用的一帮人又基本上是后生。所以,在村庄村务管理中主任主要靠书记,因为主任自己没有多少工作经验。而书记反过来也在靠主任,因为主任的经济实力强,势力也大些。"

调查表明,现在的两位村级主要干部在自身情况方面各有其特点,村支书当过多年的村委和支委,具有较好的群众基础,为人踏实厚道,但在魄力和胆量方面则有所欠缺。村主任是没有多少村政经验的年纪较轻的经济能人,要获得群众对他工作的认可尚有待时日,但他自身的经济实力雄厚,手下有一批以他为首的人。鉴于此,从实现自己的利益出发,村支书和村主任一改以前村两委互相拆台的做法,而是互相联合以寻求对方的支持,这样就达到了双方的优势互补。

---

① 关于此问题,景跃进作了比较细致的考察和多视角的思考,参见景跃进:《当代中国农村"两委关系"的微观解析与宏观透视》,北京:中央文献出版社2004年版。

而在另一个个私经济发达背景下的能人治理型村庄——白村,[①]我们则清晰地看到了其社区权力结构的离散性特征。白村位于东阳市,以金银丝线的加工为主业的个私经济十分发达,几乎遍及家家户户,老百姓因此获得了丰厚的经济收入。

与之形成鲜明对比的是,该村的集体经济发展几乎是一片空白,每年仅有十多万元钱的收入,还不及该村经济条件好的农户一年的收入。上述的村庄经济发展背景和经济发展基础,形成了该村离散性的公共权力结构。由于该村在改革开放以来逐渐形成了适合村庄特征的以个私经济为基础的经济发展模式,该村的村民基本上以一家一户为单位,分散经营为主。因此,面向整个村庄的公共事务并不多,这就使得该村的村级公共权力结构所需承担的"聚合"和"统一"的事务也明显减少,而这又在很大程度上影响到该村公共权力结构在村庄中的地位和作用。

基于此,该村形成了一个党委领导下高度集中又精干的村级公共权力组织。

自从1987年开始选举村委会以来,通过参选并最终获胜的,大多是个私企业主,历届的村委会选举都呈现出这样的一种态势。在该村,要能在竞选中获胜,单凭经济实力是不够的,还需要具有一定的威信和公心。如该村的一位个私业主唐某,尽管其经济实力在村庄名列前茅,但由于后者比较欠缺,因此三年后在历次村委会选举中再没能进入村级领导班子。由于该村个私经济发达,各家各户都忙着个体经营,工作节奏很快,这就对村级公共权力结构的工作效率提出了较高的要求。正如该村一位村民所言,"村干部不在于多,而在于精"。

故此,该村形成了以村支书吴怀萍为核心的高度集中的村级公共组织。吴怀萍在改革开放之初则投身于个私经济的发展,很有胆子和魄力,是该村率先富裕起来的经济能人。更为难得的是,吴怀萍还具有很强的沟通能力、协调能力和人格魅力,因此,自从1987年首次参与村委会选举并且当选后,不久又加入了中国共产党,后来又被推选为村党支部书记,同时他又是三名村委会成员之一,还担任着村经济合作社的社长,成为村里名副其实的一把手。村里的大小村务,一般都由吴怀萍最后拍板。乡镇委派给村庄的事务通常都通过吴怀萍,否则最后很难办成。

(三) 集体经济发达背景下能人治理型村庄的公共权力结构

绍兴市柯村,作为一个集体工业经济发达背景下比较典型的能人治理型村庄,曾经受到研究者的关注。[②] 我们在此不妨依据有关材料,来分析一下集体经济发达背景下能人治理型村庄的公共权力结构。

众所周知,20世纪80年代改革开放以来,广大的农村地区逐渐打破了政治、

---

① 卢福营:《个私经济发达背景下的能人型村治》,《华中师范大学学报》(人文社会科学版)1998年第3期

② 卢福营:《集体工业发达背景下的村治》,《浙江师大学报》(社会科学版)1999年第1期。

经济合一的人民公社管理体制,并代之以在经济上普遍推行统分结合的家庭联产承包责任制度和在政治上逐渐施行以"民主选举、民主决策、民主管理、民主监督"为核心的村民自治制度。广大的农村地区由此而发生了翻天覆地的变化。一方面,随着人民公社体制下干多干少一个样的"平均主义"和"大锅饭"经营管理模式的消解,广大农民以一家一户为单位的个体劳动的生产积极性空前地激发出来,极大地推动了农村生产力的发展和农户生活水平的提高。另一方面,在许多农村地区,由于农户生活的家庭化和生产的个体化,在人民公社时期绝对占统治地位的集体经济逐渐式微,农村社区的组织性和凝聚力也迅速下降。

但是,也有部分村庄在改革开放以后并没有随大流走分户经营和个体生产的道路,而是继续保留了集体化的生产、经营模式,并在新的农村发展背景下审时度势,抓住机遇,实现了社区经济的再集体化和工业化。本文要介绍和分析的样本村——绍兴县柯村就是一个典型。

与许多村庄在人民公社解体后分户单干不同,柯村从1985年开始依托社队企业走上了再集体化道路。到1990年,该村的集体工业总产值达到了2881万元。20世纪90年代开始,凭借毗邻新兴起的中国轻纺城的区域优势,村集体兴办了纺织厂、印染厂,到1994年以上述两家骨干企业为主体,组建了柯村实业公司,同时投入资金,加强了技术改造,扩大了经营规模。在此基础上进一步联合多家企业,于1996年组建成柯村染织集团,到1996年,柯村的集体工业经济总产值达到3.38亿元。柯村在人民公社时期,由于村庄地处水洼地区,粮食产量很不理想,直至改革开放初期,村民人均年收入仍不足1000元,但是从1985年开始,该村级领导班子抓住机遇,兴办社队企业,通过村庄经济的再集体化和工业化,到1996年,村民的平均年收入已超过5000元。

伴随着村庄经济的再集体化和工业化,柯村社区的组织化程度不断提升。尽管在人民公社体制消解以后,柯村也实行过以一家一户为生产和经营单位的家庭联产承包责任制,但从20世纪80年代中期开始,该村在村级领导班子的引领下,走上了再次发展集体经济的道路。特别是从20世纪90年代开始,从兴办纺织厂、印染厂,到组建实业公司,再到联合组建染织集团,该村的集体工业经济不断发展壮大。而该村发达的集体工业,又为实行农业生产责任制后从土地上解放出来的广大村民提供了充足的就业机会。据调查,该村90%以上的劳动力均在村集体兴办的工业企业上班,随着村集体规模的扩大和生产、经营的规范化,在集体企业上班的村民被按照企业集团的科层制结构严密组织起来。该村发达的集体工业经济,既解决了众多村民的就业问题,又让村民的收入驶上了稳步增长的轨道。

该村发达的集体工业经济,对该村的村级公共权力结构也带来了深远的影响。高度集中的人民公社体制解体以来,根据国家有关制度安排的要求,柯村也设有村级党委会、村级自治委员会、村级集体经济合作社等有关村级公共组织,但由于该村集体工业经济的发展及其在村庄中的地位、作用,柯村染织集团已取代村级集体经济合作社成为村庄中举足轻重的集体经济组织,在村庄治理中扮演着非常重要的角色。同时,对该村的调研表明,村级集体工业经济的发展也造成了该村党委会、村委会功能的变迁。根据国家的有关制度安排,村级基层党组织在村级经济和社会发展中起着领导的作用,而村民自治委员会则在国家法律和制度许可的范围内,在上级政府的指导下和村庄基层党组织的领导下,独立自主地开展村庄公共事务的决策、管理和监督工作。但是,在柯村,可以发现村党委会处于村庄公共权力结构中的核心地位,而村民委员会则将重要村务的决策、管理等核心村务权力让渡给了村党委会,自己主要还保留着计划生育、治安调解、社会保障等常规村务的管理工作。村党委会的核心地位还体现在其对村级集体经济的龙头企业——柯村染织集团的掌控上。据了解,村党委书记娄仁根担任了染织集团的董事长兼总经理,村党委委员徐松春担任了染织集团的副董事长,村党委委员毛关根担任了集团的副总经理,村党委委员张文泉也担任了集团的副总经理。通过主导企业集团的运作,村党委会进一步巩固了其在村庄公共权力结构中的领导核心地位。

同时,该村发达的集体工业经济,使得其在社区整合中融入了浓重的集体经济色彩。在农村人民公社体制解体以来,随着以分户经营为特色的家庭联产承包责任制的兴起,农村经济发展在显出勃勃生机的同时,由于集体经济的式微,农村社区的离散性趋向是一个不能不引起重视的问题。而柯村由于牢牢扭住发展村级集体工业经济这个抓手不放松,为其新形势下的社区整合提供了良好的集体经济基础。同时,也使得其社区整合彰显出明显的集体经济色彩。由于大部分村民均在集体企业中工作,业缘取代传统村庄中的血缘成为维系村民的核心纽带。又由于大部分村民在集体企业中被按照企业的科层制有效地组织起来,以经济报偿和利益导向为主的经济管理方式取代了人民公社体制下对村民群众的行政管理模式。因此,该村发达的集体经济不仅使村落社区的整合有了良好的平台,而且也使得建立在此基础上的村级公共权力结构具有了良好的凝聚力和稳定性。

二、"先富能人治村"背景下村庄权力运作的特征

前面,笔者根据自己的个案实证调研资料,以及参考其他研究者的实地调研资料,对"先富能人治村"下的村庄公共权力结构从静态层面作了较为详尽的分析。下面,笔者拟再从动态的角度来剖析"先富能人治村"下村庄公共权力运作的特征。众所周知,国家设计的村民自治制度实际上包含了"民主选举、民主决策、民主管理、民主监督"这四个环环相扣的环节。而"民主选举"是村庄公共权力的选举产生过程,"民主监督"是对村庄公共权力的运行情况予以监督的过程。因此,相比较而言,"民主决策"和"民主管理"这两个环节无疑是最能体现后选举阶段村庄公共权力运作特征的地方。我们对"先富能人治村"下的村庄公共权力运作状况,拟分"集体资源丰富背景下的村庄"、"个私经济发达背景下的村庄"、

"集体经济发达背景下的村庄"等几种情况,重点从村务决策、村务管理等层面作一较为详细的分析。

(一) 集体资源丰富背景下能人治理型村庄的公共权力运作

我们以刚才提到的样本村——嵊州市浦口街道俞村为例,首先来考察一下其村务决策的有关特征。调查研究表明,作为一个集体经济资源丰富的能人治理型村庄,其村务决策特别注重程序性。俞村村主任李永兴向我们详尽地介绍了该村的决策程序:

如果投资上万元以上的,跟老百姓有利害关系的,这时候,首先,我和村书记老赵两个人商量。先商量、考虑,此事可不可以做、想不想做。如果定下来想做的,就进一步跟另外的两三个村委、支委商量,我们的村两委会队伍精干,通常是六个人的村两委会队伍我们精简成了四个。我是村主任兼支委,书记兼村委,现在有很多村,6个干部往往分成两派,相互拆台,这样就没有事情能做成了。

我们是两个人先商量好,等到基本上觉得已经可以,估量是十有八九会成功的了,然后再跟支委、村委商量。一般情况下,其他的几位村委和支委都会支持,个别情况下,会有人提出不同意见,这时,一般情况下我或老赵会担当起来,表明态度:出现问题,由我们负责和处理。

下一步,我们是跟老干部们商量,现在都已经70多岁了。他们在文化大革命时候就是干部,有必要时,我们会将这几位老同志叫来,请到办公室,我们先讲几句好话,先将高帽子给他们戴上去,然后跟他们说我们想做的事情,征得他们的同意和支持。

接下去就是召开党代会,这实际上是一个形式。根据我的看法,党员一般坐在一起要群策群力,实际上是不大可能的,通常会出现两种情况,要么是意见一致,要么是推翻掉。

最后一步是召开村民代表会议。待到三十多个代表召集以后,这时我们已经基本上胸有成竹了,该怎么做也已经有思路了。这时,村民代表会议也会提出五花八门的问题,我们已经能够基本上当场答复掉了。不管是代表举手表决,还是口头表示也好,绝大多数情况下,事情都能顺利通过。有时,也会有个别代表表示,这事麻烦是有点麻烦,但绝对没有人会提出"这事这样做是不行的"如此一类的话。

从村主任李永兴的介绍中,我们可以看到其村务决策的程序比较正规,在村务决策过程中,注重征求村民特别是老干部的意见。这就使其村务决策有了广泛的群众基础。

决策的前瞻性是我们在考察该村公共权力运作过程中总结出的第二个特征。作为一个在信用社拥有存款1600万的集体经济资源丰富的村庄,作为村干部,必须考虑怎样用好这笔钱,带给村民实实在在的好处?怎样将钱花在刀刃上,使之产生良好的收益和回报?等等问题。这就要求村干部的决策要具有一定的前瞻性,要能够想群众所未曾想，做其他村庄所未曾做，唯如此，才能使有关决策获得良好的收益。

该村的村庄道路硬化工程的实施就很能体现治理能人村务决策的前瞻性。一位村干部向我们介绍：

我们1988、1989年开始实施村级道路的硬化工程和村庄环境的绿化工程计划。在嵊州市农村，我们那时可说是带了个头。当时，村级道路浇得并不咋的，是土法上马，劳动力集工，我们几位村干部带头。那时可以说是相当不易，我们几位村干部也跟老百姓一起劳动，当时群众是相当高兴的。村里有这样一个变化，对老百姓来说也是想不到的。因为原来走路毕竟不太方便，以前是泥土路，一下雨，根本走不了路。路浇好后，老百姓很形象地说，从此以后，我们的雨鞋可以扔掉了。那时村里土地已经承包到户，全村共有七八百亩田。每次农忙时，田里的稻谷都要用谷担一脚高一脚低地经过泥泞的村路挑回家，所以路浇好后，这是老百姓本来连想都不敢想的事儿。当时，劳动力全部免费，一户人家几个工分担，一点水泥是集体出资的，其他全部免费，泥水匠是自己村里的，也是免费的。

我们做的事一直可以说是超前的，1984年接自来水，那时也是靠劳动力的，材料钱是集体的，其他全部是义务劳动。我们这些建设在搞，老百姓去举报、上访是没有的。有个把人不满是难免的，但很少，我们一般尽量将工作做在前头，村民跟我们反映意见、提出想法的，我们就耐心做他们的工作，一直到做通为止。

那时，村里修路，其实碰到的不仅仅是钱的问题，还有一个要取得全村村民支持配合的问题。当时，村民在家旁村边埋了不少露天粪坑，有的还搭了车棚，都要我们一户一户地去做工作。我们那时基本上采取一只粪坑赔多少钱的做法，有个别钉子户，我们则针对性地做工作，跟村书记关系好的，村书记出面，跟村主任讲得来的，村主任出面，两位村主职干部都不行的，由其他村委和支委出面。

很多情况下，我们做的时候，有些老百姓会说，为什么要做呢？有必要吗？但一旦做好后，老百姓一般都会赞同和肯定。

我们村里没有一只村民的个人粪坑，而只有公共厕所，这已经是十几年前的事情了，所以我们村在文明方面是走在前面的。村里的绿化、亮化工程，也往往是别的村还没有想到，我们已经是开始做了。

讲究村务决策的效率性是该村治理能人在主导村务决策中的第三个特点。村庄菜市场的建造就充分体现了该村村级领导班子办事的果断和效率。村干部告诉我们：

我们村实际上是浦南大道的中心区域，马路旁的摊位是很多的，这都是自发形成的。我们觉得这里有商机，村里开会议议决后，马上造了一个农贸市场。我们对村民群众说，现在市场可能攒不了钱，但以后估计很有前途。现在市场已经比较热闹了，经常有几百人在交易，这个一般干部是不会想到的，我们现在的投资是求发展。

以前,村里的人买菜要到镇里去,费钱费时间。现在,我们将村里的市场建设好了,是又省时又省力又实惠的事情。

我们村级领导班子做事的一个原则是,如果是群众想做又是群众愿意做的,就基本上都是果断地去做掉。我们一直坚持这个原则,经过这么多年的努力,村里的开发也已经搞得像模像样了。

此外,前几年村级班子果断购买屋基一事也深得村民赞许。事情是这样的,嵊州市开发委在建浦南大道时,需要俞村旁边的棠村等村庄拆掉一些属于村民的房子,为了安排好这些拆迁户的居住问题,开发委就事先在棠村和俞村之间的大路旁边造了一排屋基,准备以后给拆迁户建造房子,但是后来这些待拆户的工作一直没有做通,房子没有拆成,这排原来准备给拆迁户建房的基地也一直闲置着。后来开发委为了回笼资金,就同棠村领导班子沟通,如果该村愿意,可以将屋基便宜点转让给该村。但当时棠村的村支书和村主任由于闹矛盾正忙着吵架,根本无暇顾及此事。不久,此事给相邻的俞村知道了,该村两委经商议后马上与开发委沟通,果断地将这批屋基买进了。几位接受访谈的村民谈到此事时非常肯定该村村干部的果断和办事魄力。"当时我们村买来时,一个屋基连地盘都已经浇好了,还只要十多万一个。村里出面买来后卖给社员建房,为村民办了实事。也有转卖给外村人的,我们村也不吃亏。如旁边的棠村村民买去,每个屋基要四十多万,你说我们村的干部不是很能干吗?"

作为一个集体经济资源丰富的能人治理型村庄,俞村的公共权力在村务管理中呈现出稳妥有力、公正透明、干部带头等运作特点。一是稳妥有力。良好的村务管理,既要求村级组织在村务决策时慎重考虑、稳妥行事,又要求其一旦在决策后就应不折不扣地落实,提升执行力,只有这样,村庄的治理和发展才能走上健康而有效益的轨道。而俞村的村级组织在村务有关决策的贯彻和落实(即村务管理)中,正是表现出这种特质。俞村村级领导班子对于露天粪坑的改造就是一个例子。村干部关于此事对我们做了介绍:

我们有事情先商量,而且我们做事情很尊重和倾听民众的呼声。一件事情,如果时机不成熟,我们宁可先缓一年,到明年,有了呼声和舆论再做,而不是一味蛮干,蛮干往往要出问题。

我们有时候做事也下了很大的决心。如关于露天粪坑的问题,我们从1987、1988年开始就逐步加以消除。刚开始是100元补偿,后来逐渐提高了补偿标准。我们决心很大,要求村民务必将露天粪坑全部移掉,补贴标准可以谈,高的补偿300元的也有,但移与不移的问题则免谈。如果有的钉子户实在不肯配合,大家都移掉了,就剩下一个不移,那我们也就坚决将其铲除掉了。所以村子里没有露天粪坑,我们村干部的功劳是比较大的。现在有的村走进去还有整排整排的露天粪坑。

二是村务管理的公正透明性。村庄的治理和建设涉及方方面面的事务,也需要得到广大村民群众的理解和支持,而村级组织在村庄治理中能否做到公正透明,则是能否得到村民理解和支持的关键之一。关于这一点,俞村的村干部在访谈中显得很有底气。

我们不尚空谈,比较注重尽量为村民做点实实在在的事情。经过三十多年的治理和建设,村容村貌较之以前是大不相同了,自己觉得还是比较高兴的。我们也自信老百姓对我们的工作是比较满意的。欢迎各位到村民家中去走访,听听他们对村干部的评价。

三十年来,我们坚持一条原则,村里的工程我们干部绝不去承包,财务上清清白白,让老百姓放心。事实上,村里有关工程,不但干部不参与承包,村民也几乎不参与承包,因为他们不敢偷工减料,实实在在地做吧,又显得利润太低。所以村里的工程基本上由外村人承包。

一位做厨师的村民也谈了他的看法:

我基本上附近各村都跑过了,相对而言,我认为我们村的干部是比较优秀的。为什么这样说呢?这是以事实为根据的。据我所知,我记得我们村的自来水已经换了五遍了,这就是为老百姓办实事。我在留心,也有这么几位村民好像并不知足,老是担心干部有贪污什么的。我是这样跟他们说的:假如下一届干部还是有这样优秀,那是你们老百姓的福气。

我记得很清楚,有上级干部下来,办点菜什么的,我们村的干部是做人家①的,有几次甚至是在自己家里做菜招待上级领导,不用集体开支。他们让我去做菜,我也是连费用都不收的。有时实在忙不过来,让我徒弟去烧,他适当地收取点报酬倒是有的。所以,我觉得我们村的干部的确是可以的。

这种村庄公共权力运作的规范性在该村的村委会选举中也有明显表露。调查表明,自从1983年首次村委会选举李永兴、赵建华担任村主任、村支书以来,两位治理能人就定下了少讲话、多办事的治村格调,努力以实实在在的工作和成绩来赢得村民群众的认可和支持。而村民则用他们手中的选票表示了对村级班子务实、为民作风的肯定和高度评价。在每次村委会和村支委选举中,李永兴和赵建华都是无悬念地高票当选,得票率通常都在90%以上。而且整个选举过程严格按照法律和制度规定的程序进行,找不到在不少农村地区经常可以发现的拉票、贿选等影子。村主任李永兴对此谈了他的想法:

从选举角度来说,我们是实实在在地选出来的。到很多村庄去调查,可能一半正一半负,这是很正常的。但在我们村不可能一半人反对,也就一两个人反对。选举的真实情况高层可能看不到。事实上,选举有时是很残酷的,你不按照他们的要求去填,流氓、破脚骨就可能打人,很多村的派系斗争非常严重。我们村的选举是比较和谐的,要两个人或两户人家以上去街道反映问题的还没有过。我们村里实际上是属于委任制,我们百姓可能也会说:也真是的,太让我们的干部便宜了,选

---

① 做人家:当地方言,节省、节约的意思。

举时连香烟钱都不用开销。但其实他们心里是清楚的,对干部是放心的。

三是在村庄治理和建设中村级领导班子非常注重自身的带头作用。这表现在1988、1989年开始的村级道路硬化过程中,当时两位村主职干部尽管自己的企业事务很多,但还是抽出时间来与老百姓一起干活,出工出力。也表现在村庄给予村民的待遇和享受中,村级班子的各位干部以身作则,不多沾不多拿。访谈中我们多次听到村民群众说起,村里的两位主要干部尽管经济条件很好,但是在村里宅基地的使用等各个方面都能以身作则,严格按照程序办事,并没有一点依仗权势给自己多批一点多用一点的做法,这一点得到了村民群众的普遍肯定和认可。

(二) 个私经济发达背景下能人治理型村庄的公共权力运作

我们以前面提到的个私经济较为发达的棠村为个案,来分析其村庄公共权力运作的特点。

先来考察一下其村务决策情况。调查表明,该村现在的村级领导班子在村务决策中很注重规范性。当被问及村级组织开展村务决策是怎样的一个程序时,该村村支书唐海平向我们作了说明:

> 每月20日,我们村三委,包括老年协会都定期开会。我们主要是将上个月的工作总结一下,将下个月的工作安排一下,具体贯彻时再分工分线。如果是重大事情,我们就召开村民代表会议、党员会议,并向村民群众公告。如果是一般性的事情,村三委会议就定掉了。如果另外有事情再临时召开会议,如防洪什么的。我们在程序这块是做得比较好的,是省级档案资料示范村。

由于该村的个私经济颇为发达,在村庄治理中,在个私经济支撑下的该村村民非常注重自身利益的维护和争取,加之该村长期以来缺乏一个像俞村那样具有高度稳定性和权威性的领导班子,无法协调村民中表现出来的复杂的利益取向和权利要求,领导班子内部也有不同的派系,这样,村民和村民之间、干部和干部之间、村民和干部之间的不少矛盾就得不到有效调解,村民之间的利益冲突就不可避免。在该村调查中,我们经常听到干部之间闹矛盾甚至打斗之类的话语便是一例证。

村庄中派系的存在及其势力的较量给该村带来的一个负面影响是村庄治理和建设决策效率的损耗。村支书向我们介绍的屋基事件就是一例。[①]

> 情况是这样的,前几年,政府拆迁办准备拆迁农村一大片房屋,为了保障工作顺利开展,政府在我们村旁造了一排屋基,准备分给拆迁户。但后来碰到了财政困难、被拆户反对等种种因素的干扰,于是就没有继续开展。后来拆迁办的有关人员曾经同我们商量,愿意将这片屋基卖给我们。但我们当时的书记和主任正在打架,

---

① 屋基事件在俞村调查时也曾听村民提及,在俞村,百姓以屋基事件为例,来说明该村干部们的凝聚力和执行力。而在棠村,村干部们在屋基事件中扮演的却不是值得称道的角色。

谁来管这事呢？就没有买过来。这时，俞村的村主任和村书记了解到此事后，主动与市领导和拆迁办联系，并马上与他们签订了协议，付了钱，将屋基买了过去。当时连屋基浇好也就十来万块钱，可现在每一块起码能卖几十万块钱了。

棠村书记在言谈中对当时他们村没有将屋基买下来充满遗憾之情。

我们再来考察一下棠村在村务管理中的公共权力运作情况。实证研究表明，该村村级领导班子在村务管理中表现出维持性、软弱性、服务性等特征。

一是村务管理中村级公共权力运作的维持性。由于该村长期以来积累起来的矛盾较多，村干部在村务管理中总是被不少反对意见和对立派系所牵制，从而明显影响了村务管理和决策贯彻、执行的效率。这不能不对村干部的工作信心和工作效率带来影响。访谈中，受访的村干部在不经意中时常流露出工作难做、不求有功但求无过这样一种维持性治理的心态。

二是村务管理中村庄公共权力运作的软弱性。由于该村不少村民一向以来有重个体利益、轻公共利益的传统习气，因此在村庄公共生活中经常出现一些村民侵占村庄和国家公共利益的情况。也由于该村村主任和村支书这两位治理能人担任村主职干部的时间均较短，治理的经验不是很丰富，在村庄中的威望也有待于提高，这样，村干部面对部分村民侵占村庄公共利益的种种行为时常显得底气不足，不能够理直气壮地站出来镇住，在村务管理中表现出软弱性。在调查中，我们了解到这样一桩事情，"随着政府对城郊土地的开发和利用，有些原来由村民承包的土地已被政府征用，其中有些既不属于征用范围，又不太适宜发包给村民承包的边角土地，有些村里的痞子就显得很是起劲，东占西霸的"。照理说，像这样的土地应该由村庄统一管理起来，成为村集体财产的有机组成部分。遗憾的是，在此事的管理中村级组织明显缺位了，从而表现出村务管理工作中的软弱性。

三是村务管理中村庄公共权力运作的服务性。作为一个个私经济发达的村庄，村民们都忙于自己的生产经营和生活改善，这对村级领导班子来说，如何为村民群众搞好服务工作，让村民们能安心于生产和生活，是其村务管理中的重要内容。调研中，我们发现该村现任村级领导班子对如何搞好面向村民群众的服务还是较为关注的。其为村民群众提供的服务主要有调处矛盾、慰问老干部和军属、兴建各种公共设施等。调查发现，该村的老年协会在调处矛盾中发挥着相当重要的作用，而老年协会又直属村两委领导，因此，老年协会替村两委分担了大量的调处矛盾、增进村庄和谐的工作。调查中，村里干部和群众告诉我们："现在老年协会承担着调解邻里纠纷的职责，替村两委分担了很多事情。现在，村级组织中也有调解员，但很多方面，老年协会的作用还是不可替代的。""老年人出面有时也有自身的优势，有时可说：嘿！年轻人，给我们老人说几句话吧！"该村的村支书也指出，现在老年协会的人都是有威信的人，几乎人人担任过书记、主任或其他干部职务，老年协会在维稳方面有着很大的作用。

对村里的老干部和军属定期慰问，以及兴建各种公共服务设施和机构，是该村领导班子所重视的另一项服务工作。一位村干部介绍说:"我们每年对于军属、老干部都是敲锣打鼓去慰问的,东西不多,心意是尽量到的。""我们还在村里建了一个医疗服务站,经费由村庄负责。国家补助了 5 万元,上级政府主要是鼓励为主。这样,村民看点小病就方便多了。"

(三)集体经济发达背景下能人治理型村庄的公共权力运作

我们以绍兴县柯村为个案来考察一下集体经济发达背景下能人治理型村庄的公共权力运作情况。

党的十一届三中全会以来,随着政经社合一的人民公社体制的解体和村民自治制度的逐渐施行,在村民自治的背景下如何加强社区公共组织的领导能力和凝聚力,以便在社区公共组织的引领下重新推进农村社区的重建,是一个不能不思考和解决的重要课题。在原来高度集中的人民公社体制下,国家和农村集体的领导意志可以通过公社制度直达到农村每个角落,在束缚住农民的个体发展空间的同时,农村基层社队组织的控制力得到空前的加强。

而在普遍推行村民自治制度的情况下,随着家庭联产承包责任制的实施,农村的生产和生活方式发生了很大的变化,个体劳动和分户经营成为不少农村村民的主要生产方式。在这样的背景下,失去了政经社合一的人民公社管理体制支撑的村级公共组织开始尝试用沟通、协商、教育等手段加强与村民群众的沟通,以图让自己的主政地位和主政思想获得民众的认可和支持,从而提高自己的领导能力。然而,由于改革开放以来农村村民流动的增强、工作面向的多样性等多方面原因,村级公共组织所作的与村民群众加强沟通的努力常常收不到良好的成效,这也是农村基层干部和村级公共组织在工作中面临的一个挑战。

与上述情形不同,柯村由于其发达的村级集体工业经济而在社区管理方面拥有良好的基础。实证研究表明,一个社区公共组织的领导能力和控制能力与该组织拥有的经济资源有着紧密的关系,其拥有的经济资源越是丰富,其对社区的管理能力通常也越强。

在柯村,其村级公共权力运作的一个突出特点是其集聚性和高效性。如本文在前面所言,由于该村的支柱企业——柯村染织集团在该村的治理和建设中扮演着举足轻重的角色,也由于该企业集团的决策层核心岗位都由村党委会成员担任,这就使得该村的核心决策权力都集中在村党委会手里,以娄仁根为核心的村党委会在村庄发展中处于中流砥柱的地位。同时,鉴于染织集团在村庄中的地位,企业的经营决策成为了该村的主要村务。而在瞬息万变的充满竞争的市场经济社会,企业要获得良性发展就必须注重决策的效率。故此,村务决策的高效性是村公共权力运作的又一个特征。

而在村务管理这个层面,该村公共权力运作的一个特征是注重物质报偿。与许多个私经济较为发达、集体经济相对薄弱的村庄公共权力组织在村庄治理中主要采取沟通、教育、说服等工作方式不同,柯村发达的集体工业经济为其在村庄治理中采取物质报偿方式提供了有利条件。在该村,经济手段在村务管理中的运用渗透在各个层面。如吸纳众多村民到染织集团就业、依托集体企业财力为村民提供各种公共福利、为部分村民(如老年村民、大中学生)提供福利保障和助学金,等等。这些物质报偿手段的运用,使得村民群众对村级公共权力组织的支持和服从力度大大提升。

◆◆◆ 第三章 ◆◆◆

"先富能人治村"所导致的村民公共参与变迁

村民公共参与是指村民群众通过参与村庄公共政治生活,影响村庄公共权力系统及村民自治运作的政治行为。从一定程度上说,村民参与村庄公共政治生活的广度、深度和自由表达程度,反映了村庄公共权力系统的开放程度,也说明了农村基层政治的发展水平。不仅如此,村民公共参与的发展,还直接关联着农村基层权力执掌者和权利相关者之间和谐政治关系的构建,因此,对于乡村政治信任的重建,同样有着不可忽视的重要意义。那么,在嵌入"先富能人治村"这个变量后,现阶段乡村基层的村民公共参与又将呈现怎样的运作态势呢?这无疑是值得思考的问题。

一、乡村政治信任重建中的村民公共参与

政治信任是影响社会和谐与发展的重要因素,乡村政治信任与村民公共参与之间存在着密切的关联。近些年来,中国乡村社会因政治信任缺失引发了一系列政治社会问题,由此提出了重建乡村政治信任的重要课题。本书在此拟就乡村政治信任重建中的村民公共参与问题做些初步探讨。

(一) 村民公共参与是新时期乡村政治信任重建的重要途径

研究表明,村民公共参与和乡村政治信任之间是一种互动关系。一方面,村民公共参与是乡村治理民主化的基础和体现,有利于加强乡村组织的群众基础,促进农村基层干部和群众之间的相互理解和支持,从而提升乡村政治信任;另一方面,政治信任的积聚反过来也有助于村民公共参与的进一步推进。

不可否认,新时期的乡村政治信任建设面临着前所未有的挑战。新中国成立初期,以毛泽东为代表的中国共产党人领导的新民主主义革命的胜利以及新中国的建立,使党和国家在农民心目中获得了高度的政治信任。就广大农村而言,在农民群众看来,乡村干部是党和国家在农村的当然代表。故此,村民群众对党和国家

的信任转化为对乡村干部的信任便成为顺理成章的事。加之信息传输渠道单一，农民往往只能通过乡村干部获悉党和国家的政策和指示，乡村干部便成为党和国家在农村的当然代言人。从一定意义上说，这是当时农村尽管没有搞民主选举，却没有出现政治信任危机的重要原因。另一方面，当时，在中央的政治引领和严格的纪律要求下，广大乡村干部能够保持艰苦奋斗、谦虚谨慎的作风，从而进一步促进了群众对基层干部的情感认同和政治信任。

改革开放以来，获得生产和生活自主权的农村民众表现出越来越强的政治和经济理性。同时，随着国家政权上收至乡镇一级，村庄公共权力执掌者从农村基层政权的干部变成了国家和村民之间的中间人。加之信息渠道日益多样化，村民群众可以通过电视、电台乃至网络等各种媒体了解到法律、法规和中央的政策精神。如果乡村权力执掌者的治理行为与上面的精神有悖，很容易遭到农民的抵制。如此，乡村公共权力执掌者要获得农民的政治信任，必须转变治理理念，实现从"命令—服从"到"同意—服从"管理模式的转换。然而，一些乡村干部未能与时俱进。在新的形势下，仍然沿袭传统的行政管理模式。在工作中以命令代替指导，以压服代替说服，从而导致乡村干群关系的恶化，村民群众对乡村公共权力执掌者轻则表现出政治冷漠，重则付诸于政治抗争。① 由此造成了不同程度的乡村政治信任缺失和治理危机。

20 世纪 80 年代初推行的村民自治制度，实现了乡村治理体制的根本性转换。"村民自治作为现代国家的一种制度建构，希望通过吸纳长期被排斥在政治之外的农民参与政治过程，约制乡村权力精英，建立良性的基层政治秩序。"②在村民自治的背景下，乡村公共权力组织如何借助于村民群众的广泛参与获得民众认同，成为了乡村政治信任的关键。让村民群众广泛参与村级民主选举，通过民主选举实现村庄公共权力的委托，有助于村级公共权力组织获得坚实的群众信任基础；让村民群众深入参与村务民主决策，通过集体讨论决定重要的村庄公共事务，有助于提高村民群众基础的村务知情权，培育村民群众的自治主体意识和主人翁精神，为村务决策管理奠定扎实的民意基础；让村民群众实质性地参与村务管理，通过亲身参与直接感知村务管理过程，有助于增进村民群众对村级公共权力结构及其运作的理解和认同，提升村民群众的公共责任感和公共理性；让村民群众全面参与村务监督，通过民主监督制约村级组织和村干部的治村行为，有助于提高村务运作的公开性、公正性、规范性，树立乡村公共权力组织及其干部的权威与美誉度。随着改革的深入和农村的发展，乡村治理环境日益呈现出复杂性、多样性、易变性，村民群众

---

① 于建嵘：《利益、权威和秩序——对村民对抗基层政府的群体性事件的分析》，《中国农村观察》2000 年第 4 期。

② 徐勇：《现代国家的建构与村民自治的增长——对中国村民自治发生与发展的一种解释》，《学习与探索》2006 年第 6 期，第 50～58 页。

广泛而深入的公共参与,对于乡村政治信任的重建更具有其紧迫性。

(二)村民公共参与不足是乡村政治信任重建的重要制约

应当肯定,推行村民自治制度以来,我国村民的公共参与获得了巨大发展。但也不可否认,现阶段的村民公共参与存在诸多不足,已经成为当前我国乡村政治信任重建的重要制约因素。

首先,村民群众在民主选举阶段的公共参与不足,影响了乡村公共权力的民众支持和认同。

实行村民自治以来,党和政府将民主选举作为村民自治的关键环节,出台了一系列规范村级选举的法律、法规,并进行了强有力的行政推动。在党和政府的主动推动下,村民的选举参与意识明显提高,表现出极大的参与热情,呈现出普遍参与的态势。经由民主选举产生的村庄领袖和村级公共权力组织,自然获得了较充分的民意基础。然而,调查发现,热闹非凡的村级民主选举存在着大量的"被参与"现象。不少村民的选举参与并非出自内心的主动参与,而是建立在有意问鼎村庄领袖的村庄精英、派系的鼓动、裹挟之上的,[①]表现为被动参与、动员式参与。如此,村庄领袖和村级公共权力组织的"合法性"基础因此存在"打折"的可能。

其次,村民群众在民主决策和管理阶段的公共参与不足,影响了村庄治理的公共性和民主性。

实证研究表明,当下农村的村务决策实践存在着一些显见的问题:一是决策倾向的形成往往是村干部主导的结果,除部分非干部精英人士偶尔参与决策过程外,普通村民很难有机会发表自己的意见。如此,势必造成村务决策的公共性不足,产生决策"悬浮"现象,容易导致干部和群众之间的政治距离拉大。二是在村务决策的运作过程中,作为民意代表和民意决策结构的村民会议、村民代表会议没有发挥应有的作用。村务决策过程往往是村庄中不同集团、派系、精英博弈的结果,从而导致部分村民群众的利益难以获得有效保护,使得部分村民对村级公共组织和村干部的不信任。三是在村务决策的责任承担方面缺乏明确的法律规定,容易使村干部与村民群众的协商和合作减少,决策的主观性、随意性增强,从而影响到村民群众对村务决策的理解和认同。

与此同时,在村务管理过程中同样存在着村民公共参与不足的问题。调查发现,随着村民自治制度化建设的推进,不少村庄在村务管理规范化方面获得了重大进展。但是,村民群众对村规民约建设过程的参与明显不足。所谓的村规民约往往是由乡镇政府定制,或由村干部少数人根据地方政府的要求建构的文本。对于村庄事务的实际管理过程,普通村民群众的参与更为少见。村民管理参与的不足

---

① 卢福营:《群山格局:社会分化视野下的农村社会成员结构》,《学术月刊》2007年第11期,第22～27页。

必然导致村民群众和村庄公共生活的关联度减少,影响到村民群众在村民自治运作中公共理性和责任感的培育,影响到村民群众对村庄发展的关心和支持,影响到村民群众对村干部的理解和信任。

再次,村民群众在村级公共权力监督中的参与不足,影响到村务运作的透明度和公开性。

民主监督是村民自治运作的重要环节。在村庄公共权力监督中,村民公共参与不足容易使村庄公共权力沦为少数村庄精英谋取私利的工具。然而,在当前的村级公共权力运作实践中,普遍存在着村民监督不足的问题。从民主监督机构的设置来看,村民监督小组、村民理财小组等村民监督组织的设置情况并不理想。民政部的一项调查表明,只有30%的村民知道村中有相应机构,50%的村民则表示不清楚。[1] 从民主监督的实际运作情况来看,比较常见的村民监督方式不同程度地存在着运行障碍。第一,村民群众很少主动地向村级公共权力组织及村干部提出意见、建议,表示自己对村治的观点和看法。即使有类似参与也以私利性参与为主。第二,对村级组织及有关干部的工作的评论和审议,通常以村民小组长、村民代表、党员村民为主,普通村民参与机会不足且以事后议论为主。第三,政府强力推动的村务公开以程序性公开为主,实质性公开不足,制约了村民对村务的了解。第四,村级公共组织定期向村民会议及其代表机构报告工作的制度的难以落实。第五,村民群众难以借助自身的参与纠正村级组织及有关干部的不当治村行为,罢免不合格的村干部。

公共权力监督中的村民参与不足,容易导致村级公共组织及村干部在村治中缺少约制,较少顾及村民群众的利益和诉求,使得村庄公共政治生活主要成为村庄权势精英的活动舞台,普通村民则对村务运作呈现出政治冷漠甚至政治抵制。同时,在缺乏监督的背景下,增加了部分村干部趋向以权谋私、权力腐败的可能性,从而影响村干部在村民心中的声誉和信任度。

(三)制约我国乡村政治信任重建中村民公共参与的重要因素

增进乡村治理中的村民公共参与和乡村政治信任构建的紧密联系,要求党和政府在重建乡村政治信任的过程中高度重视村民公共参与的推进。然而,实证研究表明,在现阶段乡村治理的各个环节中,均存在村民公共参与不足的事实,从而对乡村政治信任的重建带来诸多负面影响。故此,深入剖析村民自治中公共参与不足的原因已是当务之急。调查表明,当前存在下述几方面制约村民公共参与的重要因素。

1. 村民公共参与制度不够完善

从一定意义上说,村民自治为村民公共参与提供了基本的制度支撑。党和政

---

① 刘义强:《民主巩固视角下的村民自治》,《东南学术》2007年第4期,第61页。

府为促进村民群众在乡村政治生活中的公共参与,也极为关注相应的制度建设。然而,应当承认,中央和地方为村民公共参与提供的制度保障还有诸多不够完善之处,特别是在后选举阶段的村民公共参与制度保障亟待完善。

首先,民主决策环节的村民公共参与制度保障显得不足。众所周知,村民会议和村民代表会议是重要村务的决策机构。由于村民会议的召集面临着诸多主客观因素的制约,在村民自治实践中,村民代表会议事实成为了当下代表村民群众行使民主决策权力的主要决策结构。但是,村民代表会议的运作尚存在一些共性的问题。一是村民代表会议的决策地位尚缺乏完善的制度保障。按照村民自治有关法律和制度的规定,村民代表会议享有重大村务决策权,同时规定村民代表会议一般由村委会召集。然而,有关法律和制度并没有明确规定衡量重大村务的标准是什么,也没有明确规定如果村级公共组织绕开村民代表会议擅自对村级重大事务作出决策应该予以何种处罚。由于制度规定的不完善,很多涉及村庄发展和村民利益的重大村务决策权,往往掌控在村庄管理精英手中。即使是一些通过村民代表会议决策的村务,由于村民代表受到掌握的信息、考虑的时间、表达的途径等诸多因素的限制,最后的决策意见也往往受村庄权力精英左右。二是村民代表会议的运作规则和决策程序不够完善。法律和制度尚没有为村民代表会议的运作提供易于操作的有效运行机制,势必影响到村民代表会议在村治中决策作用的发挥。如果治村精英缺乏民主意识,或具有谋利心态,往往在村务决策中有意遏制村民代表会议的决策功能发挥,阻止村民群众对村务决策的介入和参与。

其次,民主监督环节的村民公共参与制度保障不够完善。一是村务公开的有关规定不能满足村民群众了解村治运作的需求。村干部对公开什么、何时公开等方面仍有相当大的自由操纵权。这导致村务公开不够规范,而且公开的往往是无关紧要的内容,对于村民群众特别关注的村级财务运作等核心内容的公开则往往是遮遮掩掩,从而影响了群众对村务的监督参与。二是村民监督的机构设置和运作机制方面的规定缺乏刚性和可操作性。一方面,按规定设立的村民监督小组和村民理财小组等机构的运作情况并不理想;另一方面,现有村民监督组织的民意基础不够。在不少村庄,村民监督组织的成员多为村庄精英。如此,一旦出现村庄中治理精英和非治理精英的合谋[①],村民监督将可能名不副实,导致"鼻子监督眼睛"现象。

2. 乡村干部在村治中存在不当行为

从理论上讲,乡镇地方政府干部代表国家政权在农村基层行使行政权力,因此理应宣传和发动村民群众广泛地参与村庄公共生活,依靠群众自治,促进乡村经济和社会发展。村级干部作为村级公共权力的执掌者,承担着带领村民群众治理和

---

① 卢福营,江玲雅:《村级民主监督制度创新的动力与成效》,《浙江社会科学》2010年第2期,第64页。

建设村庄的重任,也理应推动普通民众对村庄公共生活的积极参与,以整合民众力量共同建设和发展村庄。然而,在乡村治理实践中,相当部分乡镇和村干部并没有积极推动村民公共参与,而是通过种种手段和方式不断地阻挠村民的公共参与。

"乡政村治"治理格局确立以来,乡镇干部在农村基层工作中往往表现出矛盾性。一方面,乡镇地方政府及其干部作为国家在农村基层的代表,承担着指导村庄治理、服务村民群众的重要职责,应该为村庄的治理和建设提供各种指导,为村民群众的生产和生活提供各种服务。特别是国家实施新农村建设战略以来,如何宣传和发动村民群众参与新农村建设和民主管理已成为基层政府必须思考的问题。另一方面,在当下压力型行政体制下,处在国家行政系统末梢的乡镇地方政府需要保质保量地完成上级政府布置的各项指令性政务,因此希望在村庄寻找自身合适的代理人。为了找到称职的代理人,一些乡镇政府不仅不当介入村级民主选举和干部任用,而且通过村财乡管、村干部考核等操控村干部的行为,客观上排斥了村民的公共参与,不同程度地侵害了村民自治赋予村民群众的民主权利。在某些特殊情况下,甚至有可能借助行政力量、武装暴力阻挠村民群众的公共参与。

值得肯定的是,近年来,不少村庄精英积极参与村庄政治生活,特别是竞选村庄领袖。他们希望通过公共参与特别是担任村庄领袖更好地实现自身的价值,满足自身更高层面的需求。但是,也有部分村庄精英的参与动机比较复杂,"谋利"是其竞选村干部的重要目的。他们希望通过对村庄公共权力的掌控为自身的经营和逐利营造更好的外部条件。唯其如此,一旦竞选成功,执掌村庄公共权力后有可能设法排斥村民群众的参与和监督。

此外,在缺乏民主传统的中国乡村社会中,相当部分村庄领袖深受传统的"主民"意识和人民公社时期行政统摄性治理习惯的影响,容易排斥村民群众的参与,避开村民会议和村民代表会议,出现个人专断或少数人决策的现象。

3. 普通村民的公共参与总体素质较低

在一定意义上讲,人们的参与素质大致体现于参与态度、参与知识、参与技能等方面。参与态度决定其愿不愿参与,参与知识决定其能不能参与,参与技能则决定其善不善参与。从现阶段农村的实践来看,普通村民的参与素质总体上相对较低,已经是制约村民公共参与的重要原因。

首先,普通村民从总体上看公共参与的意识不强、态度不积极。受顺民心理、权威崇拜等传统政治文化和长期的专制统治和集权领导方式的影响,普通村民已经习惯了"被领导"、"被参与"。村民自治尽管已经推行数十年,相当部分普通村民仍缺乏权利主体意识。分户经营体制的实行,使村民群众摆脱了多年来的土地束缚和单位约制,形成了急剧的社会流动。有的外出打工、有的自主创业,呈现出"去社区化"的趋势。他们对参与和自身关联度逐渐减弱的村庄治理热情减退。此外,受制于多种因素,普通村民参与村庄公共生活的效能不高,成本与效益往往不相称。不少普通村民出于参与成本的考虑,对公共参与抱不积极的态度。

其次,普通村民公共参与的知识和信息总体上不足。改革开放以来,不少普通村民将关注的焦点放在改善生活、发展生产上,在如何参与村庄公共生活方面关注不够,因而缺乏公共参与的知识和信息。在乡政村治的格局下,村民群众一般经由村干部获得村庄治理和公共参与的信息,往往经过了村干部的选择和过滤,故而其所掌握的村庄治理和公共参与信息质低量少,由此影响了普通村民的公共参与水平。

再次,普通村民公共参与的技能总体上较低。在漫长的历史发展过程中,中国农村始终缺乏民主的实践,致使中国农民成为了现代民主的"门外汉"。实行村民自治以来,法律赋予了农民群众自己管理自己的民主权利,拥有了广泛的公共参与权。但是,在现阶段的村民自治实际运作中,由于受自身社会地位和拥有的治理资源情况的限制,普通村民通常处于村庄公共政治生活的边缘,难以广泛、深入地参与村庄治理过程。正是由于公共参与经验不足,民主训练机会较少,严重制约了普通村民公共参与技能的提升,致使普通村民的公共参与技能至今仍处在较低状态,影响了普通村民公共参与的质量。

(四)促进我国乡村政治信任重建中村民公共参与的基本思路

调查和分析表明,当前制约乡村治理中公共参与发展的因素是多方面的,特别是跟村民公共参与制度建设的滞后、基层干部在村治中的不当行为以及村民群众总体上较低的参与素质等诸多方面有着紧密的联系。故此,在促进我国乡村政治信任重建中村民公共参与的努力中,尤其需要关注下述三个方面。

1. 加强村民公共参与的制度建设

制度建设是村民公共参与发展的有力保障。针对当下村民公共参与不足的实际,在未来的一个时期需要着重加强以下制度建设:

一是健全村民群众参与村务决策的制度与机制。首先,应当从制度上进一步保障村民会议和村民代表会议的决策地位和作用,进一步明确规定村民会议、村民代表会议对村级重要事务的决策权力。其次,要建构村民会议和村民代表会议的有效运行机制。特别是要完善村民代表选举制度,健全村民代表会议组织制度,细化村民代表会议召集机制、工作机制、激励机制等。再次,要创新以协商民主为取向的村民公共参与制度,如民情沟通制度、村民议事制度等。

二是完善村民群众参与村庄公共权力监督的制度与机制。首先要进一步规范和落实村务公开制度。针对目前村务公开中存在的问题,进一步细化有关的制度规定,增强有关制度规定的刚性,减少村庄公共权力执掌者对村务公开的内容和时间予以随意操纵的可能性。同时,建立村务信息通报制度和村务质询制度。前者可以让村民群众更便捷地获悉村民自治的运作情况,后者可以为村民群众对村治中的困惑和意见提供制度化的质询、表达平台。其次,应注重村务监督组织的运行机制建设。在明确村务监督组织地位和权限的基础上,进一步明确其与其他村级公共权力组织的关系,规范村务监督组织的产生机制、回避制度,建立和健全村务监督组织的工作机制、激励机制。

三是构建村民公共参与权利救济制度。当村民的民主参与权利受到侵害时,应当获得有效的救济,包括司法救济、行政救济及村庄内部的组织救济和村民群众的自我救济。

2. 引导和规范乡村干部的治理行为

作为乡村治理权力的实际执掌者,乡村干部的治理行为直接关系到村民的公共参与。规范乡村干部的治理行为,纠正其行为失当,无疑是消除村民公共参与障碍的重要举措。

通过教育和培训,促使乡村干部牢固树立村民自治的理念。让乡村干部对推进村民自治的重要性有更清晰的认识,充分地认识到推进和深化村民自治是促进农村基层政治发展的客观需要;让乡村干部对村民自治的目的、价值和作用有更深刻的认识,科学地认识到村民自治的发展水平直接关系到农村经济发展与社会和谐,关系到新农村建设的成败。

通过引导和规范,促使乡村干部转变乡村工作思路,让乡镇干部懂得如何通过服务村民群众,指导村民自治发展,增加自身执政合法性,提高工作绩效。同时,让村干部在村民自治运作中淡化管理者角色,凸显服务者、引领者角色。懂得如何鼓励村民群众参与村庄政治生活,提升乡村治理的民主化水平,让村干部努力成为民众认同的村庄领袖。

通过指导和激励,促使乡村干部扮演村民公共参与促进者的角度。让乡村干部做好村委会选举的指导者、监督者,而不是操纵者、干预者,放手发动村民群众广泛参与村委会选举;让乡村干部自觉维护村民会议、村民代表会议对村级重大事务的决策主体地位;让乡村干部主动接受村民群众及村级监督组织的民主监督,通过扩大村民群众的村务运作知情权,提高村庄治理的透明度和公开性,增进村民群众对乡村公共权力执掌者的信赖。

3. 提升普通村民的参与素质

普通村民的参与素质与村民公共参与水平密切相关,并因此成为影响当下乡村政治信任重建的一个重要因素。因此,应当把切实提高普通村民的参与素质作为重建乡村政治信任的一项紧迫任务。

应当加强引导,切实提高普通村民的公共参与意识和热情,增强其公共参与的责任感和公共理性。一方面,政府和村级公共组织应通过充分的宣传和发动,动员普通村民广泛参与村委会选举,让村民群众在规范化、有序化的民主选举训练中提升其参与村庄政治的责任感和公共理性;另一方面,积极鼓励和引导村民群众关心和参与村庄治理,通过村民会议、村民代表会议、村务监督等组织,以及村情民意沟通、民主议事、村务公开、干部评议等方式参与村务决策和村务监督,提升公共参与的效能感,增强自身参与村庄治理的意识和热情。

应当多管齐下,有效丰富普通村民参与村治的知识和信息。随着农村经济社会发展,有关部门应将更多精力放在推进农村基层民主上,以促进农村政治发展。其中一项基础性的工作是加强对普通民众的培训和指导,让村民群众掌握更多参与村庄政治生活的知识和信息;与此同时,有关部门应引导乡村公共权力执掌者树立起依靠群众治理村庄的理念,通过多种途径,拓宽村民群众学习公共参与知识、获取公共参与信息的渠道,逐渐让普通村民群众拥有广泛、深入参与村庄政治生活的能力。

应当借助实践,逐渐提升普通村民的公共参与技能。政府和有关部门应当积极推动普通村民的有序参与,主动介入村委会选举、村务决策、村务管理、村务监督过程,让普通村民在公共参与实践中不断提高自身的参与技能。特别是要努力探索促进村民群众公共参与的机制和渠道,促进村民群众广泛、深入地参与村庄公共生活,在经常性的民主训练中逐步培养普通村民的参与能力。

二、能人治理型村庄的政治信任基础

(一)能人治理对于构建乡村政治信任的影响

所谓能人治理,亦即是"先富能人治村",是指现阶段农村先富能人在村庄公共权力结构和村民自治运作过程中占据主导地位的村庄治理模式。改革开放以来,中国农村发生了翻天覆地的变化。随着分户经营制度和村民自治制度的推行,农村先富能人的崛起和主政村庄治理,已成为村庄公共政治生活中令人瞩目的政治现象。马克思主义理论认为,政治是经济的集中体现。能人治理的形成和发展,正是本书在前面所分析的那样,有其坚实的经济基础和客观的社会背景。

政治信任,是指在一个政治系统内,权利相关者对公共权力结构及其权力执掌者的信任和支持,它是"政治资本的核心要素"。[①]从宏观层面而言,它是指权利相关者对国家政权的支持和合作;从中观层面而言,它是指权利相关者对国家政治体制、法律制度的认可和支持;从微观层面而言,它也指权利相关者对公共权力执掌者的信任和合作。政治信任对于一个国家的稳定和社会的发展具有重要意义,如果公民对于国家公共权力结构及其执政者保持着良好的信任和合作,则可以有效降低国家治理的行政成本,甚至在政府出现决策失误时也能够得到权利相关者的谅解和支持。反之,政治信任的缺失则容易造成权利相关者对公共权力系统及其权力执掌者的政治冷漠、政治抵制,甚至政治抗争,导致国家政权的动荡和社会发展的停滞。

---

① 徐勇:《政治参与:政治信任的重建》,参见黄卫平、汪永成主编:《当代中国政治研究报告Ⅲ》,北京:社会科学文献出版社 2004 年版,第 204 页。

在当代中国乡村,村庄公共权力执掌者和村民群众之间良好的政治信任对于村庄的治理和发展同样极为重要。然而,现阶段乡村政治信任的构建却受到各地村治环境的影响和制约。那么,能人治理,作为村治环境的重要组成部分,将会对乡村政治信任的构建产生何种影响呢?本文下面拟从村庄公共权力结构和村民自治实际运作等两个视角来作些初步分析:

1. 从村庄公共权力结构的视角看,能人治理型村庄中不同阶层的博弈易导致治理能人、非治理能人、普通村民之间的政治隔阂和冲突

众所周知,村民分化是20世纪80年代改革开放以来伴随着村民自治而出现的一个受人关注的社会现象。考察能人治理型村庄的公共权力结构,在纵向上我们可以将村民分为三个阶层。

一是治理能人,也就是村干部。治理能人作为村庄公共权力的执掌者,一方面拥有占优势的经济社会资源,另一方面又通过介入和主政村治而获得了丰富的政治资源。因此,该阶层在村庄公共权力结构中处在核心地位。

二是非治理能人,也被称为头面人物。随着村民自治的推进,尽管为数众多的村庄精英希望介入村庄公共权力组织,然而由于村级正式组织所能提供岗位的有限性,加之有不少村庄能人经营着企业,主观上实在没有精力主政村庄治理,因此,多数能人没有担任村级组织的干部职位,成为村庄中的非治理能人。然而,非治理能人尽管没有执掌村庄的公共权力,却因为其拥有优势的经济、社会、文化资源,而成为村庄中"说得起话,办得成事"的头面人物。

三是普通村民,也被称为平头百姓、老百姓。在人民公社体制下,除了少数能体现上级意图的政治能人活跃于社队之外,当时的农村社会缺乏产生其他能人的制度土壤,村民群众在物质和精神上处于一种比较均衡的态势。改革开放以来,随着村庄政治、社会、文化的变迁,较之活跃于村治舞台的村庄能人,普通村民明显暴露出优势资源欠缺、自身素质低下等劣势,成为村庄公共生活中被边缘化的群体。

在上述三重结构的村庄公共权力系统中,各阶层村民为了自身利益时常在村落场域展开博弈。调查发现,当村庄中的非治理能人群体实力雄厚,拥有较大影响力时,为了巩固自身在村庄公共权力结构中的主导地位,治理能人往往与非治理能人采取结盟策略,共同分享村庄的公共权力。在上述情况下,如果主政村庄的治理能人缺乏规则和程序意识,联合非治理能人,借助村庄公共权力谋取私利,排斥普通村民在村庄治理中的主体地位,便容易导致普通村民对村庄能人的政治隔阂和政治不信任。

而当非治理能人在村庄中实力较为薄弱、影响力较小时,治理能人往往不把非治理能人放在眼里,并在村庄公共权力的运作中排斥普通村民和非治理能人对村治的介入。如此,深感失落和不满的非治理能人便会寻求与普通村民结盟,借助普通村民人多的优势,共同对付村庄中的治理能人,从而导致干部和群众之间的矛盾和冲突。

2. 从村民自治实际运作的视角看,能人在村治中的主导地位易导致普通民众在村庄生活中被边缘化

在能人治理背景下村民自治的实际运作中,村民在纵向上分为不同的阶层,在横向上又分为以利益为纽带的不同派系。[①]为了谋求村庄治理中的地位和利益,各派系总是努力寻求自身在村民自治运作中的影响力。其中,角逐村干部岗位的村委会选举便成为各派系最为重要的竞争舞台。为了保证自己的利益代言人胜出,各派系总是尽可能将本派系中最具实力的人员推举出来参与村委会竞选。如此,村庄能人往往众望所归,常以派系领袖或骨干的身份,代表本派系参加村委会干部岗位的角逐。为了保证竞选获胜,各派系总是调动一切资源,运用各种力量,争取尽可能多的选票。于是,人数众多的普通村民便成了其动员与争取的对象。在村庄能人与派系组织的裹挟下,普通村民广泛参与村委会选举,使村庄在选举阶段呈现出热热闹闹的政治景观。然而,村委会选举中派系竞争的作用是双重的。一方面,派系竞争激活了村庄政治,通过依托派系参与村庄选举竞争,村民的政治活动成本明显降低,村民公共参与的效能感明显提高。另一方面,以利益为基础和纽带的派系竞争又可能在村庄公共利益和派系局部利益发生冲突时优先考虑后者,因此不利于村庄资源整合和总体发展。同时,各派系的激烈竞争还可能导致各自资源的过度耗费,加深彼此间的政治隔阂,不利于横向层面的村落场域政治信任的构建。

在能人主导下村民自治运作的后选举阶段,村庄能人特别是村干部往往处于村庄公共权力结构的核心地位。从客观上而言,拥有优势经济资源的村庄治理能人,在主政村庄后又获得了丰厚的政治资源,从而拥有了左右村庄公共权力运作的力量。从主观上而言,首先,正如孟德斯鸠所预言,"一切有权力的人都容易滥用权力,这是万古不易的一条经验"[②]。不少主政村庄治理的能人也是如此。其次,不少脱胎于企业经营的治理能人在村庄治理中往往偏好务实交易和治村效能。由于协商民主取向的"民主恳谈会"、"民情沟通日"[③]等干部与群众之间的沟通通常会损失部分决策效率,因而往往不受治理能人的欢迎。再次,在经营企业中成长起来的村庄治理能人往往比较自恋自己的企业管理经验。当其主政村庄治理后,便会很自然地将其管理企业的一套模式移植到村治中来,喜欢对民众发号施令。由于上述各种因素,治理能人及其掌控下的村级组织在后选举阶段通常主导着村治的运作,排斥普通村民对村庄公共生活的深度参与。从而使得普通村民与村庄政治生活距离较远,导致村庄权力组织与普通村民之间的政治隔阂加深。

---

①　孙琼欢,卢福营:《中国农村基层政治生活中的派系竞争》,《中国农村观察》2002 年第 3 期。

②　[法]孟德斯鸠:《论法的精神》(上卷),北京:商务印书馆 1982 年版,第 154 页。

③　应小丽:《协商民主取向的村民公共参与制度创新》,《浙江社会科学》2010 年第 2 期。

（二）能人治理背景下影响政治信任构建的原因

"村民群众自治与基层直接民主是村民自治制度体系最基本的原则精神。"①实行村民自治制度以来,村庄在生产自主权增强、发展任务增重的背景下,客观上呼唤坚强有力的领导的出现。而先富能人在乡村的崛起正是适应了这种需要,能人治理以其决策迅速、效率高、效能强而受到政府和社会的充分肯定,促进了农村经济和社会的发展。因此,从理论上而言,能人治理理应受到村民群众的支持和信任。然而,在村民自治的实际运作中,能人治理型村庄中的村民群众却时常发生对村级权力执掌者的不满甚至抗争现象,个中缘由是值得深思的。下面,本文试从宏观、中观、微观三个层面对其中原因作些初步分析。

1. 村民自治制度设计的滞后性

村民自治制度是自下而上由农民创造,又由政府在规范化、法律化后自上而下推行的基层群众自治制度。它适应了改革开放后农村社会稳定和经济发展的需要,因此在实践中显示出巨大的生命力。然而,随着改革的深入,村民自治制度也逐渐暴露出设计的滞后性问题。

首先,制度设计的刚性不足。村民自治制度尽管对村民自治的各个环节做了原则性规定,但在具体的操作性和制度刚性方面尚有待于提高。比如,法律和制度尽管规定了村民代表会议对于村委会中不合格成员的罢免权力。然而,法律又规定,村民代表会议一般由村民委员会召集。让村委会班子召集村民代表会议罢免自己组织内部的成员,这在理论上没有问题,然而在实践中却很难操作。又比如,《村组法》规定了关系村民利益的重要村务必须经过村民代表会议讨论和决定。然而,当村庄公共权力组织违反规定,在涉及村民利益的重要村务方面擅自决策和执行时,该怎么处理?法律并没有提供相应的惩戒性和救济性条款,从而为治理能人的违规型、人治型治理提供了运作空间。

其次,制度设计的前瞻性不足。《村组法》在 1988 年开始试行,1998 年正式实施,然而,农村经济社会发展的速度远快于制度更新的速度。在政府设计村民自治制度时,中国乡村还是一个均质同构性的社会。而随着改革的深化和村民自治的推进,农村社会成员的分化和流动日益加剧。村民在纵向上分为不同的阶层,在横向上分为不同的派系。对于自治实践中涌现出的新现象、新事物,有关部门并没有从制度层面及时加以规范和约制。如对农村基层政治生活中的派系竞争,法律就没有作相应的规定和引导,故而导致派系竞争的无序性。

再次,制度推进的创新性不足。在村民自治制度实行伊始,党和政府的工作重点主要放在民主选举环节的动员和组织,以示范、引导村民自治的顺利推进。因此,相对于其他各个村治环节,中央与地方对于民主选举环节的规定最为详细。然

---

① 徐勇:《中国农村村民自治》,武汉:华中师范大学出版社 1997 年版,第 66 页。

而,随着村民自治的推进,后选举阶段各个环节的具体运作也亟待完善,由于相应制度推进的滞后性,普通民众在后选举阶段的民主权力往往得不到切实的保障,这显然不利于干群之间和谐政治关系的构建。

2. 乡村基层干部的角色冲突

随着人民公社制度的消解与村民自治制度的确立,在农村基层"乡政村治"的治理格局下,乡镇基层政府干部承担着双重的角色。一方面,他们处在国家政权系统的末梢,担负着为村庄提供公共服务,指导村庄建设与发展等任务。另一方面,乡镇干部又是上级指派的面向村庄的各类政务的执行者,承担着税费收缴、计划生育、公共卫生等各项政务。而对乡镇而言,为村庄提供服务、指导通常是软性指标,而上级指派的各项政务却是刚性指标,是必须认真完成的,否则会影响主要领导的政绩。故此,乡镇政府干部往往将工作重点优先放在完成各项政务上。这在很大程度上影响了乡镇基层政府在村民群众心目中的形象,不利于乡村之间的信任和合作。

在"乡政村治"的治理格局下,作为村干部的治理能人也承担着多重角色。一方面,治理能人是村庄的当家人,承担着发展村庄经济、维护村庄利益的重任;另一方面,村干部又是政府的代理人,基层政府关于村庄的各项工作需要通过村干部落实到村民身上。农村实行村民自治制度以后,尽管乡镇对村庄的角色从领导转变为指导,然而,由于村级党组织的一把手通常仍由上级党组织任命或者指派,故而乡村党组织之间仍存在"领导——服从"的关系。同时,为了在完成政务中取得村庄精英的全力帮助,乡镇政府通常和村庄精英特别是村干部采取结盟的策略,为之甚至不惜向村庄的治理精英作出某些让步,这往往使得村干部和乡镇之间形成较为密切的利益关系,治理能人也更乐于做政府的代理人。如此,处境微妙的村庄治理能人常常在村庄当家人和政府代理人之间产生角色冲突,而当村民群众感到村干部倾向于维护乡镇的利益时,干部和群众之间便极易产生政治不信任。

3. 普通村民与村庄能人的"实力"差异

尽管从理论上而言,每位村民均是村民自治的法定权力主体,有广泛、深入地参与村庄公共生活、表达和维护自己利益的权利。然而,由于村庄能人和普通村民"实力"的差异,导致其在村庄治理中参与力和影响力的差异。具体而言,在村庄公共生活中,能人和普通村民相比存在着诸多不平衡。其一是拥有资源的不平衡。能人通常拥有经济、政治、社会、文化等方面的优势资源,而普通村民则往往比较欠缺。其二是素质的不平衡。村庄能人特别是先富能人在经过市场经济的洗礼后,往往有较强的民主、平等、规则、程序意识,普通村民则由于锻炼机会有限而影响了其现代政治和经济意识的培育。其三是信息占有的不平衡。治理能人由于其在村庄公共权力结构中的地位,以及与乡镇政府的密切关系,所获得的村庄治理信息往往量多质高。而普通村民则一般只能通过村庄中的治理能人获得有限的信息,量少质低。其四是村治决定权的不平衡。普通村民由于忙于生计,思考村庄治理的时间与精力有限,加之不同村民的意见通常较为分散,因此很难对村庄治理产生实质性的影响。而治理能人则由于其所担任的职务和所处的位置,除了有权参与村庄重要事务的讨论和决策,最后还有集中和拍板的权力。

治理能人和普通村民在上述各方面的不平衡使得治理能人在村庄公共权力运作中处在掌控地位,而普通村民则很难在村庄治理中施加自身影响力。因此,普通村民除非依附村庄能人,否则将会在企图提升自身村治影响力和发言权的努力中处处受阻,进而激起对治理能人的不满。如果治理能人又有规则和程序意识淡薄、喜欢独断专横、甚至损公肥私等主观层面的问题,就更易激起村民群众的政治抵制甚至政治抗争。[①]

(三)夯实能人治理背景下村庄信任基础的思考与讨论

当前,在以经济建设和社会发展为核心任务的村民自治实践中,能人治理较好地满足了村庄经济发展、公共产品与公共服务的供给等方面的需要,因而受到民众和政府的支持。但实践表明,能人治理在推进村庄民主治理方面的绩效是有限的。而且,能人治理往往有利用其在村庄公共权力结构中的核心地位,施加权威影响,实施威权治理的倾向,致使普通村民处在村庄公共政治生活的边缘,对村民自治运作产生政治冷漠和政治隔阂。因此,如何在能人治理型村庄中构建村庄和谐政治关系的信任基础,是一个需要在理论和实证层面认真思考的问题。本文下面拟结合能人治理背景下影响村庄政治信任构建的原因分析,对如何促进乡村政治信任的构建作些初步思考和讨论。

1. 完善和创新村民自治制度

20 世纪 80 年代村民自治实施以来,明确规定了"三个自我"、"四个民主"等群众自治的核心原则,极大地推进了社区自治和直接民主,是中国农村基层自治制度的一大创新。《村组法》修订后对村民自治作出了更为明确的规定,为村民自治实践的推进提供了强有力的制度保障。

然而,随着村民自治实践的深入,农村出现了许多新情况、新事物,迫切需要有关部门在制度层面加以进一步完善和创新。在中央层面,需要根据群众自治中出现的新现象和新事物,及时完善有关的法律规定,增强制度层面的可操作性。比如,《村组法》既然已经规定村民代表会议对村庄重要事务的讨论与决定权,就应进一步明确未经村民代表会议讨论与决定的关于重大事务的决策无效。同时,对于村级组织在治理中的违规操作行为,有关部门应为村民群众提供法律层面的救济途径;又比如,对于民主监督制度,尽管中央和地方为加强村民群众对于村庄治理的民主监督作了许多努力,并及时肯定和推广村务监督委员会、村民理财小组等一系列有利于民主监督的措施。然而,实践证明,在村级公共权力组织以外另构村民

---

① 王金红:《村民自治与广东农村治理模式的发展》,《中国农村观察》2004 年第 4 期。

监督组织,效果并不理想,且实施的成本过高。所以,宜根据乡村社会实际,创新更可行的民主监督办法。如可进一步探索群众民主评议制度,充分利用村庄这个熟人社会中村民比较注重面子和声望等特点,通过组织村民群众对村干部的各种"面对面"和"背对背"的评议,促使治理能人在群众舆论压力下更负责地工作。

在地方层面,一方面,应结合各地实际情况,根据有关法律与制度精神,制定群众自治的具体细则,应善于总结、提升村民群众在村治实践中的宝贵经验,创新富有地方特色的村民自治制度,如"民情沟通"、"民主恳谈"①、"乡村典章"②等。另一方面,应特别加强对村民自治后选举阶段各环节的指导。选举阶段的民主治理之所以推进较快,与地方政府的发动和指导是分不开的。同样,后选举阶段各环节的推进也需要政府的重视和指导。

2. 改革与探索干部考核办法

目前,乡镇基层政府服务村庄的功能之所以弱化,主观上而言,与部分乡镇基层干部"理性经济人"的思维方式有关。实行"乡政村治"后,尽管乡镇政府和村庄的关系从"命令——服从"转变为"指导——协助",村社区实行群众自治。然而,在乡镇基层政府工作人员普遍满编甚至超编、上级下拨的财政资金又颇为有限的情况下,乡镇干部除了具有政治人的角色意识外,还具有理性的经济人的一面,需要想方设法地向村庄汲取资源。从客观上而言,在目前中国行政系统压力型的管理体制下,上级主要依据下级的政务完成情况来考核下级的工作,从而导致下级工作重心向完成政务方面倾斜,忽视了对村庄和民众的指导、服务职责的履行,故而造成乡镇和村庄关系的紧张。

鉴于上述情况,首先,乡镇基层政府应加强自身的改革,尽可能精简编制,减少开支,提高自身工作效率,提升执政能力和服务群众的能力。其次,应改革对基层政府及其干部的考核办法。目前,乡镇基层政府的主要干部不仅由上级任命,而且其考核也主要由上级负责。根据"谁授权对谁负责"、"谁考核对谁负责"的政治原则,乡镇政府在工作中往往倾向于考虑上级的意见,缺少为基层群众服务的意识。因此,我们认为应改革目前乡镇基层干部的考核办法,在考核时不仅要考虑上级政府的意见,而且也应参考基层群众的评价。因为乡镇基层干部是和村民群众联系最多的行政干部,其指导和服务村庄的作风和成效如何,群众是最有发言权的。因此,在考核地方基层干部时,如果能够认真参考村民群众的评价,那么根据"谁考核对谁负责"的政治原则,可以在提升基层干部服务群众的意识和能力的同时,密切干部和群众的血肉联系,增强村民群众对乡镇基层干部的政治信任。

3. 教育和引导村庄治理能人

---

① 景跃进:《行政民主:意义与局限——温岭"民主恳谈会"的启示》,《浙江社会科学》2003年第1期。

② 潘自强:《乡村典章:农村财务治理的制度创新》,《农村经济》2010年第1期。

能人主导下的村民自治运作有其鲜明的特色和优势,治理能人凭借其丰富的政治、经济和社会资源,非凡的魄力和超群的眼光,在村庄治理实践中显现出决策迅速、效率高、效能强等治理优势。然而,能人治村又有其自身的局限性,首先,能人治村的经验有待于积累。改革开放以来,村庄中新兴的经济精英虽然在商品生产和贸易中积累了丰富经验,然而当其主政村治时,却常常暴露出经验不足的问题。由于村庄治理经验的缺乏,治理能人常常将其在企业经营和管理中积累起来的经验移植到村庄治理中,然而,等级分明的企业管理和强调平等的村庄治理有着本质的不同。在实践中,也常常因此而引发干部和群众之间的矛盾。其次,部分能人治村的动机不纯。调查研究表明,很多能人主政村庄治理有其积极的心态,希望通过参与村庄治理更好地体现自身的价值。但也有部分能人主政村治主要出于利益的考虑,希望在主政后能利用自己手中的政治资源,为自己的企业经营营造更好的外部环境,从而导致其在村治中不能妥善地处理个人利益和集体利益的关系。再次,这跟治理能人在村治中工具性的思维模式有关。在当前各地以经济建设为中心的大背景下,治理能人往往将工作的重点放在发展村庄经济上,而忽略了村庄民主治理绩效的增长,从而容易引起部分参与愿望较为强烈的村民的不满。

为了提升村庄治理能人服务群众的意识和能力,需要加强对他们的教育和引导。为之,其一,加强对治理能人党性和宗旨意识的教育。让治理能人完成从"经济人"到"政治人"的转换,树立起服务群众的执政理念。其二,加强对治理能人民主意识和法治理念的教育。不少治理能人认为村民群众在村庄治理中的深度参与会损害村民自治的决策和管理效率,这种观点是有失偏颇的。乡村民主的增长不仅能够增加村庄治理的合法性,而且,"治理需要民主的保证而不可与之割裂",[①]治理能人在取得村民群众信任的基础上,能够更顺利地开展各项工作,即使在工作中出现失误,也更易得到群众的谅解,从而更好地促进村庄治理和建设。所以,应通过教育,让治理能人更好地理解村庄民主治理绩效的增长对村庄经济和社会发展的意义。其三,应加强对治理能人党务知识和村务知识的培训。治理能人"大都是经商、办企业的成功人士,他们中的一些人以前没有从事过村务和党务管理工作"[②]。因此,有必要加强对治理能人相关知识的培训,使治理能人领导村庄治理、服务村民群众的能力得到提升,促进村民自治运作的民主化和规范化,确保村民群众在村民自治中的法定主体地位,从而有利于村庄能人和村民群众之间建构和谐的政治信任关系。

① 黄俊尧:《论村民代表会议与"先富群体治村"》,《浙江学刊》2009年第2期。

② 万慧进:《"先富能人"担任村书记的绩效、存在问题及其对策》,《中州学刊》2007年第3期。

三、能人治理背景下村民公共参与的变迁

所谓村民公共参与,就是指村民参与村庄公共生活,影响村庄公共权力运作的行为。它是村民与村庄政治系统发生直接的行为联系的过程,是村民表达自己的意愿于村庄政治体系之中的显性行为。[①] 根据我国村民自治的理想制度安排,村庄公共权力的运行是围绕村民自我管理、自我教育、自我服务等为主要形式的自主权利的直接行使。村民的公共参与最主要地表现为民主选举、民主决策、民主管理、民主监督四个环节。

村民自治的相关法律制度对村民的公共参与做出了一系列具体的规定,为村民广泛、深入地参与村庄治理提供了制度保障。然而,当制度文本遭遇具体的村治环境时,村庄治理中的村民公共参与势必会受其影响而发生形变。实证研究表明,能人治理作为一个新的变量嵌入后,村民的公共参与发生了以下重要变迁:

1. 从参与主体看,能人治理导致了村民公共参与的分化

根据村民自治的原则与精神,村民公共参与的主体是广大村民群众。这种制度设计是以当初中国农民的均质性和农村社会的单一性为基础的。然而,随着改革的不断深入,中国农村和农民已经发生了急剧的分化。如果以村落场域为考察的空间单位,依据在村庄公共生活中的地位和作用的差异,那么农民已经分化为地位不等的三个群体:

一是治理能人,也就是村干部。在能人治理中,治理能人是村庄公共生活的核心力量,他们在村庄公共权力运作过程中发挥着领导、管理、决策、整合等功能,扮演着国家代理人、社区当家人、派系代言人和家庭代表人等多重角色。他们也因多重角色拥有多种政治和社会资源,因此可以动员多种资源参与村庄公共生活。

在能人治理型村庄,在以治理能人为核心的村庄公共权力结构中,就治理能人而言,为了使整个公共权力结构紧紧凝聚在自己周围,提高自己对村庄整个公共权力结构的主导乃至掌控能力,治理能人往往会采取各种措施。譬如:利用定期召开的各种村务、党务会议,提升自己在村级公共权力结构中的话语权和影响力;利用自己雄厚的经济实力和超凡的决策、领导能力,采取硬派风格甚至是专断作风,确立自己对村级公共权力结构的掌控地位,实施威权治理;或者采取低调行事的风格,谦恭地对待领导班子中的其他成员,以获得村级领导班子中其他成员真心实意的支持和拥护。例如,我们重点调研的能人治理型村庄之一——俞村的两位主职村领导就采取了最后一种方式:

我们刚当村干部那会儿,我和老赵是最年轻的党员,别的全部是老党员,有很多是文化大革命时期的党员。我和老赵很尊重他们,每次开会时,我们都是替他们

---

① 卢福营:《论村民自治运作中的公共参与》,《政治学研究》2004 年第 1 期。

泡好茶再开始。不过,会议还是我和老赵召集的,因为我和老赵是村长、书记。

我们在调查中发现,治理能人能否相互团结和相互体谅,直接关系到村级领导班子在村级公共权力结构中的主导和掌控能力,也影响到整个村级领导班子在村民群众中的威望和影响力。本文在上面提及的俞村,即是一个以村干部领导班子非常团结而出名的典型村庄。村长李永兴和村支书赵建华自从1983年在第一次村委会选举中被选为村庄主职干部后,村里的大小事情都互相商量,开诚布公,同舟共济,直至今日。在他们的引领下,整个村级领导班子也是非常团结,办事的效率非常高。李永兴和赵建华两位村里的主职干部除了获得村民群众的交口称赞,还多次被上级有关部门评为"好搭档"型村干部。

棠村则是我们重点考察的与俞村相邻的又一个能人治理型村庄,然而,与俞村形成强烈对比和鲜明反差的是,棠村的村级领导班子内部一向以来就有不够团结的问题。特别是该村的前任村主任和村支书这两位主职干部,多次发生相互拆台甚至打架事件。为了在角力中获得优势地位,该村的前任村主任和村支书千方百计地各自拉拢一帮村民,借以对付对方,从而使得该村的派性问题变得非常严重。一位唐姓村民在讲到棠村上届村级领导班子的矛盾时表示:"那时,由于该村的主任是村民选出来的,因此在村民那里更能拉拢一些,而书记是党员选举产生的,人比较老实稳重,不太出格,但也不肯在主任面前拜下风。在棠村,人多矛盾杂,有些村民分别支持村主任和村支书,有些村民则千方百计地想推翻对方,村里有些乱,搞得镇里都很头痛。"对此,嵊州市人民政府的一位张姓干部认为:

应该全面和客观地来评价能人治理型村庄。有些能人上台主政后热衷于以权谋私,不肯把心思放在村庄的治理和建设上;有些治理能人则经常相互之间闹矛盾,把整个村庄都搞得乱糟糟的。因此,不要以为能人治理型村庄就一定能将村庄治理和建设好。

二是非治理能人,也就是村庄中的头面人物。非治理能人是那些在村庄中有着重要作用,在村庄公共生活中具有较大影响力和权威的人士的统称。他们因拥有比普通村民更多的经济、政治资源或社会、文化权威而成为村子里说得起话、办得成事的人。非治理能人是能人型村庄治理的骨干力量。

调查发现,不管在哪个村庄,除了掌控和主导着村级公共权力运作的治理能人,总有一些尽管没有进入村级领导班子,却在村庄中拥有较高地位、具有较大影响力的非治理能人。正如浦口街道办事处一位郑姓干部所言:"有些能人尽管没有担任村两委会里的干部,但是他们却像一只看不见的手,在幕后影响、操纵着村庄公共权力的运作。"对于这位干部的看法,在场接受访谈的另外两位干部都表示赞同。

实证研究表明,如果掌控村庄公共权力运作的治理能人没有在村里树立起足够的权威、缺乏足够强大的影响力,或者村级公共组织里的治理能人出于各自的利益考虑而在村庄中组成了不同的派系,并在村庄治理中依托自己的派系与对方角力和较量,那么治理能人为了提升自己的权威和影响力,或者为了在村庄公共政治生活中与对手的较量中获得有利地位,往往会努力寻求与非治理能人的联盟,这就给了非治理能人较大的活动空间。而如果村庄公共组织中的治理能人相互之间非常团结,村级公共权力结构显示出高度的稳定性和权威性,村庄公共权力的运作就往往显得和谐、有序、宁静。在这样的情况下,非治理能人在村庄公共政治生活中的活动空间就明显变小。在俞村,当我们在调查中向村干部问及"村里那些掌控的资源比较丰富、在村里的地位比较高的非治理能人对村里的工作是否支持?"时,一位村干部告诉我们:

从来不反对,我们也没有让他们破过费,因为我们村比较富。但如果我们跟他们说,希望他们做点善事、出点资什么的,他们都会支持。

当我们向村民问及"村里那些非治理能人和村主任、村支书有没有唱对台戏?"时,一位蒋姓村民答道:

村里能干的人是有的,但冒出来跟村干部抬杠的几乎没有,这是一方面。另一方面,实事求是地说,村里的纠纷也是有的,但总的来说不多,况且我们村也比较小,不比棠村,村大,历史复杂,强人也多。

该村民的话除了反映出俞村村级领导班子的高度权威性和稳定性有利于增进该村非治理能人和治理能人之间的一致性外,还反映出村庄的大小有时候也可能成为影响治理能人和非治理能人之间关系的因素之一。应该说这是有一定的道理的,相对而言,村庄越大,村中的非治理能人往往越多,也就越容易形成村庄中的一股势力。而村庄越大,一般而言,村里的摩擦和矛盾也越容易出现,这就给村里的非治理能人提供了更多的用武之地。

三是普通村民,也常被称为平头百姓、老百姓。普通村民是那些农村中常说的无权无势的小人物。根据有关法律和制度的规定,他们是村民自治运作中公共参与的法定主体。只是因为自身缺乏可以利用的政治和社会资源,在村民自治的实际运作过程中,特别是能人治理背景下,法律和制度赋予的公共参与权利时常得不到充分兑现和有效保护,成为村庄公共权力运作中的边缘人甚至是局外人。

在俞村实地入户调查中,我们同一对正在家中的中老年夫妇进行了座谈,根据了解,该农户家中共有 5 口人,老两口、小两口,外加一个孙子。老两口中男的姓唐,今年 64 岁,女的姓杨,今年 61 岁,唐姓大伯以前是浦口街道泥水合作社的职工,现在已退休在家,每月有一定数量的退休金可拿。杨姓大妈和儿子、媳妇常年在外地(乌鲁木齐)做馒头,孙子由爷爷带着在家中读书,一家的收入还是挺不错的。现在儿子和媳妇都在家里休息,准备明年再去乌鲁木齐做馒头,孙子下半年就要读初三了。访谈中,当我们问及"村里平时在开展的村务,你们是否知情? 村级班子中的村两委一社组成人员,你们清楚吗?"这些问题时,老两口答道:

我们并不太了解村里正在开展的村务有哪些,不过三年一度的村委会选举,我们还是会去参加的。一般我家多数人在外面做馒头,但是家里总有一个大人在的。

一般我们就委托在家的大人投票,如果其他大人也在家,就各自自己投票。村里以前这么差,现在这么好,老百姓已经很满意的了。村里的村民对村干部不满的言语,可能在年轻人中也有能听到的,但对我们这一代人来说,干部将村治理和建设得这么好,我们是很满意的。而且我们村里的干部也不贪,我们也从来不去怀疑干部贪,也不去关注这些。关于村里的事情,我们也从来不去向村干部们提意见,也不去过问的。

村里两委一社的组成人员具体是哪几个人,我们不太晓得,一下子也说不出来。我们只知道赵紫阳任中央主要领导时,村长的财务权比较大,花了村里的钱,千儿八百的,不用经过书记。赵紫阳之后,哪怕花百来块钱,也要经过书记了。别的事情,我们是不太去管的。村干部具体在做什么事,我们并不清楚,眼睛能看到村里搞得这样已经很满意了。像我们这样不管闲事的村民恐怕也不多吧?村里发东西什么的,要他们通知我们才会知道,否则是哪怕分完也不会知道的。

唐姓大伯和杨姓大妈一家无疑是属于平头百姓一类村民中比较典型的代表,平时忙于自己的事务,对村里的公共事务不太知情,也很少过问,他们对村庄公共政治生活最主要的参与就是参加三年一次的村委会换届选举的投票,而就是这三年一次的投票权利,也常常委托家人和朋友代为行使。像这样的普通村民,在我们调查的各个村庄中都能找到很大的一批。

总之,在能人治理背景下,能人与普通民众的分化导致了其在村治运作过程中的参与不平等。治理能人(村干部)和非治理能人(头面人物)在村庄公共权力体系中居于主导地位,但普通村民对公共权力系统的参与和影响度很低。其最主要的特点是,掌握优势社会资源的农村能人(村干部和头面人物)与村庄公共权力形成密切或较密切的关系,成为影响村民自治运作过程的最直接力量。治理能人对村庄资源有着高度的动员能力和强劲的调控能力,凭借自己过人的胆识和才能、经济资源和政治权力的有机结合而在村庄政治生活中处于操控地位,在村庄公共事务决策管理中发挥决定性作用。掌握经济、知识、技术、政治等优势社会资源的非治理能人也能较积极、广泛、高效地参与村庄公共生活。他们具有较强的民主意识和政治参与能力,成为村庄治理的重要参与者,起着骨干作用。他们可以一定程度地制约治理能人的治村行为,推动农村基层民主进程。但是,那些占人口大多数的不掌握优势社会资源的普通村民则由于缺乏公共参与的知识和经验等,参与明显不足。他们有着强烈的扩大参与和影响村庄公共权力运作过程的渴望,但仍然距离村庄公共权力较远,对自己的这种处境普遍表现出某种程度的无奈、失落和不满。

有研究者指出,"村民在社区公共参与中的角色及相应的公共意识已经发生了很大的变化。这种变化表现在:村民因在村庄治理中所扮演的不同角色,其政治人特征总体上呈现出阶层分化的趋势"①。这是很有道理的。在能人治理背景下，实际掌握村庄公共权力的只是一小部分能人，村民自治因此转变为某种意义上的精英自治。

2. 从参与方式看，能人治理导致了村民公共参与形式与实质的矛盾

"村民群众自治与基层直接民主是村民自治制度体系最基本的原则精神"②，这种制度设计让农民拥有了参与村庄政治生活的权利和平等的机会，为不同阶层的村民通过各种手段和方式，援引一切可以利用的社会资源，参与村民自治运作过程提供了可能。然而，在社会不平等的事实背景下，各村民阶层在村庄治理的参与中日益呈现出以"实力"为基础的特征。特别是在能人治理的背景下，村民公共参与呈现出形式与实质的矛盾。

一方面，村庄治理中村民群众的形式性参与得到了极大发展。掌控优势资源的治理能人通常比较注重借助民主制度和程序提升其治村的合法性，促使村民对村庄公共事务的形式性参与较快发展。首先，在村民自治背景下，村庄领袖须经由村民民主选举产生，否则将因为未经村民的投票而缺乏合法性基础。同时，村庄领袖的权力也由相关的法律和制度予以明确规定。因此，治理能人清醒地认识到只有按照法定的程序行使权力，才有可能获得村民的广泛认可和支持，从而注重权力运行的程序和方式，推动民众的形式性参与。其次，重要村务由村民会议或村民代表会议等组织机构讨论决定，是村民自治的原则规定。治理能人深深懂得：在这一制度原则下，将重要村务提交联席会议、村民代表会议等讨论决定，有助于获得村民群众更为广泛的认同和支持，并为村庄公共事务的"集体负责"提供依据，从而可以有效地减轻自己承担的决策管理风险。故此，在村庄治理过程中，村民的形式性参与在治理能人的积极推动下得到了较快发展。

现阶段，村民对村庄公共生活的形式性参与贯串于"民主选举、民主决策、民主管理、民主监督"等各个环节。我们不妨先来考察一下俞村的村委会选举情况，该村的一位村干部作了介绍：

在我们村，村委会选举基本上也就是过过场。在本次三年一次的换届选举中，主任、书记也好，村委、支委也好，选举时一般都没有悬念，干部也不用操心。我们村不像有些村，唱票时很热闹，村民盯得很紧。我们村唱票时也就几位工作人员，最后统计好后公布一下谁是书记，谁是主任，老百姓是不来盯的。

俞村干部们的介绍，让我们看到了村委会选举中的另外一幅景象——稳定而有序。从理论上讲，村委会选举是全体村民行使当家做主权利的最主要的村庄公共政治舞台。当前，在包括能人治理型村庄在内的众多农村社区，村委会选举已成为村庄中各种势力和各路派系较量和角力的重要场所。但是，在俞村，鉴于李永兴

① 吴毅：《村治中的政治人》，《战略与管理》1998年第1期，第96页。

② 徐勇：《中国农村村民自治》，武汉：华中师范大学出版社1997年版，第66页。

和赵建华这两位村里主职领导数十年以来在村庄中逐渐形成的无可撼动的威望，鲜有第三人冒出来争夺村主任和村支书等村级公共组织的核心领导岗位。在这样的背景下，三年一次的换届选举也就主要成了一种形式，村民群众的选举参与也就主要成了形式性参与。

在村委会、支委会换届选举完成，村级公共权力机构和村级组织开始运转后，村民对村务决策和管理各个环节的全程监督就成为村民参与村庄公共政治生活的重要方式。如果村民群众在村务运作的各个环节能够真真切切地行使民主监督的有关权利，对于切实保障村民群众对于村庄公共政治生活的参与、行使当家做主的权利有着重要意义。

在不少强调"以制治村"的能人治理型村庄，虽然对村务决策、管理等各个环节进行民主监督的各项制度规范而健全，但由于治理能人对整个村民自治运作过程的监控，也由于村民群众自身参与村务监督的能力比较有限，还由于不少村民群众因生产和生活面向的多样化而导致对村庄公共政治生活关注度的降低，等等原因，村民群众对村务各个环节运作的监督仅仅停留在形式参与的层面，并没有真正有效地发挥通过村务监督而对治理能人的村务决策和村务管理行为予以实质性监督的作用。而在部分能人治理型村庄，我们的考察表明，这些村庄连基本的民主监督的有关制度设计都显得不够规范和健全，甚至在村庄公共权力运作的制度设计中存在着议、行、监不分，自己监督自己的情况。

但也有这样一种情况，在一些能人治理型村庄，尽管各种关于村务监督的规章制度比较健全，能人对村民参与和村务监督提供了各种便利的条件。但是即便如此，村民群众对村务运作的监督仍然显得关注度不高，有关村务的监督显得比较表层化。在俞村，就存在这样一种情况。当我们向该村干部问及"现在村务监督委员会和村务公开的设置和运作如何？"等方面时，一位村干部答曰：

遵照上面的规定和有关的制度设计，现在由一位支委兼着村务监督委员会的主任。下面设有三名村务监委会成员，班子是齐全的，运作也是顺利的，拒签村级公共组织提交的有关票据的事是从来没有的。

我们的公务开支也是非常清晰的，主要是出去公务考察，非常阳光的。至于村里安排的公务招待，以前较多，现在已经很少了。在有必要的时候，譬如晚上如果您在我们这儿吃饭，我们就主任、书记、会计，再叫几个委员签字，还是很规范的，不一定写上招待某某，但尽量写明开支项目。因此，在财务方面，我们做得非常透明。一个村就像一个家，兴与衰，老百姓是知道的。因此，我们也非常谨慎。

我们的村务公开栏搞得比较细致，而且每次都定期公布，但村民们不太有人去看。这么几年下来，老百姓对我们几个干部已经非常了解了。他们知道像我们这几个干部是不会乱花钱的。因此，在财务方面对我们非常放心，并没有什么怀疑。我们主要的公务支出也就是外出考察，村民代表、村两委、老干部都是一届一次。

调研表明，在俞村，村民群众对村务运作的监督之所以显得关注度不高，村民群众对村庄公共权力组织的信任是一个重要的原因。而这种信任,实际上是建立在"不管我参不参与监督,不管我参与村务监督的程度是深还是浅,他们肯定能认真、负责、清廉地开展各项村务工作"的良好心态上的。

我们再来看看村民自己怎么看待村务监督的问题,当我们向俞村村民问及"你是否关注村务决策和村务管理的运作情况?你及周围的村民对村里的事有什么想法时,是否去向村干部反映?"等问题时,一位蒋姓村民谈了他的想法:

一般情况下,我们是这么想的,我们的工作也很忙,实际上也不太有时间去操心村里的事,这是一方面。另一方面,村里干部们已经做得很不错了,我们也不太有多去提意见的必要。

说句实话,如果村里有派系,干部之间有竞争,村里事情是很多的,部分村民对村干部做的事和待做的事评头品足的也很多。像我们村,一直就这么几位干部,互相之间也没有什么竞争,村里就很安定了。

在我们村里,新站出来竞选村干部的村民很少,不用说村主任和村支书,连新出来竞选村委和支委的也很少。所以,现任的村委已经连任好几届了。总的来说,这表明老百姓对他们是满意的。实事求是地说,我对村里的事并不是很熟悉。我从1992年开始,主要在外面开车,现在在厂里开叉车,工资低了点,但人也舒服。对村里的事,有很多我并不知情。

俞村村民为什么满足于对村务监督的程序性参与,我们在某种程度上可以在上述蒋姓村民的话语中找到部分答案。

另一方面,村庄治理运作中村庄公共权力实质由少数治理能人执掌。在能人治理背景下,村庄公共权力往往高度集中于由少数能人掌控的村级组织,治理能人事实是村庄公共权力的实际掌控者,普通村民对村庄公共事务的实质性参与较少。除民主选举外,普通村民即使参与了村庄公共权力的运作过程,也基本是形式性的,对村庄公共事务的决策和管理难以起到实质性的影响。讨论决定村庄公共事务的村民代表会议、联席会议等往往是在治理能人的主导和操控之下。

从理论上讲,村民群众是村民自治制度的法定主体。因此,如果村庄准备出台重要决策,村民代表应充分征求各自所联系的村民群众的意见,并在整理归纳后反馈给村级领导机构。然而,调研表明,在很多情况下,对于村庄的诸多重要决策,村民群众并不是事先被征求意见,而是事后被告知结果。俞村的一位村干部也指出,"很多时候,我们在做事情的时候,有些老百姓会说为什么要这样做呢?有必要吗?但一旦做好后,老百姓一般都会赞同和肯定"。在这位干部的话中不难发现,该村村级公共组织在开展村庄治理和建设工作时,很多村民群众对村里的一些重要决策并不知情,通常要到决策完成、效果显现时才有了评判的机会,而这显然已是属于"马后炮"的性质了。

对能人治理型村庄公共政治生活实质性参与不足的不仅仅是一般性的村民,

而且也常常表现在一些在村庄中掌控着优势政治、经济和社会资源的非治理能人身上。俞村的一位村干部曾向我们谈到该村的一些老干部在村庄治理中所扮演的角色：

老干部对我们也很放心、放手，从来不来干预我们的工作。我们刚担任村里的主职干部那会儿，他们有时对我们开展的工作也会来说两句，后来就越来越放心了。

以前，村里的大事情，我们一般都先跟他们商量，毕竟我们的经验跟他们是不能相比的。现在，我们做了这么多年干部，说句实在话，当干部的经验，还是我们足了。因此，现在我们无非是跟他们说一声，告诉他们我们准备做什么事情，尊重他们。他们也从来不干预。我们刚上去时他们还帮我们出出点子，现在就不来说了。

调查表明，很多村民，包括一些非治理能人之所以对村庄公共政治生活采取形式参与的态度，或者从原来的注重实质参与到后来的主要以形式参与为主，原因是多方面的。这里面既有由于治理能人对村庄公共权力结构的掌控程度越来越高，挤占了村民群众和非治理能人实质性参与空间的问题，也有由于种种原因，村民群众和非治理能人主动放弃了实质性参与村庄公共政治生活的机会的问题。上述材料就属于后一种情况。

在俞村走访村民时，当我们问及"干部们在开展重要村务前是否跟老百姓通一下气？"时，一位村民答曰：

一般也就是村民代表们开会协商，普通老百姓是不可能个个都通知的。我们也知道村民自治中有村务监督的有关规定，但是实事求是地讲，我们普通老百姓也不可能事事都能够去监督。我们一般是通过村民代表来实现对村务的监督。

说句实话，对于村里的工作，我们普通老百姓不知道的也有很多。但是，能够将村庄治理成这个样子，我们老百姓总体上是满意的。现在，村干部不办事情的村庄有的是，村干部不和甚至吵架的村庄也有的是。村干部所开展的工作，我们村民不知情的肯定有很多。其实，很多事情我们老百姓也不懂。但是，就我们能看到的事情来说，我们是满意的。

从这位村民的话中，我们可看出在俞村的村庄治理和建设中，村民代表及村民代表会议在村务运作的程序上扮演着上情下达的重要角色。同时，分析这位村民的话，也有利于我们理解为什么俞村很多村民在村庄治理中尽管对很多村务并不知情，却仍满足于表层化的参与——其重要原因之一是村民对村级公共组织领袖主导下村庄治理的结果还是颇为满意的。

访谈中，当我们问及"依你看，是希望村干部事无巨细地将村务和老百姓沟通后再做呢？还是觉得一般的事情没有必要和百姓沟通，干部去做掉就是了？"、"村里做大事，如造公园什么的，要花的钱很多。村干部是否来征求村民的意见"等问题时，一位村民认为：

小的事情,我认为是没有必要跟村民交代的。而大的事情,他们肯定会通过村民代表传达和沟通的。说句实在话,村干部拿的津贴并不多,他们自己也很忙,也要去挣钱。要他们整天都扑在村上,无论做什么事情都向村民汇报,也太难为和苛求他们了。

反过来,村民们现在也很忙,也实在没有精力去关心和过问村里的大小事情。村干部没有事情来找我,我们乐得轻松。拿我来说,白天在厂里上班,晚上回村要做饭和休息,自己的事情已经够忙的了。

现在村里的公园造得这么好,我们平时去玩玩,真的是非常舒服。就生活条件而言,城里的情况和村里的情况已经相差不大了。

当村干部是很不容易的,大小事情都去麻烦他们,也是过意不去的,他们也在上班啊!

另一位村民则答曰:

村里大的工程需要招标,一般都是党员和干部们在操作。我们平头老百姓既管不着,也不想去管。

现在,村里土地征用掉后还有几百万块钱存着。村民每到过年都有一笔款子可分,也有一些老百姓心里不踏实,担心这笔钱这样存着,过了数年后会不会没有呢?依我看,这种担心是没有必要的。但是社会上确实有这样的村庄,有了笔钱,不知怎的就挥霍掉了。有些村的干部们花了两三万块钱去洗脚、打麻将、按摩,这样的事,我们有时也会听到。能干的干部会告诫自己:这笔钱是不能随便用的,个人要用得个人另外去挣钱。笨的干部就不管这些了。如果我们村的这笔款子不少下去,不挥霍掉,我们老百姓是不会有意见的。

村里大的工程,几十万、几百万的钱在投资,但要村干部去征求每个村民的意见,那是没有的,我们也不会向干部提这样的要求。

从访谈中,我们可以获得这么几层信息:一是对于村里的大小事务,大事,村民群众通过他们推选出来的村民代表来参与和议决,小事,村级领导班子可能连村民代表这个层面也不经传达就直接决断和处理掉了。这是我们在调查很多能人治理型村庄中所发现的带有一定普遍性的村务运作方式。二是对于上述这种行事方式,很多村民群众还是能够理解和接受的。在现阶段,以分户经营为主要生产方式的村民们将大量精力放在生产发展和生活改善上,事实上并没有很多时间和精力来关心和过问村里大小事务的运作情况。对为数不少的村民来说,既缺少积极参与村庄公共政治生活的机会,也缺少这种公共参与的激情和欲望。三是村民们对村干部的信任和体谅是减少自身对村庄公共事务实质性参与的原因之一。尽管为了保障村民群众在村庄治理和建设中的主人翁地位,政府有关部门为村民自治运作设计了委员会制度,然而,实证研究表明,很多村庄特别是能人治理型村庄在村庄治理实务中采取了偏重于集权式管理的村庄公共权力运作方式。这种运作方式尽管减少了村民群众对村庄公共政治生活的实质性参与甚至是形式性参与的空间,却也在一定程度上提高了村务决策和管理的效率。因此,在政治信任基础构建良好的能人治理型村庄,很多村民群众对这种村务运作方式并不抱排斥心理和否定态度。

上述关于村民在村庄公共政治生活中实质性参与不足的原因是以具体的个案为基础加以分析的。如果从更宏观的视角来探讨,我们认为,普通村民对村庄公共事务的实质性参与发展缓慢,是由多方面原因造成的,而以下几个层面的因素无疑特别值得我们关注。

首先,这与村民自治制度建设滞后有关。村民自治的相关法律和制度对村民民主参与做出了一系列规定,为村民公共参与提供了依据。但是,现有制度缺乏程序性、惩戒性制度安排,致使村民的公共参与难以得到有效保障,法律赋予村民群众的公共参与权利无法充分兑现。

其次,这与能人治理型村庄的公共权力结构组成和运行特征有关。在能人治理背景下,村庄的公共权力结构以治理能人为核心,村庄公共资源在治理能人的支配下进行配置,从一定意义上造成了村民群众对治理能人的依附。

再次,这也与不少村民群众和治理能人的工具性思维模式有关。在当前的村庄治理中,发展经济、早日致富是多数村民群众的最迫切愿望,它明显超过发展民主、扩大参与的需求,从而减缓了村庄领袖促进村民实质性参与的压力。况且,民主治理的绩效并不像经济发展或公共产品那样可以量化或直观地体现,故而在有限的任期内难以给予治理能人实质性的激励。

故此,在能人治理背景下,村民群众对村庄公共事务的形式性参与获得了发展,但实质性参与明显滞后,形成了村民公共参与形式与实质的矛盾。

3. 从参与过程看,能人治理导致了村民公共参与的不协调

村民自治运作过程的村民公共参与主要体现在民主选举、民主决策、民主管理和民主监督四个环节。"四个民主一套车",村民自治的四个民主环节应当是相互联系、彼此协调的和谐格局。在能人治理背景下,不同村民群体在四个民主环节中的参与度表现出明显的差异。宏观地说,在民主选举阶段,各村民群体都能广泛参与,呈现出热热闹闹的政治景象。在后选举阶段的三个民主环节,普通村民的参与度明显下降,处于公共权力的边缘,甚至成为了某种意义上的"无政治阶层"。

其一,选举阶段的大众参与。

民主选举是各村民群众共同参与村庄领袖抉择的过程。在村民自治背景下,有意竞争村干部的先富能人需要借助民众的投票实现自己的当选意愿和主政目标,因此会运用多种方式动员和激励广大村民参与选举,从而推动了普通村民的选举参与。根据纪圣麟、周炳泉、陈军等人对浙江"先富群体"竞选"村官"现象的调查,"先富群体"参与"村官"竞选的方式主要有两种:一是走上层路线,即通过影响村党支部或乡镇党委政府的领导来实现当选的意图。二是走下层路线,即依靠村

民的支持而当选。① 在实践中,先富能人主要凭借自身拥有的特殊资源,特别是经济和社会关系资源,选择恰当的竞选方式和合理的行动策略争取村民群众的认同和支持,当选为村庄领袖。村民群众经由能人的动员,广泛、积极地参与村级组织的民主选举活动,由此营造出一幅无比热闹的大众参与景象。

在实证研究中,我们发现,由于党和政府有关部门对"四个民主"中的第一个民主的重视,由于法律和有关制度中对于村委会选举和支委会选举的细致规定,也由于新形势下很多能人将主政村庄和实现自己的利益和价值联系起来,在这样的背景下,选举阶段的"热热闹闹"就不难理解了。但是,在"热热闹闹"中又有着不同的情况,有的村庄选举中是热闹却无序,特别是那些派系斗争厉害的村庄,诸多能人为了在竞争中获胜,往往会想尽一切办法,特别是会寻求派系的支持,从而使得在竞争中充满火药味,甚至发生打斗、人身威胁、贿选等事件,严重的还闹出人命。这样的村民选举肯定是有违于上级设计村民选举制度的初衷的。与上述情况相反,也有不少"先富能人治村"型村庄在村委会和支委会选举中做到了热闹而有序。俞村的几位村干部向我们介绍了该村最近一次选举的情况:

我们的书记特别爱惜村里的财富,老百姓都比较满意的,支部选举时,我们几位干部都是高票当选。选举时要从村里选出 3 名支委,当时老百姓民主测评出来就只有三个,但街道有关负责同志坚持必须要四选三,没有办法,只好硬着头皮做工作,让另外一位同志出来陪一下。

当时街道的干部们也感到不解,怎么会有这样的事儿?选三个人,就推选出来三个人?而且三个人几乎都是满票。而有的村则是选得一塌糊涂,有的要选两到三遍,有的村 30 多名党员中很可能有 20 多名候选人,全部上来了,而我们村是高度集中的。

闹派系的村最糟糕。闹两派的,村中的那帮痞子容易成老大,他们会利用竞选者之间的矛盾,扩展自己在村中的势力,个别村委和支委则为了个人利益而利用这股势力,这样村里就会搞得乌烟瘴气。

在我们村里,如果有这样的人,他们也是施展不开手脚的,因为村里的干部们特别是书记和主任非常团结,所以别人来离间是起不到什么效果的。

如果仔细分析一下俞村的村委会和支委会选举为什么能如此井然有序?不难看出,一是村干部领导班子的团结是一个非常关键的因素,这使得村里隐性的黑恶势力(假如有的话)无隙可乘,没有其存在和活动的空间;二是村干部领导班子在村民群众中的威信很高,从而使得村里的非治理能人和其他有意问鼎村政的人觉得胜算不大而干脆放弃参选。俞村在支委会选举中的情形显然是属于上述情况。

俞村的村主任对选举作了更多的介绍:

---

① 纪圣麟,周炳泉,陈军:《先富群体竞选村官现象调查》,《乡镇论坛》2003 年第 8 期,第4~6 页。

现在有些村在选举时,选举场面有时候被一些流氓把持,你去填选票时,旁边有人盯着你必须选某人,否则就给颜色看。更有甚者,在填选票时直接用硬邦邦的东西抵住选民的腰,完全蜕变成一种暴力胁迫。

尽管上面要求秘密投票,但一直以来基本上票是由选民拿到家中去填的。正因如此,很多选举的真实情况上面不一定能看到。我主张向上级汇报选举情况时,不要汇报得太好。有些村镇向上级汇报时,总是挑好的说,县委书记向上汇报时也说"好",省委书记向上汇报时就是"更好"的了。

尽管上头对村民选举的制度规定是越来越细,如要求设秘密投票间,等等,但要真正做得很规范,难度还是很大的。像我们村,十届选举,也就是最近一次设立了秘密投票间。以前都是提前一天老百姓将票领走,第二天再收回来。最近的一次做得非常严格,设了秘密投票间,一边走进,填好票后放入箱,一边走出。

对我来说,这没有什么压力。他们拿回去选我,不拿回去也是选我。像有些村就搞得很紧张,老百姓的选票一到手就被人夺走了。普通的村庄如果有一千位选民,候选人能得五百五十票已经是很不错的了。有些候选人将选民从北京、南京接回来,这票一般就是他的了。很多候选人在公布前就知道他可能得多少选票,已算好了,一般是八九不离十的。附近王村的村主任跟我们很熟,他曾经跟我们说过,多少选票花了多少钞票,有的每票出300元,也有出400的,多的甚至有出上千的。

像我们村,老百姓好像并没有从选举中得到实惠,但实际上得到实惠的,恰恰是我们老百姓。有些老百姓当面不来说,背后也在嘀咕:像某某村在选举时都在发东西,我们的村主任就怎么不来分几条烟呢?我是这样的,选举时,中华牌放几包在身上,选举时看到老百姓就发支烟。而要到你家中去放几条烟,我是不会去弄的,说出来也难听。

我们村900选民,我上次选举得861票,有几个人外出没有选,失去几票是很正常的。有几位选民则抱着反正填不填选票都是这么几个人当村干部的想法,而没有填选票。

从俞村村主任的介绍中可以看出农村基层村级选举在表面上的热热闹闹中夹杂着复杂性。这其中,既有暴力胁迫的,也有金钱贿选的。尽管上级有关部门为了进一步推进村民自治制度,在完善村民自治制度中的选举制度、选举前的宣传发动、选举后的总结反思等方面做了大量的工作,但是村民自治制度的"民主选举"环节在实践操作中却时常可发现与设计的制度发生偏离的现象。当然也有做得热闹而有序的,如俞村的历届村委会选举便是一例证。

我们再来看看俞村的普通老百姓对于选举阶段村民公共参与情况的叙述,一位蒋姓村民告诉我们:

我基本上每届选举都参加了,村民们因外出打工的,选举的时候一般都会及时赶回来参加选举。我们两个自然村哪怕加起来村民也不多,投票选举开始后很快就完成了。关于选举这事,也用不着干部们下来宣传发动,老百姓一直都有数的,一般也都会积极参加。选举时,候选人一般会到村民家中坐一坐。我认为这是很有必要的,如果他不向我们表示一下这个意思,我们就不太清楚他还想不想当干部。现在不比生产队可开社员大会,一般大家都在上班,所以参选者一般会去村民家中坐一下。

有些村里,想竞选村干部的候选者会用香烟或者其他财物来获得百姓的选票,我们村里没有这种情况,选举期间候选人向村民递一支烟是有的,但仅仅是一种礼节而已。

在农村里,一般选举都是比较热闹的。我们村投票是在老年活动室,其程序是先是领取和填写选票,然后出来时将选票投进放在门口的投票箱。选票不是发至村民家中,而是在老年活动室专门有人坐着分发选票的。我们走到,他们就会给我们选票,然后我们填票,再就是投票,就完事了。

填票时,我填了谁,人家(包括村干部)是看不到的,村民们自由填票的权利是有保证的。

事实上在很多村,选票是向村民买的,有的村甚至花了好几百万。不过,买票的钱肯定是要拿回去的。这样一来,村庄就乱套了。所以被人家买了选票的村民是糊涂虫,他们给你一百两百的,当上干部后,这些钱都是要从村里挣回去的。在我们村,如果有的村民想当干部,且想用经济手段来助选,他也可以去买选票。但我相信在我们村,他不一定能用钱买到选票。我们村庄的村民的整体素质是不错的,相互之间也团结,干部也清正。

一位唐姓村民则指出:当村干部还是有权力的,每届选举就是权力的角逐过程,本村也是如此。选举时,候选人总会来说一下:选举时请投我一票。在我们村里,候选人就过来递一支烟。有些村就不一样了,用钱换选票,一百、两百、五百的都有。当干部要当好是不简单的,要会当肯倒贴的干部才会好。如果想当准备捞一把的干部,总要被人奚落的。

从两位村民的话中可以看出,俞村村民对该村村级选举的规范性和有序性是很认可的,同时也流露出对本村村民整体素质的自信和自豪。从村民的话语中也反映出,候选人为了争取自己在选举环节的胜利,总会竭尽全力去争取选民,赢取选民的选票。而具体到候选人争取选票的方式则是五花八门的,有规规矩矩跟选民打个招呼的,也有动用自己的财力去购买选民的选票的。这也从一个侧面反映出村委会选举的复杂性。

其二,后选举阶段的能人主导。

根据村民自治的原则,村民群众是村庄治理的主体,在公共权力运作过程中具有平等的参与权。然而,在能人治理的背景下,担任村庄领袖的少数能人执掌着村庄主要公共权力,主导和控制着后选举阶段村庄公共权力的运作过程。调查表明,在能人治理背景下,大多数的村务决策都是在村两委(或三委)的范围内作出的。即使由联席会议讨论决定的特别重大村务,时常也是在治理能人特别是村书记和主任的操控下运作,普通村民事实上很少有可能介入村庄治理的实际运作过程。

作为村庄体制外的精英群体,非治理能人具有较强的民主意识和政治参与能力,日益成为能人治理运作中的重要力量,在村庄公共生活中发挥显著的作用。这集中体现在两个方面:一是非治理能人直接参与重大村务决策;二是非治理能人通过多种途径和方式影响村两委(或三委)的村务决策和管理过程。

普通村民则在后选举阶段表现为公共参与的不足和冷漠。在能人治理的村庄中,普通村民的参与主要表现为:一是当村庄公共事务涉及个人利益时,一些普通村民为了维护或扩大个人利益,有可能采取各种手段实施私利性参与活动;二是当村庄公共事务损害个人或集体利益时,在极少数场合,普通村民有可能受精英动员加入群体性的参与行为,特别是一些派系竞争行为和群体性抗议活动。此外,普通村民常置身于村庄公共决策管理活动之外。

在俞村调查时,当我们问及"平时,村里老百姓就关于村里工作方面的事儿提些建议、出些点子之类的情况多不多?"时,村干部们告诉我们:

这样的情况很少,不太有村民来说。现在农村中,说句实在话,经验比我们足的已经没有了。现在的情况是,不合理的地方,有些人也会跟我们说说,合理的地方他们一般也提不出来。因为他们往往想不得我们这样的齐全。一般情况下,做好后根据他们的建议再完善一下是有的。

关于后选举阶段的冷冷清清,本材料倒是与此句话相吻合。这里的一个问题是,后选举阶段为何会冷冷清清呢?需要考虑的地方有:村民参与村庄公共政治生活的舞台是否具备?村民参与公共政治生活和行使话语权的能力是否拥有?如果村民缺少参与和表达自己意见的素质和能力,那么,纵然给了其良好的参与平台,恐怕也达不到理想的参与效果。

俞村村主任李永兴的一番话也有助于我们从另外一个视角来分析后选举阶段村民公共参与冷冷清清的缘由:

现在,村里的事儿还是自己管理自己的较多。在这样的背景下,像我们村干部就提前想到老百姓想做又做不掉的事,我们去做掉,像浇路什么的,都是我们干部先出点子然后征得大伙同意后再干的,而且是一边造好一边就硬化掉。

对于村里的事务,我们干部还是想得比较周到的。前几年,当看到买车的人越来越多,我们就集体造了四十多个车位。现在我们村子里轿车已经超过一百台了,农户家里一般是老房没有车库,新房有车库。我们就想到了老房没有车库,随意停放又容易发生刮擦事故这一点,因此有加建一批车库的必要。目前部分车库已经被村民租用,付一点租金,钱很少,主要是方便村民。这一点我们是考虑得比较早的。

这里实际上涉及后选举阶段村民参与之所以"冷冷清清"的另一层面的原因。在不少学者的研究中,一般均认为我们乡村基层民众参与政治的冷漠和西方一些发达的民主国家的民众在政治参与中时而流露出的冷漠是不同的。认为后者实际上反映了民众对公共权力组织的信任,而前者则是映射出民众对政治不够关心的情绪。

然而,任何事情均不能一概而论。在上面提及的俞村情况中,尽管该村村民在后选举阶段对于公共参与也显得较为"冷清",然而,其在主要层面不是由于其对村庄公共政治生活的不关心,而是反映了村民们对村级公共权力组织和村级领导班子的信任。我们不妨这样理解:通过三年一度的村委会选举,村民群众很信赖地将处理村庄公共事务的权力和责任委托、交付给了村两委领导班子。而他们自己则集中精力发展自身的生产和改善自家的生活。从这个层面来看,这种后选举阶段表现出来的"冷冷清清"是可以被理解和接受的。透过这种看似"冷漠"的村民公共参与表象,我们实际上在更深层次上觉察到了村民群众和村级领导班子之间的一种和谐、信任的政治关系。

当谈到和村支书的搭档关系时,俞村村主任说了一番话:

我做事比较超前,老赵用钱则比较节约。如在建村路时,我就主张起码要建5公尺以上,那时很多农民都觉得没必要多花这个钱。而现在大家都觉得5公尺也不够宽了,所以这方面我的思想比较超前些。

又如80年代村民造房,一般农村就规划宅基,我们则在规划宅基的同时也规划好了绿化带,这在其他村是不太有的。

两位村里的主职干部,一位做事超前,一位注重节约,形成了良好的"黄金搭档"。有了以这样一对好搭档为核心而组建起来的村级领导班子,村庄的治理和建设就一不怕抓不住机遇,二不怕乱花钱财了。在后选举阶段,俞村的村民群众将村务管理的重任托付给这样的村级领导班子,他们显然是比较放心的。

◆◆◆ 第四章 ◆◆◆

"先富能人治村"和普通村民公共参与的非均衡性

　　随着农村经济的改革与发展,一批经济能人在农村迅速崛起,成为一个新社会群体。他们积极介入农村政治生活,甚至主政村庄治理,形成了独特的能人治理模式。尤其是在发达地区,能人治理已是一种较普遍的政治现象,构成了农村政治生活中一道独特的风景线,日益引起人们的关注。近年来,学界对能人的崛起和参与,以及在此基础上形成的能人治理和能人政治现象做了初步研究,并取得了相当的成果。[①] 但是,对于能人治理背景下的普通村民公共参与,尚未给予足够的重视。实践表明,能人治理对村民自治的运作造成了深刻影响,致使普通村民的公共参与呈现出非均衡的运作态势。本章拟对这一问题做些初步探讨。

一、能人治理背景下普通村民公共参与非均衡的表现

　　现阶段中国农村实行村民自治制度,作为一项具有中国特色的基层群众自治制度,强调了村民在村庄治理中的主体地位以及村民群众的公共参与权利。然而,在经济发展过程中,农村社会成员逐渐分化,经济能人迅速崛起,逐渐成为了新时代农村政治生活中的治理者和领袖。相对而言,普通村民在乡村治理运作中表现出种种被动性。

　　本文所说的能人治理是指由经济能人主导村庄公共权力结构与实际运作过程的村庄治理现象。实践表明,能人治理给农村发展注入了活力,为普通村民带来了众多利益。但是,应当理性地认识到,能人治理也一定程度地损害了法律赋予普通村民的民主权利,对普通村民的公共参与造成了消极影响。

　　所谓普通村民公共参与,是指普通村民参与村庄公共生活,影响村庄公共权力运作的行为。它是普通村民与村庄政治系统发生直接的行为联系的过程,是普通

---

　　① 卢福营:《能人政治:私营企业主治村现象研究——以浙江省永康市为例》,北京:中国社会科学出版社 2010 年版,第 14~16 页。

村民表达自己的意愿于村庄政治体系之中的显性行为。[①] 根据有关法律和制度规定,普通村民是村民自治的法定主体,具有广泛、深入参与村民自治全过程的权利。然而,在能人治理背景下,村民自治中的普通村民公共参与发生了形变,呈现出非均衡的运作态势。

(一) 程序性参与和实质性参与的不协调

民主和法治相互依存。从一定意义上说,依制治村是国家依法治国方略在村民自治实践中的具体体现。普通村民有效的公共参与,既有赖于完备的制度规范和程序保障,更应通过村民群众对村庄公共政治生活广泛、深入的参与,取得群众自治和基层民主的实质性推进,最终达到普通村民公共参与规范性和实效性的和谐统一。故此,根据村民自治原则与精神,村民群众的程序性参与和实质性参与应是一个同步推进的过程。然而,在能人治理背景下,农村政治生活中普通村民的程序性参与和实质性参与通常表现出不协调。

一方面,普通村民对村庄公共生活的程序性参与获得较快发展。调查表明,掌控优势资源的经济能人在治理村庄的过程中,通常注重借助民主方式和程序提升其治村的合法性。首先,在民主选举环节,经济能人一般比较注重根据民主选举制度动员普通村民的选举参与。在村民自治制度下,村庄领袖通过民主选举产生。为了竞选获胜,占人口多数的普通村民顺理成章地成了角逐村干部岗位的能人们争取的对象。他们运用多种竞选策略和动员方式,积极动员村民群众参与选举,支持自己担任村干部。正是在能人们的积极动员下,普通村民广泛地参与了现阶段农村中的村委会选举。其次,在民主决策、管理环节,为了让在自己主导下出台的各项村务决策获得通过,管理工作得以顺利实施,治理能人很注重"造势"以及走必要的民主程序。时常通过广泛而深入的宣传、动员,争取广大民众的认同,使民主程序按其意图运作。再次,在民主监督环节,在企业经营中养成了良好规则、程序意识的治理能人,一般都能按照有关制度及时公开村务,建立相关民主监督制度,在形式上赋予普通村民民主监督权利。如此,能人治理不仅让村庄治理过程中的普通村民公共参与获得较好的制度保障,而且有力地推动了普通村民的程序性参与。

另一方面,普通村民对村庄公共生活的实质性参与则显得滞后。治理能人往往凭借其权威影响,实施威权治理,实际掌控着村庄公共权力的运作过程。首先,村干部的民主选举表面看来异常热闹,普通村民广泛参与,且表现出较高的积极性。然而,整个民主选举过程事实都是由能人主导和操控的,普通村民的选举参与以动员式参与为主。貌似积极的普通村民选举参与实质是一个按照能人的主观意愿实施的被动参与过程。因此,选举的结果最终总是那些能人当选,不太会发生实

---

① 卢福营:《论村民自治运作中的公共参与》,《政治学研究》2004 年第 1 期,第 17~23 页。

质性改变。其次,与热热闹闹的选举参与不同,在后选举阶段,普通村民的公共参与显得更为稀少。村庄公共权力的实际运作过程事实是由治理能人及其主导下的村级组织所控制,普通群众很难获得实质性参与的机会,也很难对村庄治理发挥重大影响力,实质被排除在村务决策管理过程之外。

不可否认,普通村民程序性参与的发展有其一定的实践价值。正如徐勇教授所言:"通过在民主形式实践中建立民主规则和程序,训练民众,为民主创造内在的条件,逐步实现由形式化民主到实质性民主的转化。"[①]然而,程序性参与毕竟只是民主参与的一个方面,离村民自治的精神实质存在着较大距离。

在浙江省嵊州市浦口街道俞村入户访谈中,一对夫妇告诉我们:

我们村的干部相比较而言要算做得比较好的,有几个村,干部几年当下来,将钱都用得一干二净了,甚至还要贷款欠债。我们的村干部已经当了这么多年,还是挺不错的。我们的主任和书记任职时间已经快三十年了,书记今年55岁左右,主任当兵回来后就一直当主任,今年52岁左右。主职干部连选连任有一个好处,那就是选村长什么的从来没有什么乱子,选票统计出来基本上是永兴的。

要说村干部做事来同我们商量,那倒是没有的。村里有些大的工程,有的要花上几十万甚至上百万,一般是村干部们和村民代表在具体操作,像我们这些一点不担任什么职务的村民,是进不去的。我们这些普通村民平时事情不多,也就是选干部时他们来发动一下,我们去行使一下选民的权利。

要说村民代表来村户家中传达一下村里已经在做或将要做事情的相关信息,那也是没有的。说句实在话,当选上村民代表的并不见得思想和素质就如何好,一般都是拉票的,这是普遍现象。

要说村干部在选举时过来跟我们普通村民打个招呼,那倒是有的,基本上是他们自己来说的。我们几位村干部的得票率都在70%以上,甚至是90%,这是很难得的。选票是我们自己去投的,不过,在选举前,候选人已经将有关准备工作做得很充分了。

村里的主要干部,我们是知道的,如村委会是李永兴负责,支委会是赵建华负责。但村务监督委员会什么的组织,我们就不知道了,里面的成员是不是我们村的?由哪几个人组成?据说村主任做事花钱反而要他们签字,这是真的吗?我们可是一点都不知情的。

俞村的这对夫妇可谓是比较典型的平头老百姓。他们对村庄的公共政治生活的参与往往有以下若干特点:一是参与少,主要也就是在村委会选举时参加选民投票,行使自己作为选民的基本权利,而在后选举阶段就对村庄的公共事务参与得很少了。二是了解少,村民自治的原则精神是广大的村民群众依据具体的村民自治制度参与村干部的选举和村庄事务的决策、管理和监督。这就需要村民群众不

---

① 徐勇:《乡村治理与中国政治》,北京:中国社会科学出版社2003年版,第62页。

仅在村委会选举时能够积极参与,而且对于后选举阶段村庄公共权力运作的各个环节也能够充分关注和积极参与。然而,由于种种原因,许多村民事实上往往做不到这一点。像这对接受访谈的普通村民夫妇,他们所了解的也就是村里的几位主职干部和老干部,而对于村里的监督委员会等这些代表村民对村务运作行使监督权的重要机构,就几乎是不知情的了。三是跟村干部的接触少。调查表明,对不少普通村民而言,其接触村干部的主要机会,是在村委会选举期间,候选人一般会到村民家中坐一坐,递根烟什么的,表示一下自己想参选并希望得到支持之类的意思。一旦村委会选举结束,村庄公共权力的运作进入决策、治理和建设阶段,许多村民群众就不太有机会接触村干部了。

实证调查表明,在许多"先富能人治村"型村庄中,对于普通村民而言,不要说接触村干部,哪怕是接触村民代表的机会也比较有限。从本意上而言,村民代表是代表村民在村庄决策、治理和建设阶段积极参与村庄公共政治生活。为了能真正代表村民群众,切实反映村民的意愿,村民代表要起到上情下达的作用,积极做好干部和群众之间沟通的桥梁。然而,我们的调查研究表明,通常情况下村民代表和普通村民之间的接触机会并不多。在很多情况下,村民代表参与村庄重大事务的讨论和决策都是直接行使表决的权力,鲜有去征求普通村民的意见的。做得较好的村民代表会在参与重要村务的议决后跟有关村民通一下气,这已经是很难得的了。这就进一步减少了村民群众实质性参与村庄治理和建设的机会。

(二)选举阶段参与和后选举阶段参与的不平衡

村民自治是民主选举、民主决策、民主管理、民主监督四个环节有机联系的运行过程。为分析方便,学界时常将村民自治过程大致为选举阶段与后选举阶段。根据相关法律制度,普通村民的公共参与理应贯穿于村民自治的全过程。然而,在能人治理背景下,普通村民在选举阶段与后选举阶段的公共参与呈现出不平衡性。

随着村民自治的推进,村民群众普遍将民主选举村委会视为村庄政治生活中的一件大事,日益认识到了自己拥有的民主选举权力的重要性。加之选举过程中有关部门的宣传发动、乡村能人的动员,故而普通村民均能广泛参与选举,呈现出大众化参与的发展态势。在现阶段中国农村村级选举实践中,普通村民的选举参与尽管受到了许多外界因素的影响,如竞选者的拉票、派系的左右、人情关系的影响等。但是,普通村民最终较普遍地投身到了民主选举过程之中。据我们在浙江的调查,在近年的村委会选举中,参选率均在90%以上。如若以投票率衡量民主度,那么当今中国农村的村委会选举已经达到了极其民主的高度。故此,村民自治的"普遍民主"原则在此阶段得到了较好的体现。

然而,在后选举阶段,能人治理型村庄中的普通村民公共参与却明显不足。在选举中获胜的能人在主政村庄治理后,通常凭借其拥有的优势资源和领导地位,紧紧掌控村庄的公共权力。体制外的非治理能人由于拥有优势的经济、政治资源,在村庄治理中具有较大的影响力,能够广泛、深入地参与村庄的公共生活。而普通村民在后选举阶段的公共参与则往往受到种种不利因素的制约:一是普通村民所能获得的村治信息数量有限、质量不高;二是普通村民忙于生计,往往难以对村治问题密切关注和缜密思考,在与治理能人博弈时总是受其左右;三是普通村民人数众多、利益不同、关系复杂、意见分散,很难在舆论上形成整体合力。因而时常表现出公共参与的无力感,甚至成为特殊的"无政治阶层"。

我们在农村调查时,有村民将这种普通村民公共参与不平衡现象形象地表达为"选举时热热闹闹,选举后冷冷清清"。在能人治理的实践中,由于缺少普通村民对村庄治理的参与和监督,治理能人可能利用手中的权力谋取私利,从而出现谋利型管理;治理能人也可能在村务管理中违反有关法律和制度,影响村民自治的规范运作,从而出现违规型管理;失去民众监督的能人还可能任凭个人喜好来经营村庄,从而导致人治型管理。[①] 应当引起有关部门的警惕。

(三)输出性参与和输入性参与的不对称

根据对村民自治运作的系统论分析,普通村民的公共参与大致分为输出性参与和输入性参与。村民的输出性参与主要是指其对村社区自治决策予以贯彻和实践的行为。村民的输入性参与是指向村庄公共权力系统输入动力和信息,从而影响公共权力决策和运作的行为。[②] 按照村民自治制度设计的理想目标,村民群众是村民自治的法定权力主体,既是村务决策的参与主体,又是村务决策实施的参与主体,两者有机统一。据此,普通村民对村庄公共生活的输出性参与和输入性参与应获得协调发展。

然而,实证研究表明,能人治理背景下普通村民的输出性参与和输入性参与时常呈现出不对称的运作态势。其中,能人治理下普通村民的输出性参与获得较好发展。由于治理能人拥有占优势的资源和较高的社会地位,在村民群众中容易获得较高的威望及较大的影响力,其主导下形成的村社区自治决策容易获得村民群众的支持和拥护。同时,治理能人又是农村中出类拔萃、能力超群的村庄精英,通过生产和经营中持久的磨炼和考验,使自己逐渐具备了较强的决策能力和较高的管理水平,因此能人主政下的村庄治理决策更易得到村民群众的信赖和认同。此外,不少治理能人长期从事企业经营和管理,在市场经济浪潮的洗涤和历练下,能人们逐渐形成良好的规则意识和程序理念。当其主政村庄治理后,往往很自然地将这些理念运用于村务管理中,在村民自治运作中比较注重决策和管理的规则性和程序性,能够主动加强与村民群众的沟通和协作,故而有利于广大普通村民对村

---

① 卢福营:《村民自治的发展走向》,《政治学研究》2008 年第 1 期,第 89~96 页。

② 陶东明、陈明明:《当代中国政治参与》,杭州:浙江人民出版社 1999 年版,第 130~131页。

社区自治决策的贯彻和实践。

较之于普通村民对村庄公共政治生活积极的输出性参与,其输入性参与的发展则受到诸多因素的制约。一是普通村民对通过自身参与来影响村庄公共权力运作的价值和作用往往缺乏应有的认识,对参与村庄公共政治生活缺乏应有的热情,甚至出现参与冷漠;二是村民自治尚处在探索和尝试阶段,不少普通村民还没有得到充分的民主训练,公共参与的能力不强;三是普通村民的村治信息主要来自村干部,往往已经过村干部的选择和过滤,获得的村治信息量少质低。上述因素严重约制了普通村民的输入性参与。

由于普通村民对村庄公共生活输出性参与和输入性参与的不对称,贯彻、执行村级权力组织作出的决策便成为普通村民公共参与的重要内容。在决策实施过程中,普通村民往往会采取多种参与方式和参与策略,实现与村级组织及村干部的有效沟通与接触,以维护个人和集体的利益。

二、能人治理背景下普通村民公共参与非均衡的原因

能人治理背景下的普通村民公共参与之所以出现非均衡性,无疑是多种因素影响的结果。其中,最主要的是:

(一)能人治理的客观影响

应当承认,能人治理之所以令人注目,受到政府支持和群众期待,主要在于其客观的治理绩效。然而,能人治理的绩效主要体现在促进村庄经济发展、改善村民生活、加强村庄建设、维护村庄权益等方面,而对于村庄治理的民主化和普通村民公共参与却造成了一定的制约和影响。

从理论上分析,能人治理显然属于精英政治范畴。不可否认的是,不平等和社会分层在当今中国农村已经是不争的事实。在一个村庄社会成员分离为多个阶层的情况下,由于不同层次的村民拥有的社会资源、社会地位的区别,势必造成村民之间在村民自治运作中的作用不同。在能人治理模式下,村庄中的治理能人掌控着村庄公共权力,主导着村民自治的运作,在村庄权力结构中处于核心地位。非治理能人凭借自身拥有的政治、经济、社会、文化等资源,积极地介入村庄治理,影响着村庄公共权力的运作过程。与村庄精英的公共参与空间膨胀相反,普通村民却因缺乏社会资源和在村庄治理中的低地位,其公共参与空间遭受了严重的挤压和侵蚀,制约了村民自治运作过程中普通村民的参与。

在以经济发展为主旋律的现今中国农村,发展经济、富裕村民逐渐成为村民群众对村干部的最重要期许。经济能人在竞选村干部时,往往将促进村庄经济发展、改善村民生活作为自己首要的竞选承诺。在竞选获胜后,治理能人顺理成章地将治村工作的重心放在促进村庄经济发展和村民富裕上,并自觉不自觉地将其企业

管理中积累的经验付之于村庄治理实践。相反,对于如何促进乡村治理的民主发展,通常缺乏足够的重视。即使对村庄治理的规范和程序之类有所关注,有时也会有意识地动员和倡导普通村民的公共参与,但主要地是为了获得村民群众对其治村活动的认同,提高能人治村的合法性基础。由于简单地移植企业管理的经验,在村务管理中常常将村民当做企业员工,习惯于发号施令。如此,在村庄治理中缺少普遍平等、民主协商的工作理念和作风,影响了普通村民在村庄公共生活中的参与积极性,以及普通村民对村庄治理过程的实质性介入。

(二)制度供给和执行的不足

村民自治制度赋予了村民群众参与村庄治理的权利,全体村民由此成为了村民自治的法律主体。但是,村民公共参与权利的兑现和落实,还需要有一系列的具体制度和机制。应当肯定,中央和地方一再倡导扩大基层民主,推动村民有序参与,并为此出台了一系列政策。然而,也应理性地认识到,村民公共参与的制度供给与制度执行情况仍然明显滞后于村民自治发展的需要,制约了普通村民的公共参与。

一是村民公共参与制度供给的不足。首先表现为制度供给的单一性问题。中国的村庄千差万别,但国家在设计村民自治制度时,简单地把农村视为同构性社会,提供了一个统一的村民自治制度文本。一致性的制度输入显然不能适应日益分化、变迁的农村实际情况。更为重要的是,农村社会成员已经出现了急剧的多元性分化,呈现出复杂、多元的利益格局。不同层次的村民具有差异化的利益诉求和表达意愿,各阶层在村民自治中实际拥有的社会资源和社会机会也不同。然而,村民自治的制度设计,依然把村民视为均质性的社会成员,未能根据农村社会变化的新情况和社会分层的客观事实,做出适应性的制度调整,建构多样化的村民公共参与制度,为普通村民的公共参与提供切实可行的制度保障。其次表现为制度供给的非均衡性问题。"四个民主"一套车。"民主选举、民主决策、民主管理、民主监督"理应并驾齐驱、均衡发展。然而,由于我国的村民自治尚处在起步阶段,中央和地方将民主选举环节选择为推行村民自治的突破口,并作出了较为详尽的制度安排,但后选举阶段三个民主的制度设计显得较为粗糙、操作性不强,故而容易导致普通村民选举参与和后选举参与的不平衡。同时,在现有的村民自治制度中,侧重于制度的原则性规定,缺乏操作性和程序性的规定;强调规范性制度安排,忽视惩戒性制度安排。这显然不利于普通村民对村庄公共生活的深度介入和实质性参与,也不利于对普通村民公共参与的权力保障和救济。

二是村民公共参与制度执行的虚化。中国农村长期实行政社合一、高度集中的人民公社制度,形成了一套不太按制度办事的行为习惯。在社会主义法治国家建设的进程中,中国农村改革创新,推行村民自治制度。强调村庄治理中民主与法治的统一,要求依制治村。但是,传统的农村管理体制和行为习惯依然严重地影响着农村社会的运行。在乡村治理的运作过程中,特别是在能人治理模式下,不少治理能人不能正确理解和贯彻村民自治的民主和法治原则。既不与村民群众平等协商,组织和扩大村民群众的公共参与;又不愿意依制治村,把国家关于村民自治的相关法律制度和依法制定的村规民约置于一边。习惯于我行我素,按主观意志行事;经验主义,按"惯例"管理;独断专行,向村民群众发号施令。

同时,能人治理旨在振兴村庄经济和带领村民致富。在这种工具性价值取向的支配下,村庄管理中更倾向于选择少数人决策、村民大众执行的精英治理模式。对于召开村民代表大会、组织干群民主恳谈会等民主管理办法,则因其程序要求较高、决策时间较长、管理成本较高等,难以得到治理能人的青睐,从而严重地制约了普通村民的实质性参与和输入性参与。

在位于嵊州城关镇剡湖街道的一个能人治理型村庄——张村调研时,我们与当地的村干部进行了座谈。当问及"村民会议定期召开吗"、"村民代表的产生有没有导向性"等问题时,村干部马平原答曰:

村民会议一般不开,一则是现在这样的场所没有,二则是这么多人也根本叫不拢来。过去集体生产时开大会是比较多的,哪怕是大队开会也是有的,有时候是小队开,大队开得相对少些,一年开次把也是有的。现在涉及全村的会议也就是选民大会,那也不是全村在一起,往往是分组召集,形式上以组为单位,也就这么次把的光景,其他是没有的。

推举产生村民代表的时候,一是要有一定的代表性,二是要有一定的威望性,能够在会议上合理合情地建议,提提意见,还要会发点言,否则走拢来像菩萨一样只管自己坐着,是不行的。所有这些,都要考虑到。对我们来说,以上这些,支部内部都是酝酿过的。尽管不能指定,但是引荐是可以的。比如跟各组打个招呼:"某某,最好选举时给引荐一下。"这样,相对而言,代表能够在思想上形成这样的一种意识,否则走拢来或者一言不发,或者瞎扯一通,或者是与干部顶杠,那是不行的。

不管是班子成员,还是村民代表,要具备什么素质也不能从绝对上而言,但总要稍微有点基础。我们每届选举时都是有意识地这样引导的,这样整个村庄才能安、顺,对整个村庄的社会风气也能带来一定的好处。否则大家走拢来或者吵架,或者瞎扯,那就弄不灵清了。讲得白些,下面这帮代表平时对班子有好感,比较信任的,那对干部的工作也就有些支持力度,否则如果代表们没有配合干部的意识,每次干部提议时,代表们总是将其顶掉和吵掉,事情就做不成了。村干部做事情也是为了老百姓,也不是为了个人利益,都是为了集体利益,那就需要有批人支持,否则,事情也干不了,这两者一定要结合起来,否则村庄的工作就难以开展,作为我们村干部来说,以上这些方面能考虑则尽量考虑。

上述材料涉及能人治理型村庄治理能人对村庄公共权力运作的主导和控制问题。根据村庄自治制度的安排,村民会议是选举村级领导班子和议决村务运作中重大事务的最高权力机构。然而,改革开放以来,随着家庭联产承包责任制在农村的推行,农村人口的流动性大为增强,要经常性地召开村民会议并不是一件容易的事。在通常情况下,一般也就是在三年一次的村委会选举中才有可能召开一次全村人参加的盛会,而在其他时间,村民代表会议无异成了代表村民参与重要村务的决策、管理和监督的日常性权力机构。因此,村民代表能否真正代表村民就变得至关重要。然而,对张村村民代表的产生方式调查表明,村民代表的产生与其说是体现了广大村民的意愿,还不如说是在更大程度上体现了治理能人的意愿。在村级领导班子特别是治理能人看来,村民代表应该能配合他们,说白了,就是要听话些,这样才能在村庄治理和建设中贯彻他们的意志。否则,如果村民代表在开会时经常对村级领导班子的意见提出反对观点,村务就很难顺利开展了。基于上述考虑,在村民代表产生过程中,治理能人乃至整个村级领导班子总是通过打招呼、引荐等手段把平时支持他们的村民选入代表。这样做,无疑有利于强化治理能人的威权治理,可问题是,村民代表的"代表性"是否得到了良好的体现呢?

(三)乡镇政府职能的错位

村民自治制度的推行,从根本上改变了中国农村的治理体制,形成了"乡政村治"的乡村治理新格局。在"乡政村治"体制下,乡镇与村庄之间的关系已由人民公社体制下的"领导"—"服从"转换为"指导"—"协助"关系,乡镇政府主要承担为村民自治提供指导、服务的职责。然而,在压力型行政体制下,上级机关习惯于将需要完成的各项政务分解后下派给下级政府,并将完成情况作为考核下级政府及有关干部政绩的主要依据。作为国家行政系统末梢的乡镇政府,承受着完成上级分派的各项政务的压力,而上级机关下拨的财政资金却颇为有限。一方面,在村民自治背景下,乡镇政府对村庄的控制力、影响力日益消退;另一方面,在压力型行政体制下,乡镇政府又必须保质保量地完成上级下派、面向村庄的各项政务。

在严峻的现实面前,乡镇政府时常会做出理性的变通,调整自己的工作策略。一方面,要响应中央和上级政府的号召,至少在形式上支持村民自治,扩大基层民主和民众的公共参与;另一方面,倡导和支持有能力、善管理的经济能人治理村庄。利用能人的权威和资源,提升治村绩效。同时,保证各项下延到村的政务的落实和完成。唯其如此,对部分治理能人在村务决策、管理中一些违规行为,排斥甚至侵害普通村民公共参与的做法有可能视而不见、不加规范和制止。为了充分发挥能人的作用,特别是让治理能人更好地为自己效力,一些乡镇政府及其干部甚至与村庄能人结成联盟,与普通村民展开权力博弈。[①] 如此,作为村民自治的指导者和服务者,乡镇政府背离了促进农村基层民主发展、扩大普通村民公共参与的角色要求,导致了职能错位,对普通村民公共参与的正常、均衡发展造成了不利影响。

---

① 卢福营:《村民自治与阶层博弈》,《华中师范大学学报》2006年第4期,第46~50页。

（四）普通村民自身素质的欠缺

从一定意义上说,村民自治是一场广泛的民主训练,村民群众因此获得了宝贵的民主实践机会。实践表明,经过二十多年的村民自治实践,村民群众的民主意识和民主技能得到了相当程度的提升。但是,不应否认,村民群众的民主素质与村民自治发展的客观需要之间还有较大差距,特别是普通村民的民主素质较低和公共理性缺乏,已成为进一步提升其公共参与广度和深度的瓶颈。实证研究表明,相当部分普通村民对于参与村庄治理显得热情不足、意识不强、能力不够,这就给普通村民通过自身对村庄公共生活的实质性参与来表达自己的意见、维护自己的利益带来很大的阻碍,也制约了普通村民公共参与的广度、深度和自由表达程度,使得普通村民在村民自治中很难实现从法定权力主体向事实权力主体的转换。

由于受参与能力、参与水平和参与效能感的制约,现阶段村民自治中普通村民的公共参与呈现出动员式参与的特征。在村委会选举阶段,经由有意问鼎村庄领袖位置的能人的竭力动员和裹挟,普通村民呈现出极高的公共参与率。而在后选举阶段,普通村民的公共参与失去了能人的动员和支持,表现出一定程度的公共参与无力感。在后选举阶段,普通村民的公共参与主要表现在贯彻、执行村级组织和治理能人们做出的决策上,从而导致了普通村民的选举参与和后选举阶段公共参与的不平衡、输入性参与和输出性参与的不对称。

我们在俞村访谈期间,与一对周姓老年夫妇的交流中,发现他们讲的话颇耐人寻味:

我们村的干部是不错的,这么多东西建好了,这也只有干部不贪不拿进,才有这么多建设。这就好比一户人家的当家人,当家人只有将家建设好,才能有威信管好家,子女才会服帖。如果当家人只管自己享受,吃吃喝喝,不搞建设不顾家,那下面的子女就会不高兴。一户人家是这样,一个村子也是这样的。像我们村,东西不断建设起来,这样下一代就会轻松舒服很多。

我们的干部外出办事,报销几包香烟钱总是有的。到时要递支烟什么的,总不可能自己挖腰包的,这也是合情合理的,哪怕是省委书记,也是要报销香烟钱的,要从自己的口袋里挖出来是不可能的,这是集体开支,名正言顺的。

我外甥的儿子是干部,一级一级往上调,已经在省委工作了,他的香烟钱也是公家报销的,不可能自己挖腰包的。

讲得好听点,这是办集体的事,报几包香烟钱,也是应该的。有些村民可能有微词:干部们香烟钱也可以报,这也可以去,那也可以去。我认为你不给他们报香烟钱是不现实的。他们到外面去考察一番,看看人家建设得怎样,然后回来自己搞,可能说不定是这样一种意思。这个我们普通村民是管不来的。好比一户人家的父母外出交往,子女怎么去管呢?实际上也是没有权力去管的。这是实在话。

我们村里哪几位人当干部,我还是清楚的。赵建华是书记,李永兴是村长,还有一个村委是赵勇。

我们村和有山村合并之后，有点钱被他们刮走了。这倒也是事实。他们村本来没有搞过建设的，与我们村合并后，弄、路都浇起来了。本来钱也不会轻易给他们的，听说主要是上级街道办有这样一个意思，你们村反正已经建设得不错了，可以支援点另外一个自然村嘛！我们书记和主任就同意了。他们村并过来后，马上连整个村的墙弄都浇掉了。

我们就希望每年的口粮钱不要少一分。我们的田没有了。平时很少听到村民有向村干部提意见的。不过也有村民很是担心干部们将村里的钱用光，这样就发不出粮食补助钱了。就这点要担心。

总之，一句话，我们俞村的干部绝对不是贪官，否则，如果他们自己拼命造房盖楼，我们普通村民又有什么办法？

从这对夫妇的话中我们可以注意到一个有趣的现象，那就是他们好几次将干部和群众的关系比作父母和子女的关系。作为一个有着数千年封建专制统治历史的东方古国，中国民众深受传统政治文化的浸淫。直至今日，"权威崇拜"、"子民意识"等传统政治文化心理还深深影响着诸多民众的头脑。上述这对夫妇的话正是印证了这一点。从理论上而言，村民自治是旨在让村民实现自我管理、自我教育、自我服务的民主制度，干部由村民选举产生，并对村民负责，村民拥有对村级公共权力结构和村级公共组织的全程运作予以监督的权利。然而，实践证明，受服从型传统政治文化心理的影响，尚有为数不少的普通村民将村干部视为"父母官"，将自身比作"子女"，对干部恭恭敬敬，很少去过问村庄公共事务，很少就村庄建设和治理等问题发表自己的看法，这就容易导致对村级领导班子的监督不足，对村级公共政治生活的参与不足。

从这对夫妇的话中，我们还可了解到不少村民最为关心的是"如果干部们将村里的资金用光，那就发不出粮食补助钱了"。我们在与多位村干部的谈话中也听到这样的话："普通老百姓一般很少来过问村里的公共事务，除非是涉及他们的个人利益。"这种现象的产生有其一定的客观因素，改革开放以来，农村分户经营制度的推行，使得农户生产和生活的流动性和主动性越来越强，随之造成的是村民和村庄之间利益关联度的减少。既然如此，普通村民对村庄公共事务缺少关注度也就不难理解了。

（五）村民生产和生活面向的多样化

调查研究表明，改革开放以来，村民群众生产和生活面向的多样化及其和村庄之间关联度的减弱，也是一个影响普通村民公共参与的重要因素。在人民公社时期，村民群众必须在公社和生产队的统一安排下从事集体性的生产劳动。然而，在改革开放新时期，随着政治、经济、社会高度合一的人民公社体制的解体，以及以村民"自我服务、自我教育、自我管理"为主旨的村民自治制度的推进，广大村民群众从长期固守的土地上解放出来,根据家庭实际情况和自身的经营特长及兴趣,独立自主地开展生活、生产和经营活动。

在此背景下,不少村民开始尝试非农化生产和经营活动,有的去附近的乡镇企业或个私企业打工,有的投资办厂经营实业,也有的走南闯北从事个私商贩活动,等等。这就导致了不少村民生产和生活面向的多样化。有些村民长期在外地工作,很少回村,有些村民尽管住在村里,但是白天的大部分时间都在外面忙忙碌碌。与村民生产和生活面向的多样化相联系的,是这些村民和村庄之间关联度的减弱。由于很多村民的生产场所甚至是生活场所都在村外面,他们对村庄公共生活的关注度就相应地减少了,对村庄治理和建设的参与也非常有限。

在俞村,我们入户与一对收购废纸的中年夫妇进行了交流。他们告诉我们:

我们也说不出村里干部们和村级组织工作的基本程序。我们夫妇两人一般在外面收购废纸,收入还可以,也就挣点小钱,但人比较自由些。我们有两个女儿,一个大学已经毕业,一个还在读,学费负担较重。

三年一次的村级选举,我们是全家参加的。我们村在选举方面是属于比较顺利、不太有矛盾的村。

我们对村里的发展也谈不出有什么好的建议,对于村里的财务开支和村务公开情况,我们也不太去过问。我知道村里有村务公开栏,但平时不太去看,主要是不太有时间,反正就这么回事。

土地被征用后,我们都没有田地可耕种了,我和妻子就是外出收购废纸,家家户户都是各自在挣钱。我一般是早上出去,中饭回来吃,下午再出去,晚上再回来。

对于村里干部的人员组成我们倒是心里有数的,村里做什么重要事情,一般是村里的村委、支委和村里选出来的代表在商量的,同平民百姓是不太商量的。

我们村的矛盾是比较少的,矛盾多的村往往是村干部竞选特别是选举时吵架比较厉害的村,你也要当我也要当,打架什么的就比较多了。有几个村在选举时有人来村民家中塞钱,但我们村是不用这样的。

我们村之所以能做得这样好,一是书记和主任这两位主要干部不错,二是新冒出来争夺村干部岗位的也没有。如果有两三个人出来争夺,候选者就可能要向选民塞钱了。

我们的村民对干部是比较配合的,干部做事也比较民主,两位主要干部搭档已经快30年了,嵊州市下面的村庄中,当干部搭档这样长是很少的。

这对收废纸的夫妇是属于比较典型的主要在村外面经营、与村庄的关联度较少的村民。由于一天到晚在外面跑,这对夫妇很少过问村里的公共事务,既没有时间过问,也缺乏这方面的兴趣。

在俞村调研期间,我们与该村一位常年在外烧菜的厨师进行了访谈,他告诉我们:

我姓唐,有一个儿子和一个女儿,儿子在绍兴文理学院外贸专业毕业后现已工作,是搞外贸的。我今年虚年龄六十,我妻子今年虚年龄五十六,儿子二十七岁,大学毕业三年了。

我是厨师,经常在外面做活,也没有工作日和双休日,忙时外出闲时回家。

关于村干部做事的程序,具体如何我倒是不太清楚。我是一个普通村民,几位干部的年龄还是我稍微大几年。

关于老百姓对村里工作的监督以及有关渠道的问题,这个一般当村民代表的可能会比较清楚。我经常在外面跑,家里不太有人。有时刚逢上选举,电话打过来,我又在外面,我就委托我阿侄帮我投票。我家里基本上是没有人的,家里儿子和女儿都是大学生,也在外面,我昨天就在外面做菜。

我向来对政治不太过问,什么选干部,包括选村民代表,我经常委托我阿侄或外甥去投一下票,我有时甚至连看都不去看一下的,也不去关照他们特别选谁投谁。实话说,我自己也不想当村民代表什么的,所以尽管让他们放手去投票就是了。关于村主任和村支书等村干部,我们村一直就原来这么几个人,我也常常对旁边的村民说,另外的人上来,杂七杂八的,不一定有原来的好。我的一句话是全部主要干部换届后,如果下一届村干部有这样好,那是我们俞村老百姓的福气。

我本身对选举就不太关心,更何况多数时候,村里选举时我一般没人。像上次,我又刚刚去马桥掌厨烧菜,他们打电话过来,我就让我阿侄帮我填了。我阿侄是村民代表又是党员,我就将此事委托给他了。

村里的重大事情是通过村民代表协商的,其他的小事情则是由村里主要领导决定了的。我为什么晓得呢?我自己有亲身经历:我三年前新房建好后,房后有二十多平方米的地,我想申请来造点车棚什么的,就跟书记说了,书记说那得经过村委会及代表会议讨论一下,后来他们讨论后,以八百元的价格同意批给我造车棚。地方本身也不大,做不了车库,也就可以放电动车什么的。这样,我花一点钱从村里批来,自己也踏实一些,让干部也下得了台。

拿我自己来说,是不太去管村里的事情的。老是在外干活,经常是回家时已经是半夜了。像我已经这么大年纪了,对村里的事抱尽可能不过问就不去过问的原则。

以前有一个海选村官的电视剧,第一轮入选的要演讲:我在三年任期中要实现哪些目标。可实际上,我们这里真正的农村选举并不是这样的。有一个邻村,以前曾是乡里的标兵,可是这些年并没有起色,每选一次村干部就打一次架。很多村已经道路硬化了,他们村还是老样子,下雨天连自行车也骑不来。干部在参选时劲头十足,选上后什么事也没做。像我村搞得这样好,按照农村土习惯,小伙子找个大姑娘也特别容易。我也不仅仅在这里说说,我在外村也常说,比起其他村的干部,我村的干部算是优秀的了。我在外面也算跑得多见得多了,不仅仅是本县,而且有时外县也去烧的。

不难看出,这位乡村厨师对村庄公共政治生活的参与也不多。我们不妨从客观和主观两个层面来分析一下。从客观层面来说,他是厨师,经常在外面跑来跑去,不太有时间和精力关注村里的治理和建设。不要说对后选举阶段村务决策、村务管理和村务监督的关注,就是连选举阶段的投票选举,也经常委托其亲朋好友代劳。从主观上而言,唐姓厨师对村庄公共事务的运作抱着尽量不过问的态度。当然,我们不难看出,这种不过问,不是说对村庄公共政治生活的漠不关心,而是在更大程度上反映了其对村级领导班子和整个村庄公共权力结构的认可和支持。同时,细心的读者会发现,唐姓厨师介绍了一个与村干部接触的事例:那时他在造房子时想将房后一块地也一并申请来建个车棚。为了此事,他与村里的主职干部进行了沟通,并据此得以了解村级公共组织关于村里重要事务讨论和决策的程序。显然,唐姓厨师的行为也是一种对村务的参与。当然,这种参与主要是为了实现自己的利益,是一种私利性的参与。

三、促进普通村民公共参与均衡发展的重要思路

"村民群众自治与基层直接民主是村民自治制度体系最基本的原则精神"①,普通村民公共参与的非均衡势必给村民自治的发展带来负面影响。因此,积极创造条件,促进普通村民公共参与的正常发展,已经成为村民自治发展的重要任务。

(一)协调发展,促进能人治理下乡村民主的发展

基于不同阶层村民的参与力差异以及能人治理对普通村民公共参与的制约,应积极寻求协商民主取向的参与制度创新。通过村民公共参与制度的完善与创新,让普通村民获得和治理能人面对面平等沟通的机会,使普通村民的意见和要求成为影响村庄公共权力运作的重要因素,以促进普通村民对村庄治理的全过程参与、实质性参与和输入性参与。

有关部门应该像考察经济发展一样考核能人治理的民主绩效,把推进基层民主和普通村民参与纳入村干部考核的重要指标。比如,当前一些地方在村委会选举时,要求竞选者做出创业承诺。我们认为,竞选承诺不应当只是促进村庄经济发展和村庄建设之类的计划,而应当是经济、政治、文化、社会生活等各方面的综合性治理和建设目标,特别是应提出推进基层民主的具体目标。在后选举阶段,应特别注重考察民主决策、民主管理、民主监督等各个环节普通村民的参与广度和深度。由此推动村庄治理由精英治理逐步向能人主导下的群众自治发展。

鉴于不少治理能人简单地将企业管理的经验移植到村务管理中来的现象,有关部门应有针对性地加强对治理能人的教育和培训。一是要加强对治理能人民

---

① 徐勇:《中国农村村民自治》,武汉:华中师范大学出版社1997年版,第66页。

主、平等、协商和自治等方面的理念和知识教育;二是要加强对治理能人民主技能和行政规范等方面的实务培训。通过教育和培训,使治理能人逐步树立起基层群众自治的理念,熟悉村民自治运作的规范和程序,使普通村民程序性参与和实质性参与、选举阶段参与和后选举阶段参与、输入性参与和输出性参与等获得协调发展,促使治理能人主动引导和自觉支持普通村民对村庄公共生活全方位的积极参与和深度介入。

(二)依制治村,注重公共参与制度供给和执行

从现阶段的村民自治实践来看,能人治村往往打破精英治理与制度约制之间的平衡,排斥普通民众在村庄治理中的实质性参与和输入性参与,致使普通村民公共参与呈现出非均衡的发展态势。鉴于此,有必要针对性地加强能人治理下村民公共参与制度的供给和执行,促进普通村民公共参与的均衡发展。

第一,建立和完善村民公共参与的制度。针对当前制度供给的单一性问题,有关立法和建制主体应根据农村日益分化和变迁的实际情况,作出适应性的制度调整,努力建构多样化的村民公共参与制度,为普通村民公共参与的均衡发展提供切实可行的制度保障。譬如,针对不同村民由于其拥有资源和社会地位差异而造成的纵向分层现象。在村民自治的制度调适中,应特别注重保障普通村民在村民自治全过程拥有和村庄能人同等的参与权利。又如,对于农村基层政治生活中日益凸显的派系斗争,现阶段村民自治的相关法律应有相应的条款予以约制和规范,以消除派系斗争的无序性,保障普通村民利益要求的自由表达及对村庄公共政治生活的均衡参与。

针对制度供给的非均衡性问题,应对症下药,加强后选举阶段的参与制度供给。其中,重点应健全和完善村民代表选举制度和村民代表会议运行机制,使选出的村民代表能真正成为各阶层村民利益的代言人,村民代表会议成为事实上的重大村务决策主体。同时,还应进一步探索民主监督的可行方式。当前特别值得重视的是,群众对治理能人的民主评议制度。在深受传统乡土文化影响的村落社会,重视声望和名誉是各阶层村民的普遍特点。基于此,通过完善村民群众对治理能人及村级组织的民主评议制度,推动普通村民的公共参与和能人治村的民主化、规范化,不失为一种可行的选择。

第二,注重村民公共参与制度的执行。缺乏法治意识以及依制治村的机制和习惯,对普通村民公共参与的均衡发展造成了负面影响。鉴于此,必须针对性地加强农村法治建设。首先,要注重"法律下乡",加强对村民群众的普法宣传和法律服务,在广大村民群众中逐步树立依法办事的观念,养成依制参与的行为习惯。其次,应注重程序性、救济性机制建设,使村民公共参与制度在可靠的程序保障和切实的救济手段下得到有效贯彻和执行。

（三）转变职能，加强乡镇对普通村民公共参与的指导和服务

乡镇政府的角色偏离和职能错位，是导致能人治理下普通村民公共参与非均衡发展的原因之一。为保障普通村民公共参与的协调发展，有必要转变乡镇政府的职能，切实履行其对村民自治特别是普通村民公共参与的指导和服务。第一，要进一步推动压力型行政体制的改革，减轻乡镇政府的工作压力。第二，要努力推进服务型乡镇政府的建设。乡镇政府加强对村民自治的指导和服务，特别是对如何推进农村基层民主建设、如何完善村社区公共生活的民众参与和群众自治等根本性问题予以更多关注和切实指导。同时，乡镇政府要主动放权，将自身管不了也管不好的事交给乡村社会自治组织去办理。充分发挥社会组织的自治功能，让自己从纷繁复杂的农村事务中解脱出来，集中精力履行好指导和服务职能。

其次，上级政府和主管部门在检查乡镇工作时，应特别关注其在指导和服务村庄政治发展和群众自治方面的实际绩效。同时，对乡镇基层干部的评价考核机制也要活起来，尤其应该以其工作对象——村民群众的满意和认可度作为重要衡量标准。目前情况是：对乡镇干部的考核主要由乡镇机关工作人员、村支书、村主任等完成。如此，除了村里的干部，其余的等于是乡镇干部自己考评自己[①]，其公正性是值得怀疑的。因此，应大力改革对乡镇干部的考核评价机制，尤其要让广大村民群众有发言权，从而增强乡镇政府及其干部对村民群众的指导和服务意识。

再次，有关部门应当采取切实措施，激励乡镇政府促进农村基层民主和普通村民公共参与。中国农村千差万别，不同地区，甚至同一地区不同村庄，其经济、政治、文化、社会发展水平和发展方式有可能存在重大差异，中央政府不可能在促进普通村民公共参与方面出台统一、完备的制度。在促进和扩大当地村民公共参与方面，地方政府应有更多作为。实践证明，不少有利于普通村民公共参与均衡发展且行之有效的经验和做法，如"民主恳谈会"、"民情沟通日"、"两票制"、"海选"等，都是地方政府在肯定基层群众民主实践经验的基础上加以总结和提炼，使之系统化和制度化的产物。一句话，作为政府主导型的村民自治的深化和发展，特别是农村基层民主的推进和普通村民公共参与的扩大，需要各级政府部门特别是乡镇政府更多的关注和指导。只有在政府主导和推进下，既放手让村民群众广泛参与，又加强政府对村民自治和村民参与的指导、服务，才能有效保障和促进普通村民公共参与的均衡发展。

（四）多管齐下，提升村民群众的民主素质

调查发现，不少普通村民尽管对村庄共同体有较强的归属感和认同感，但由于自身民主素质所限，难以深度介入和实质性参与村民自治，缺乏向村庄权力运作系

---

① 陈正权：《建立高效能乡镇政府之我见》，《乡镇论坛》2009年第10期，第13页。

统输入动力和信息的能力和水平,呈现出公共参与的无力感。要么在能人的动员下参与村庄治理运作过程,成为受能人和派系裹挟的兵卒,表现出政治无知和盲从。故此,通过富有针对性和实效性的培训和教育,提高普通村民的民主素质,应是增进能人治理背景下普通村民公共参与均衡发展的重要途径。

第一,提高普通村民的公共参与意识和参与知识。从一定意义上说,参与意识和参与知识关系到一个村民的参与态度和能力,事关其愿不愿意参与以及能不能参与的问题。因此,要把"教育农民"作为政府的一项战略性任务,采取切实办法加强对农民的教育,特别是要注重村民公共参与意识和知识的教育。通过对村民群众的教育和引导,使村民群众逐步培养起公民意识、民主意识、法律意识,掌握村民自治背景下村民民主参与的基本知识,特别是要了解村民参与村庄公共生活的规则和程序,以及权利受侵害时的救济和保障办法等。促进村民积极、主动、有效地参与到村民自治的全过程。

第二,增强普通村民的公共参与技能,参与技能决定了村民公共参与的水平,事关其善不善于参与的问题。村民群众的参与技能,在很大程度上有赖于民主实践的训练。实践是最好的老师。因此,有关部门应当积极指导村民群众广泛参与村民自治实践,特别是要引导和鼓励村民群众的实质性参与。如推行民主选举、民主恳谈、民情沟通、村务论坛等,让村民群众经由大量的民主实践,逐渐提升公共参与的责任感和效能感,提高公共参与的技能,进而引导村民群众主动寻求对村庄治理全过程的广泛、深入参与,积极地向村庄权力运作系统输入自己的意见和要求,实现从法定权力主体到事实权力主体的创造性转换,最终使普通村民的程序性参与和实质性参与、选举阶段参与和后选举阶段参与、输入性参与和输出性参与获得均衡发展。

◆◆◆ 第五章 ◆◆◆

"先富能人治村"和非治理精英的公共参与

  在当代乡村既纷繁复杂又丰富多彩的治理和建设实践中,从不同的视角和维度往往可以考察到不同层面和环节的村治态势和村治主体。"先富能人治村",向我们传递的重要信息是:改革开放后崛起的经济能人群体,已经在农村基层的乡村治理和建设中崭露头角。在不少村庄,先富能人已在村庄公共权力结构和村庄公共权力的运作中处于主导和掌控地位,因此,"先富能人治村"已成为农村基层政治生活中一道亮丽的风景线。然而,治理能人只是村庄中治理和建设主体的一个组成部分,此外,村庄中还有人数众多的普通村民,以及介在治理精英和普通村民群众之间,虽然没有正式进入村级公共组织,没有正式担任村级领导班子的干部,但是照常在村庄中说得起话、办得成事,较有权威和影响力的非治理精英。在前面一章,笔者已经对普通村民在能人治理型村庄中的地位和作用,特别是关于先富能人治理型村庄中普通村民公共参与的非均衡性问题作了较为详细的描述和探讨。在本章,笔者拟在吸收学界已有研究成果的基础上,结合自己的调查研究资料,对先富能人治村背景下非治理能人及其公共参与情况作一考察和分析。

一、"先富能人治村"背景下的非治理精英

  本文在此要重点讨论的是先富能人治理型村庄中非治理精英的公共参与情况。实际上,不管是什么类型的村庄,都存在这样一个非治理精英群体,只不过在有的村庄表现得更加明显和突出些,有的村庄表现得不那么明显和突出而已。因此,不少乡村治理的研究者都对村落场域中的非治理精英进行了关注和研究。例如,吴思红根据村庄精英所拥有的权力的形式和影响力来源而将精英分为体制内精英和体制外精英,其中,体制内精英是指担任村组干部,进入村级公共组织的治理精英;体制外精英是指没有担任村级公共组织中的领导职务,但是又在村庄中具有相当的地位和权威,从而有别于普通村民的非治理精英。同时,他根据村庄精英影响力的大小,又将村庄精英分为权势精英和边缘精英。前者在村庄中有良好的

· 81 ·

个人感召力和相当的群众基础,往往是一言九鼎,显得很有分量;后者则在个人感召力和村民群众基础方面不及前述的强势精英,他们一般介于强势精英和普通村民之间,拥有一定的优势资源,因此可称之为边缘精英。① 又如,吴毅通过将湖南省常德市临澧县合口镇的白鹤村作为分析个案,将村庄公共生活中的精英分为治理精英和非治理精英。根据考察精英们与村庄公共权力的关系,他将村庄精英分为执掌权力的治理精英和不执掌权力但拥有优势社会资源的非治理精英。在吴毅看来,鉴于村庄治理精英是公共权力的人格体现,所以,他们与村庄公共权力结构的关系不属于公共参与的范畴。因此,他重点对村庄中的非治理精英作了深入分析。他认为正是村庄中非治理能人对村庄治理的介入方式和介入程度,在很大程度上决定了村治的方式。吴毅还特别留意了村庄公共生活中的村民小组长,他认为,尽管按照有关法律的规定,村民小组长是属于村级公共权力结构的有机组成部分,但鉴于现时期的村民小组长和人民公社时期的生产队长在权力的拥有和行使方面有着根本性的区别,因此,还是将他们归入非治理精英的范畴来加以考察。② 再如,卢福营注意到了现阶段农村基层政治生活中的不同村民由于拥有的权力和所处的地位不同,他们在村庄治理中所分属的层次也不同。其中,第一个权力阶层是管理者(村干部),他们实际执掌着乡村的公共权力,承担着政府的代理人、村庄的当家人、村民的代言人等多重角色。第二个权力阶层是指非管理精英。他们在村庄公共政治生活中尽管没有担任村级组织的领导职务,但是往往拥有一般村民所难以企及的社会资源、文化资源、政治资源或经济资源,是村庄中在野的头面人物。第三个权力阶层即是村庄中占有众多人数的普通村民群体。他们在现阶段的乡村治理和建设中,有的忙于自己的琐碎生计,实在是无暇顾及村庄中的公共生活;有的尽管对村政的运作有较浓厚的兴趣和参与的欲望,但苦于自己无权无势,无法有效实现扩大自身公共参与的愿望。然而,卢福营指出,村庄中的普通村民尽管无权无势,但人数众多。因此,作为一个群体而言,仍是村庄公共政治生活中一支不容忽视的重要力量。③

在本文中,所谓的乡村非治理精英,是指那些在村庄公共政治生活中尽管没有进入村级公共组织的领导班子,但是凭借其占优势地位的政治、社会、文化、经济资源,对村庄的治理和建设产生明显影响的一个村民精英群体。在一个村庄中,非治理精英的来源是多种多样的,有的尽管没有进入村级领导班子,但是担任着村民小组长、村民代表或者是党员,经常有机会参加村民代表会议或村党支部委员会召开

---

① 吴思红:《村庄精英利益博弈与权力结构的稳定性》,《中共中央党校学报》2003 年第 1 期。

② 吴毅:《村治中的政治人——一个村庄村民公共参与和公共意识的分析》,《战略与管理》1998 年第 1 期。

③ 卢福营:《遭遇社会分化的乡村治理》,《学习与探索》2007 年第 5 期。

的党员会议,从而保证了其参加村庄公共政治生活的权利,成为村庄中的非治理型政治精英;有的村民曾经在年轻时担任过村庄公共组织的重要职务,如村党支部书记或村主任之类,鉴于年事已高,现在已退居二线,但仍然老有所为,在村庄的老年协会或其他相关组织中担任着重要职务,仍在村民心中拥有较高的声望,并对村庄公共权力的运作产生着不可忽视的影响力,成为村庄中的社会权威;有的村民担任着村办小学的教师、村级医疗合作社的医生等职务,尽管他们有着相对固定的区别于普通村民群众的工作和生活场域,但是由于农村基层是他们主要生活和工作场域,因此和村民群众之间有着较为紧密的联系,并因其有知识、懂文化而成为受村民尊重的文化人,成为村庄中的知识精英;有些村民则有着过人的经济眼光和经营意识,在政经合一、高度集中的人民公社时期,农村基层的各级生产集体并没有为他们提供自由发挥聪明才智的空间,因此,他们在诸多方面和普通的村民群众并无二致。直到改革开放以后,随着统分结合的家庭联村承包责任制的推行和村民自治制度的实施,这部分人从土地上被解放出来以后,立即显示出其非凡的经营胆略和冒险精神,在市场经济大潮中奋勇搏击,通过投资办厂、规模化种植、商品贸易等各种经营渠道,迅速掘得第一桶金,作为村落社会中率先富裕起来的经济能人群体,成为受人羡慕的经济精英。

在笔者深入乡村调研访谈过程中,一些活跃在先富能人治理型村庄中的非治理精英及其群体给我们留下了较为深刻的印象。

在嵊州市浦东街道俞村,一位晁姓村民受村支书所托,一直陪同笔者挨家挨户去村民家走访座谈。闲聊中,他告诉我,以前他一直在村里做会计,做了十几年,没有出过什么差错,与村干部们和村民群众的关系一直不错。后来他辞去了村会计的职务,到外面去担任了一家企业的会计。但是他平时生活仍在村里,每天下班就回家。而且村里的干部们和老百姓并没有因为他辞去了村里的会计职务就冷落他,村里的干部们平时有什么事情总喜欢叫他帮忙,村民们也是如此。特别令他感到自豪的是,村民们互相之间有什么矛盾或发生吵架什么的,总喜欢请他去做调停人,而只要他出面去打圆场,事情总能得到较好的解决。

在嵊州市浦东棠村,在与村支书座谈期间,进来一位七十多岁的老者,据村支书介绍,这位老者姓吴,以前长期担任村里的副书记,做事情厚道公正,踏实肯干,在干部和群众中很有口碑。几年前因为身体不适,才从村干部的岗位上退了下来,现在担任着村老年协会会长一职。除了组织村里老年人的活动,丰富老年人的生活,该村的老年协会还承担着编撰村庄发展史的光荣使命。据他介绍,棠村是一个历史非常悠久的村庄,早在清朝道光年间就已经是一个人口兴旺、村建整齐的大村,晚清期间村里开办的书院在嵊州市都是数一数二的。文化大革命期间,村里的很多建筑和文物都遭到了毁灭性的破坏。新时期,村民们纷纷意识到重建村庄文明的意义和价值,村里的老人们则由于其丰厚的历史积淀和认真的工作态度而受到了村民们的信赖,于是村里的老年协会就在他的带领下当仁不让地承担起了编写村志的重任。此外,据吴会长介绍,该村老年协会还担任着调解村里矛盾的职能。当村里村民们发生矛盾和口角时,他和其他能干的老年人总是不辞劳苦地去充当调解员。他自豪地告诉我们,村民们对他们这些老人还是挺尊重的,调解效果相当好。

在嵊州市剡湖张村,我们与四位村民代表进行了座谈。四位村民代表给我们的感觉是年龄都较大,经了解得知,其中一位丁姓村民代表今年56岁,中学毕业,是村里的出纳,家中除了夫妻俩还育有一子,自幼读书很好,现在是北京大学的高材生。另一位丁姓村民代表今年也是56岁,家里还有妻子、儿媳俩、孙子孙女等五人,他自称文化程度不高,小学毕业,看牛出身,是村里的泥水匠包头,村里的房屋建造基本上是他在承包的。第三位村民代表姓尹,今年67岁,家里除了妻子还有一个儿子和一个女儿,都在外面工作,儿子40岁,是一家汽车4S店的经理,女儿43岁,嫁在城关镇,目前自己已经做爷爷和外公,在村里担任门卫和保洁员的工作。第四位村民代表姓沈,曾担任过村里的村长,今年68岁,身体硬朗,有2个儿子和2个女儿,都已经成家,家里就老两口子,老伴今年66岁,身体也不错,也担任着村里的保洁员和门卫等工作。据了解,在该村,担任村民代表的有很多是上了年纪的村民。一位丁姓村民代表告诉我们,村里的事情,相对而言,还是在老年活动室的那帮老头子们能多提提意见,年轻人多在外面上班或闯荡,村里的事情也不大晓得。年轻人一早就出去了,而老年人一天到晚在家里,村里不管发生什么事都能知情。而且相对而言,老年人出面提意见,干部们也更能听得进去。不难发现,在该村,老年人已成为非治理精英的重要组成部分。

在嵊州市剡湖何村,村党支部书记向我们介绍了该村治理中的一项特色做法:每月10日和20日定期召开党员学习会议。村支书告诉我们:在我们村里,党员学习这一块相当重要。这个尽管也是笨办法,但在农村,管理好党员这支队伍是一项最有效的工作。我们将每月要做的工作及时与党员沟通,让他们知道,每次开会时,我们也有意留出一部分时间给他们提意见和建议。这样,每个月开会,大家聚一下,见见面,他们也有一种集体荣誉感。一个是学习,一个是村庄情况让他们知道,再一个,作为村党支部,我们对党员的重视,体现了"把党员的位置放在我们支部心中"的理念。因为我们所有东西都要得到他们的支持,得不到他们的支持,我们所有工作都开展不了,也开展不好。这即是我们重视党员会议的原因。而且,党员通过学习后,平时更能起到规范行为的作用。我们是1999年开始安排党员定期学习的,而且不用通知,风雨无阻。这一点,村里的普通村民都知道。有时候,有些年轻的党员忘记了定期开会和学习时间,还是有些村民提醒他们:"今晚是你们党员的学习日啊!"这样,我们把党员放在心中的同时,也给了党员知情权,反过来,党员对我们班子的工作也多了份理解和支持。很显然,在该村,没有担任村干部职务的党员已成为非治理精英中的一支重要力量。

因此,不难发现,各个能人治理型村庄中非治理精英群体的组成,各村均有各村的具体情况。而且,如果我们更仔细地考察一下能人治理型村庄中的非治理精英,可以看到,其实单纯地将其划分为政治精英、文化精英、社会精英和经济精英等是一种较为理想化的做法。事实上,很多精英之间是一种交叉兼容的关系,有的村民既是村中的村民代表、村民小组长,同时又具有较高的文化程度,善于接受新知识,能够对村内村外的问题发表富有独创性的见解,因此兼有政治精英和文化精英的特性;有的村民虽然从村干部的岗位上退下来,但是在村庄中德高望重,说得响话,办得成事,同时又具有非凡的经济头脑,利用其发达的人脉关系和经营信息,从事投资办厂、发展商贸等经营业务,成为村庄中的先富群体,因此兼具社会精英和经济精英的特质。有的村民甚至同时兼具三种甚至四种精英的特质,这是我们在考察村落场域中的非治理精英群体时不能不注意到的一点。

另外值得引起我们重视的是,村庄中的非治理精英群体是一个流动性很强、不断处于变化和发展中的群体。有的非治理精英本来在村庄中有较高的地位和影响力,但是后来由于不思进取,缺乏责任心,乃至逐渐丧失了本来在村民中占有优势地位的政治、经济、文化等资源,最后沦为村庄中的普通村民群体中的一员。有的普通村民本来在村庄中平淡无奇,不引人注意,但是由于善于学习、不甘平庸,最终成为村庄中信息灵、眼光远、挣钱多的能人群体中的一员,受到村干部们的尊重和普通村民的推崇,发展成为村庄中的非治理精英。

最后不得不看到的一点是,改革开放以来,在党和政府提出的以经济建设为中心的城乡发展战略取向下,农村基层干部们将能否发展好属下的地方经济作为衡量自己主政成功与否的最主要标准,广大的村民群众也将能否经营有方、斩金摘银作为评价是否是村庄中值得自己尊重和学习的能人的最基本依据。故此,村庄中有眼光、敢冒险、懂经营的先富能人成为当代乡村中最受干部和村民关注的精英群体,在村落场域的非治理精英群体中占有举足轻重的地位,在村庄公共政治生活中发挥着不可替代的作用。

以个私经济发达背景下的先富能人治理型村庄——东阳市白村为例,在该村的村庄治理中,一个值得注意的现象是以一家一户为主要经营单位的个私经济的发达和村庄集体经济的相对薄弱。由于村庄公共事业的发展受到薄弱的村庄集体经济的制约,村级领导班子在筹集村庄运作资金时的一个重要途径是向个私业主募捐。"该村的许多公益事业,如修公园、浇水泥路、装闭路电视等,均主要依靠村民个人捐款。尤其是村里的一些个私业主,能主动、大方地捐款资助集体办一些事。"①有作为者,往往有相应的地位。由于个私业主对村级公共权力组织有关工作的支持,他们在该村的村政运作中也就发挥着不可忽视的特殊影响力。

---

① 卢福营:《个私经济发达背景下的能人型村治——以浙江省东阳市白坦一村为例》,《华中师范大学学报》(人文社会科学版)1998年第2期。

又以我们调研过的嵊州市张村为例,在一次与该村的村干部们举行的小型座谈会中,当我们问及除了村干部外什么人对村政发挥着重要影响时,该村的村务监委会主任认为,村里的老板群体对村务运作的影响是其他人所不可替代的。他举例说,该村有一个在嵊州市开办有多家灶具连锁专卖店的老板,生意做得很大,手中拥有相当多的流动资金,村中的其他老板乃至村级公共组织手头缺少运转资金时经常向他求助,而他也总是有求必应,从而成为村中特别说得起话、办得成事、受村民和村干部尊重的先富能人。

二、"先富能人治村"背景下非治理精英的公共参与

有学者经实证研究后指出,村庄公共政治生活中的非治理精英和普通村民相比,对村庄的治理和建设显得更加关心。凭借其高人一筹的才识和能力,非治理精英比普通村民拥有更强的公共参与能力和利益表达水平。更为重要的是,历经了比普通村民更为频繁的公共参与的实践操练后,非治理精英培育起超出一般村民的公共参与责任感和公共理性。这最后一点是至关重要的,这使得非治理精英的公共参与无论在量上还是在质上都更胜普通村民一筹,从而彰显出其作为村落精英的特质。[①]

通过对非治理精英的进一步考察可以发现,其对村庄公共政治生活参与的热情和欲望实际上是随着各种主客观因素的变化而发生变化的。拿非治理精英中的强势精英而言,他们手中掌握着较之一般村庄精英更丰富的政治、经济、文化和社会资源,同时也较之一般村庄精英在村庄公共政治生活中有更高的权威和更大的政治影响力。

通常情况下,村庄中的非治理强势精英倾向于积极参与村落场域中的公共政治生活。一方面,这有利于实现他们更高的价值追求,以强势精英中的经济精英为例,改革开放以来在市场经济大潮中的奋勇搏击和敢为人先,使得他们成为乡村基层中率先富裕起来的经济能人,在创造物质财富方面成功地实现了自身的人生价值。然而,根据马斯洛的需要层次理论,人的追求是多高层面的,而且呈现出一个由低层次追求向高层次追求不断攀升的趋势。强势的非治理经济精英一旦在追求物质财富方面实现了其目标,其接下去一般不会停止进一步追求的步伐,而往往会倾向于选择进一步追求政治上的成功。限于各种主客观因素和条件,对于村庄中的强势经济精英而言,积极参与村级权力结构中的领导岗位的竞选,积极在村务管理过程中献计献策,施加自身的影响,提高自身的政治地位,成为他们追求自身政治价值与实现自身政治诉求的主要渠道。

---

① 吴毅:《村治中的政治人——一个村庄村民公共参与和公共意识的分析》,《战略与管理》1998 年第 1 期。

另一方面,村落强势经济精英扩大自身在村民自治运作中的公共参与,有可能为自己在经济上的进一步成功搭建一个更宽阔的平台。[①] 在当代乡村基层,村委会主任和村党支部书记,作为村庄公共权力结构中的二把手和一把手,是受乡镇干部和村庄民众尊重的治理精英,是村庄的当家人和政府的代理人两重身份的有机统一。因此,村庄中的非治理强势经济精英如果能够通过积极参与村委会选举和支委会竞选,并在成功后能够如愿担任村委会主任和村支部书记,其带来的好处绝对不仅仅是荣誉声望和政治追求的实现。有了村支部书记和村委会主任的金名片,经济精英在对外的经济交往中可获得更可靠的信誉度,做成更多更大的生意。有着这样的金名片,经济精英们也就获得了更多更深层次的与乡镇乃至县级干部接触沟通的机会,这对他们经济事业的发展无疑是非常有益的。当他们的企业遇到经营上的困难或需要政府的政策支持时,作为一般的经济精英很难随时与政府有关部门取得沟通,但担任了村庄领袖职务的经济精英们却可以在因村庄公共事务而取得的与政府有关部门及干部的接触机会中,公事私事一块儿办。

以浙江省义乌市为例,义乌市的个私经济非常发达,那儿村庄中的经济精英们问鼎村庄领袖职位的热情非常高,究其原因,不外乎"为民为名为利"三个词,如果竞选村庄领袖职务并取得成功,非治理经济精英可以转换为治理精英,可以利用自己的村干部身份和权力为村民和村庄做些事情,从而在经济上取得成功的同时在政治上也实现了更高的价值追求;非治理精英在达到上述目的的同时,也就为自己赢得了良好的口碑,同时自身拥有的村干部身份使得自己无论在村内还是在村外都更受人尊重和信任,这无疑为其个人业务的经营和发展提供了极大的便利。王信川等人的调查表明:

捞取个人好处是当地一些人竞选村官的主要目的。根据义乌市的规划,全市一千多平方公里的土地均在被开发范围内,很多企业主和商人出于经营实业抑或投资考虑纷纷出资购买土地,这导致土地的升值空间水涨船高。

而当地不少地方的一个不成文规定和购买土地的先决条件则进一步激起了不少先富能人竞选村庄领袖的兴趣。其中一项不成文的规定是,一些地方政府在出售土地时,一般均给予当地村庄的村支书和村主任以优惠价格购买十亩土地的优

---

① 有研究者根据调查研究,将非治理型经济精英的公共参与分为信念型参与和分配型参与两种。前者反映出精神层面的价值取向,即希望通过参选成功而进入村级领导班子,或通过积极参与村庄治理,拓展自身的人生价值,获得村民们的尊重,实现自身的精神追求。后者则反映出物质层面的价值取向,即希望通过扩大自身在村庄公共生活中的政治参与,提升自己在村级公共权力结构和村级公共权力运作中的影响力,从而有利于维护自己的既得利益和拓展自己的预期利益。参见黄俊尧:《先富能人参政背景下的村庄政治生活》,《云南行政学院学报》2007年第4期。

先权。而购买土地的一个先决条件是,购买者应该是企业主,办有实业。

根据知情人透露,在义乌工业园区大片购买土地的人中有很多是当地的村干部,有的村干部购得土地后转手卖掉几块就挣了几百万。[①]

不过,也有村庄中为数不少的非治理强势经济精英并无意问鼎村干部的职位。究其原因,则是多方面的。例如,有的非治理经济精英通过长期的打拼和经营,手头已经积累起相当殷实的财富,而且已经与村庄中的干部们乃至乡镇政府建立起深厚的个人关系,其在生意场上良好的经营口碑也已经形成,因此,实际上已经没有必要通过谋取村干部职位来扩大其在当地的影响力和提升其在经营场上的美誉度,这就影响了其参与村干部竞选和其他村庄公共政治生活的积极性。又如,有的非治理强势经济精英尽管有通过积极参与村政来提升其影响力和声誉度的动机和欲望,然而,其经营的产业却需要他耗费大量的时间和精力。因此,如果他参与竞选村庄领袖的职位并最终取得成功,他很可能不得不在经营好自己的个人企业和管理好村庄的公共事务两者之间作出有我无你的不二选择。这就在很大程度上影响了其参与村庄公共政治生活的积极性。

我们再来看看村庄中那些处于非治理强势精英和普通村民之间的弱势精英,也可谓之边缘精英,在村落场域中,这部分手中拥有的政治、经济、文化、社会资源比上不足、比下有余的边缘精英往往具有较之非治理强势精英更为强烈的参与村庄公共政治生活的欲望。这是因为,他们手中已经拥有的政治、社会、经济等资源是有限的,对他们而言,如果能够通过参与村委会等选举而进入村级公共组织的领导班子,如果能够通过积极介入村庄的治理和建设而施加自己的影响,无疑对于提升其自身的威望、增强其在村庄中的地位有着重要的现实意义。而政治和经济往往是相连的,边缘精英在村庄公共政治生活中的地位和影响力的增强又有助于其经济利益的保障和实现。这恐怕是我们在调查研究中注意到的一些非治理型边缘精英在村庄公共生活中显得特别活跃的一个重要原因。

然而,鉴于自身所拥有的政治、经济、社会等优势资源的有限性,非治理型边缘精英是否能够实现其扩大公共参与、提升其在村落场域中的影响力的愿望,在很大程度上取决于能否得到非治理型强势精英乃至治理精英的实质性支持。而可能令非治理型边缘精英们遗憾的是,调查表明,不少村庄领袖对这些边缘精英们进入村庄公共权力核心系统的欲望并不抱支持的态度。

我们在一个先富能人治理型村庄——嵊州市剡湖街道何村调研时,该村党支部书记宓梦君指出:

我们村干部连选连任的很多,我认为这是很有必要的。为了保持工作的连续性,我自己主张村干部尽量能连选连任下去。作为村里的主职干部,我们首先要考虑的是村庄的发展,而村庄发展势必要求班子的稳定性。像我们何村干部中有四

---

① 王信川:《义乌老板们的村官仕途》,《经济月刊》2003 年第 11 期。

人已经连选连任五届，而且是在同一职位，旁边一个自然村的村干部的连任也在三届以上。[①]这样一来，实实在在地讲，保持了村干部班子的高度稳定性，以及工作的连续性。这也从一个侧面体现出这个班子还是可以的。但是也出现一些问题，例如有些连任干部的工作热情有所减退。

其实，只要我稍微关照一下，任何一位新人都是可以通过选举当上干部，但这样容易乱套。我在这方面的态度非常明确，也常有人来同我商量："我想试试看，去竞选一下，书记你能不能支持一下？"我总是告诉他，按照规定，只要是何村成年村民且没有违法犯罪行为，谁都可以参加竞选，但是我是不支持的。那他就会说，你不支持，那我就选也不用去选了。

作为我们主职干部，一定要对全体村干部加以引导，干好工作，取得村民的信任，争取连任。在凝聚人心、建立和谐村庄方面作出成绩。有些村民本来想参与竞选，同我沟通后不再打算参选了，我也不会将他与我沟通的事情拿出去宣扬，而是放在肚子里。这样，我全心支持现任干部，班子就会很团结。否则，这个来竞选那个来竞选，会弄过头的。像我们通过这样做工作，竞争的人明显减少，甚至可以说几乎没有，所以很多干部都是连任并且其得票率在百分之八十以上。

从宏观上来说，经济决定政治，政治是经济的集中体现。改革开放以来，随着家庭联产承包责任制在乡村的推行和村民自治制度在农村基层的实施，农民获得了前所未有的生产自主权和利益表达的权利。在这样的背景下，随着乡村基层的经济和社会发展，广大村民必然会产生进一步参与村庄公共政治生活、实现其更广泛多层面追求的意识。而作为乡村基层中的非治理精英，鉴于其总体上高人一筹的公共理性和对村落集体的责任感，其参与村庄公共生活的热情和意识通常也要比普通村民要强。因此，农村基层中的非治理精英在总体上呈现出不断扩大其村民公共参与的发展趋势。在当代乡村治理和建设的实践中，具体而言，村庄中的非治理精英，往往以中共党员、村民代表、村民小组长、企业主、商人等各种面貌出现。

尤其值得一提的是，个私业主、集体企业的经营管理者、商人等生产和经营能力高人一筹的非治理经济精英，在以经济建设为中心和大力建设社会主义市场经济的新时期，在"先富能人治村"的考察背景下，非治理经济精英在村庄公共政治生活中的表现往往显得非常活跃。为了谋求自身在村级公共权力结构中的地位，为了提升自己在村庄公共权力运作中的影响力和话语权，非治理经济精英一方面在村庄领袖选举过程中通过走上层路线，积极谋求村庄原有主职干部乃至乡镇领导对其参与竞选的支持。另一方面，他们还往往注重走下层路线，给选民竞选承诺、亮出自己的施政纲领，甚至动用自己雄厚的经济实力，通过经济攻关争取选民手中的选票。我们在多个能人治理型村庄调查研究中，也不时听到一些非治理经济精

---

①　据了解，何村由三个自然村组成，三个自然村根据上级街道的要求统一成立了村级领导班子，不过为了行政管理方便，每个自然村有相对独立的经济核算和干部配置。

英为了在村委会和支委会等选举中取得成功,不惜花费钱财的案例。一位村主任曾亲口透露,他在上次竞选时以数百元的价格从村民手中争取到为数不少的选票。①

值得欣喜的是,我们在多个能人治理型村庄调查研究时,很多村民告诉我们,尽管有些竞选者利用其不凡的经济实力,在选举期间向选民展开了香烟攻势、煤气攻势、旅游攻势甚至赤裸裸地用钞票来交换选民手中的选票,然而,由于现在关于村委会选举的制度设计越来越规范化和细化,例如各个村庄在选举期间按照上级要求专门设立了秘密划票间和秘密投票间,这样,有些村民尽管在表面上答应了一些竞选者的关照请求,甚至对其塞过来的钱财也照收不误,但是在实际划票和投票时仍然是按照自己的衡量标准来推举村级公共组织的领导人。换言之,他们并不全是无原则地"你给我钱,我就给你投票",而是根据他们对竞选者的考量和比较,看哪位人当选对村庄有利、对村民有利,就把选票投给哪一位。这种在选举过程中透露出来的公共理性和责任感无疑是值得肯定的。

必须看到的一点是,尽管村庄中诸多非治理经济精英希望能够有机会主政村庄治理,然而,由于村庄公共组织中村干部位置的有限性,许多候选者最后还是不能实现其主政村治的愿望。不过,这也在他们的料想之中,一旦竞选失利,有些经济精英就会及时调整好心态,转而从当选者的竞争对手转换成当选者的合作伙伴,通过担任村庄中的村民代表等职务,积极为村级领导班子和村干部们献计献策,甚至通过为村级公共事业的发展捐助钱财等积极举措,有效融入到村庄公共政治生活之中。而有些经济精英则在竞选失利后采取了相左的策略和手段,他们不甘心自己在村级选举中的失败,不愿意接受自己的竞争对手战胜自己的事实,因此在村级公共权力运作中采取了不支持、不合作、不服从的态度,有的还动用自己的人脉关系或其他优势资源组成反对治理精英的在野派,如此一来,村政中治理乱象的产生就很难避免了。

三、非治理精英、治理精英、普通民众多元博弈下的村庄政治

当代乡村基层的政治生活是非常丰富多彩的,实际上是一个纷繁复杂的政治生态系统。改革开放以来,党和政府有关部门经过认真的研究和论证,最终选择将乡村作为改革开放新时期政治改革和推进民主的重要试验田。随着村民自治制度的推行,数千年来浸淫在封建专制主义文化传统中的中国乡村一下子成为推进民

---

① 对于这种以金钱争取选票的方式,实际上已经违背了村民自治制度中民主选举的原则精神,属于贿选的性质,蒙上了黑金政治的色彩,是目前政府有关部门明确禁止的。问题是,在不少情况下,这种选票的"买卖"是以地下交易的方式进行的,一般情况下上级有关主管部门往往无从知晓。

主选举、民主决策、民主管理和民主监督的试验场,长期以来在人们眼中始终是面朝黄土背朝天形象的泥腿子农民们,也一下子成为践行基层民主,尝试自我教育、自我管理和自我服务的政治文明建设先行者。在如此开放活泼的农村基层政治生态系统中,在农村人民公社体制下千人一面的农村社会成员一下子变得生龙活虎似的,当仁不让地将村落场域当做实现自己经济利益和政治追求的乡村大舞台。随着农村经济、政治和社会的发展,农村社会成员也不再是铁板一块,而是在纵向上分成很多层,如非治理精英、治理精英、普通村民群众,等等;同时在横向上又分成很多派,有的一派独大,有的两派对峙,有的多派博弈,从而构成一个使人眼光错乱、充满活力的农村基层政治生活。

先来考察一下纵向分层背景下能人治理型村庄的村庄治理实践情况。现阶段,随着村庄公共政治生活中治理精英、非治理精英、普通村民等不同社会阶层的涌现,这些不同的村民自治主体从维护自身的利益、实现自身的追求出发,在村落场域中展开多维度博弈,最终由于各方力量上的差异,而形成治理者控制型、能人主导型、群众自治型等各种丰富多彩的村庄治理模式。

治理者控制型,是指主政村庄治理的先富能人对村庄公共权力结构和村庄公共权力的运作具有绝对的掌控地位和主导力量,而村庄中的非治理精英和普通村民则在村庄公共政治生活中缺少自己的政治地位和参与实力。在这种村庄治理模式中,治理精英往往利用自己占有绝对优势的村治基础,在村落场域实施威权治理,治理能人的意志直接体现为村庄的经营和发展方向。这种村治模式尽管具有治理能人号召力强、决策效率高等优势,有可能实现村庄的跨越式发展。但是也极易蜕变为能人专制,村庄有可能蜕变为治理能人的独立王国,最终抑制非治理精英和普通村民的公共参与权利,损害村庄的经济和社会发展。

能人主导型,是指村庄的治理能人和非治理精英有机合作,一同主导着村庄公共权力的运作,推进着村庄经济和社会的发展。在这种村治模式下,由于主政村庄治理的先富能人具有较强的民主意识和公共理性,或由于非治理型村落精英在村庄治理和建设中富有威望和影响力,最终导致了治理精英和非治理精英的结盟,一同主导着村庄的治理和建设。作为村庄公共政治生活中富有威望、能力和水平的治理能人和非治理能人,他们的合作无疑是村庄治理的福音。尽管这种治理模式实际上属于精英治理,同村民自治制度中蕴含的村民自我管理和自我服务的原则精神仍然有着一定的差距,但是,在目前村民群众的整体素质有待于进一步提升,而村庄的经济和社会发展又亟待快速推进的客观背景下,国家治理和建设的政府主导型与村庄治理和建设的能人主导型就达成了一种较为和谐的统一。故此,这种村治模式既得到了政府有关部门的肯定和青睐,也得到了广大村民群众的认可和支持。

群众自治型。在这种村治模式下,广大村民群众通过长期的民主实践和村治操练,已经熟练掌握了民主选举、民主决策、民主管理和民主监督的有关原则和要求,村民群众在村庄治理和建设中真正做到了自我教育、自我管理和自我服务的有机统一。在这种村治模式下,村民的民主素养和参与水平已经相差不大,因此已经不适宜再划分为治理精英、非治理精英和普通村民等不同阶层。在这种村治模式下,作为主政村庄的领袖,其竞选村干部职务的目的主要是为了更好地实现自己的人生价值,更好地为村民和村庄服务,而较少有为自己牟取个人私利的打算,他们经选举而担任村干部后,忠实地接受村民们的委托,履行村庄治理和建设的各项任务,并相应地行使各项权力。很显然,这种群众自治型的村治模式正是村民自治法律制度中所体现的一种理想型村庄治理模式。然而,由于受到村庄经济社会发展和广大村民群众素质、水平的制约,这样的村治模式在现阶段的中国农村基层政治生活中还很少能看到。

再来分析一下横向分派视角下村庄公共政治生活中各派系的多元博弈情况。如前所言,村庄公共生活实际上存在着一个复杂的政治生态系统。村民除了纵向上可以分为参与实力和参与水平不同的各个阶层以外,还可以在横向上分为由于利益诉求而结成的各种不同的派系。有学者曾指出,所谓派系,"是指人们以特定的关系为纽带联系起来的、具有共同利益和现实功能的非正式组织"①。在当代中国乡村,村庄公共政治生活中各种派系的存在已经是一个不争的事实。形成派系的纽带则是多种多样的,既可以是血缘、地缘、业缘等因素,也可以是利益、文化、价值观等因素,但是有一点是可以肯定的,随着改革开放以来农村经济和社会的发展,共同的利益诉求已成为形成派系的最重要基础。开展村民自治以来,在村庄公共政治生活中,不同的村民根据不同的利益取向,结成各种各样的派系,并在相互之间展开博弈,从而形成一幅复杂动态的村庄政治生活画卷。

根据"先富能人治村"型村庄公共生活中派系数量、力量等方面的差异,可以将村庄中派系的博弈分成下述几种情况:

一是一派独大型。在这种情况下,作为治理精英的先富能人通常已经在村庄公共生活中牢固树立起自己的绝对权威和无可撼动的优势地位。村庄中的非治理精英和普通村民鉴于治理能人的势力和影响力,或者采取依附治理能人的策略,成为治理能人掌控之下的独大型派系的一员;或者采取敬而远之的态度,尽管对村级公共组织和村干部的村治思路和行为可能不以为然,但鉴于治理精英的势力,通常不采取公开地同治理精英抗衡的态度。在这种情况下,村治的发展情况和趋向在很大程度上取决于治理精英的素质和目标趋向。如果治理能人能够具有较强的公共理性和发展村庄的责任感,就会在村庄治理和建设中较多考虑村庄的公共利益和村民群众的发展诉求,从而推动村庄公共权力的良性运作。而如果治理能人的民主意识薄弱,并且缺少发展和经营村庄的责任心,就会利用其在村庄中无可撼动

---

① 孙琼欢,卢福营:《中国农村基层政治生活中的派系斗争》,《中国农村观察》2000 年第 3 期。

的地位和权势,动用村庄资源,片面为其所在派系及自身谋取私利,从而遏制村庄的发展,并容易导致村庄中干部和群众之间矛盾的累积。

二是势均力敌型。在这种情况下,村庄公共政治生活中存在着两个以上的势均力敌的派系,治理能人往往利用其在村庄公共权力结构中的掌控地位和村庄当家人的角色,集聚一批村民团结在其周围,形成一个以治理能人为核心的派系。然而,除了以治理能人为主的派系以外,村庄中还存在其他一个以上的很有分量的派系,一般情况下,非治理型强势精英往往成为这些派系中的中坚分子和主导力量。他们或者对治理精英上台心怀不满,或者对治理精英的治村政策持不同意见,或者有不同于治理精英所在派系的重要利益需要维护,等等,而需要结成新的派系。这些不同的派系在村庄公共政治生活中展开博弈和较量,由于势均力敌,谁也不能压倒谁,最后很可能出现两种情况:一种情况是为了避免在派系争斗中作出无谓的耗费,彼此最终走向合作,村庄中的治理能人和非治理能人一起主导着村庄的治理和发展;另一种情况是势均力敌的两个或多个派系谁也不能打垮谁,但谁都不愿妥协,于是采取对抗的态度,这就容易造成村庄治理的紊乱和村政建设的瘫痪。

三是多派博弈型。在这种情况下,村庄公共政治生活中存在着众多派系,他们以血缘、地缘、业缘或共同的文化、价值取向和利益为联结纽带,在各派系领袖的率领下,相互之间展开较量和博弈,以争取让本派系在村庄中具有优势地位,占有优势资源。在多派博弈的村庄公共政治生活中,治理精英和非治理精英依然是各派的领袖人物和核心力量,他们往往对本派系的联结基础、价值取向和行动目标等各个方面有着清晰的思路和行动方针。与之相反,不少普通村民群众则往往对自己在相关派系的归属表现出较大的随意性,他们有时觉得甲派系的主张很能代表自己的主张,于是就加入到甲派系,过了些时间,忽然觉得乙派系的主张更能保护自己的利益,于是很可能又流向乙派系,成为其中的一员,有时候则在各派系之间摇摆不定,不知道该跟谁走,该赞成谁反对谁。在多元博弈的情况下,有可能较充分地调动各个层面的村民群众参与到村庄公共政治生活中,从而有利于村民自治的推进;也有可能造成各派系群雄混战的局面,带来村庄秩序的破坏和村庄发展的受阻。

◆◆◆ 第六章 ◆◆◆

"先富能人治村"背景下村民公共参与发生变迁的原因

众所周知,村民自治的相关法律制度对村民公共参与作出了一系列具体的规定,从而为村民广泛、深入地参与村庄治理提供了制度保障。然而,当制度文本遭遇具体的村治环境时,村庄治理中的村民公共参与势必会受到其影响而发生形变。特别是当"先富能人治村"作为一个新的变量嵌入村治后,村民的公共参与发生了以下几个方面的重要变迁:一是从参与主体来看,能人治理导致了村民公共参与的分化,村民分为治理精英、非治理精英和普通村民等不同的阶层;二是从参与方式来看,能人治理导致了村民公共参与形式与实质的矛盾,一方面是村民的形式性参与不断发展,另一方面是村庄治理实质上仍由少数治理能人掌控着;三是从参与过程来看,能人治理导致了村民公共参与的不协调,选举阶段的大众参与和后选举阶段的能人主导形成了颇为鲜明的反差。

值得思考的一个问题是,"先富能人治村"下村民的公共参与为什么会发生如此变迁呢?应该说,这具有多方面的原因,故亦可从多个维度加以考察和分析。例如,我们可以从国家、村庄和村民的视角来考察村民自治制度实施后相关主体的谋划和应对,我们亦可从制度设计与实践运作的视角来分析党和政府有关部门宏观的村级治理构想细化为具体的村治制度设计后,与全国各地农村活生生的村治实践碰撞后所产生的耦合或偏离现象。本章试从政治、经济、社会文化这三个分析视角,初步考察和分析当代乡村的治理和建设嵌入"先富能人治村"这个变量后村民公共参与导致变迁的原因。

一、村民公共参与发生变迁的政治原因分析

先富能人治理下村民的公共参与之所以出现上述变迁,首先与国家意识形态的调适和人民公社全能型治理模式的消解紧密相关。20世纪80年代以来,随着国家意识形态指导思想的调适,党和政府逐渐淡化了以往针对农民的大规模的动

员教育,取而代之的是通过政策引导、典型示范等方式来激励农民转变观念、发展生产。同时,随着政经合一的人民公社体制的消解,分户经营制度在农村的确立,国家对农民的政治、经济控制逐渐减少。故此,普通村民已没有高频率地参与村庄公共生活的政治压力。

与高度集中的人民公社体制的消解紧密相连的,是以村民群众的"自我教育、自我服务、自我管理"为原则精神的村民自治制度在全国的逐渐推行。实际上,改革开放早期发端于广西等地的村民自治,是农村民众在党的十一届三中全会以来适应农村秩序的稳定和生产发展的需要而自发作出的创造性实践,并同中国历史上"皇权不下县"时期在农村基层随处可见的乡绅治理模式有着不可分割的历史渊源。农村基层村民自治实践的出现,引起了党和政府有关部门的高度重视。在他们看来,改革开放以来人民公社制度在农村基层的普遍解体所造成的农村社会不稳定和秩序短缺局面,在很大程度上因村民自治的出现而得到了弥补。鉴于此,有关部门对农村基层推行村民自治的必要性和可能性在理论上进行了认真的探讨,并在具体操作程序上作了精心设计,最终将其作为一项制度并且上升到法律的层面在全国农村推而广之。

然而,承载着制度设计者美好愿望的村民自治制度在广大农村基层普遍施行后,与各地千变万化的农村治理实际情况发生了剧烈摩擦和碰撞,最终导致了两者之间的矛盾和偏离现象。例如,按照村民自治制度的原则精神和具体安排,村民自治由"民主选举、民主决策、民主管理、民主监督"这四个环节组成,这四个环节相辅相成,环环相扣,处在同等的地位。从理论上讲,根据村民自治的制度安排,广大的村民群众成了乡村治理中的主人,处在村庄治理的中心位置。不管是在民主选举阶段,还是在民主决策、民主管理和民主监督阶段,都应该做到让广大民众普遍参与和全程参与。然而,实际治理情况是,在村民自治的民主选举环节,广大村民总体上均能够普遍参与选举,投出属于自己的一票,体现了直接民主和村民自治的制度设计理念和原则精神。而在村民自治的其他三个环节,却主要是村庄中的治理精英以及非治理精英在村庄公共生活中扮演着举足轻重的角色,处在村落场域的中心位置,掌控或主导着村民自治的运作,而广大的普通村民则往往表现得软弱无力,处在村庄公共政治生活的边缘地带。

各地农村基层关于村民自治的具体实践与国家有关村民自治的制度设计之间产生偏离现象有多个层面的原因可以来解释。

我们不妨首先从村民自治制度本身的设计方面来考察和分析。改革开放以来,随着人民公社制度的解体,如何重建乡村的治理秩序,促进农村基层在改革开放新时期的经济和社会发展,是党和政府深为关注的问题。而一些地方自发出现的村民自治的实践,给政府有关部门就如何尽快重建乡村治理秩序这个问题提供了有益的思路。正是在认真总结农村一些地方出现的村民自治的实践经验的基础上,党和政府有关部门本着让广大村民群众真正成为农村中经济建设和社会发展的主人的美好愿望,制定了让村民大众普遍参与乡村治理、人人充当乡村治理主人的村民自治制度。然而,在制定村民自治制度的时候,由于缺少相应的实践经验和理论积淀,在具体的制度设计中还是存在不少问题。一是将村民自治的主体看成是一体化的村民群众,没有对村民自治中日益分化的主体进行具体细致的分析。而事实上,改革开放以来,高度集中的人民公社体制被消解以后,农村民众的人身自由和生产自由都得到了前所未有的解放,由于农民在发展生产中的眼光、能力、水平、胆识等诸多方面都有明显的差异性,一些手头掌握有优势经济、政治、社会资源的农村精英分子迅速崛起,成为农村基层乡村中颇有地位和权势的能人群体。而大量普通的村民群众则由于自己的民主素养、公共理性、参与水平等诸多方面的欠缺,在村庄公共政治生活中缺少自己的影响力和地位。照理说,对于这个村民分化的客观现实,应该在村民自治的法律制度上有所反应并作出相应的制度设计。而事实上,目前运作的村民自治法律制度对于农村基层的分层分派问题并没有引起充分的重视,这显然是个缺憾。二是不计成本的人人参与和群众决策。在村民自治的制度设计中,不管是民主选举,还是民主决策、民主管理、民主监督,都体现了让每个村民参与到村民自治的具体运作上来的精神。问题是,如果切实实现这样的一种治理模式,就农村基层的政治发展而言诚然是达到了一个理想的高度。然而,事实上,这种制度设计的美好理念很难在具体的村民自治实践中得到贯彻和支持。因为要让村民大众深入参与村民自治的实践,必须要保证不影响他们的生活和生产,否则就会影响他们参与村庄公共生活的积极性。而目前在村民自治的实践中却很难做到这一点,有关制度设计部门并没有对村民群众参与村民自治的四个环节所需要付出的时间成本、精力成本乃至经济成本作出相应的考量。而在以经济建设为中心的乡村大发展进程中,这种不计成本的群众参与制度设计在实践中必然会碰到各种问题。三是不讲效率的事事民主的制度设计。党和政府有关村民自治制度设计的人士在具体考虑村民自治时,融入了让广大村民大众全程参与村庄的治理、让广大的村民群众在村民自治的各个环节都有表达自己意见的机会这样一种美好的愿望。而事实上,很多时候民主的推进是要以牺牲部分经济和社会发展的效率为代价的。正如在当代现代性大型企业的运转中,不少人看到首长负责制比委员会制更具有效率一样。在村民自治的实践运作中,如果无论什么村庄事务都强调让村民群众直接参与和事事民主,既不现实,也会在很大程度上影响到村民自治的运作效率。而在以经济建设为中心的当代中国社会,不管是城市还是乡村都将效率视为治理和建设的头等大事。既然如此,要在村民自治的实践中不折不扣地实行有关的制度,事实上就成为不那么现实的事情。

先富能人治理下村民的公共参与之所以出现上述变迁,也与乡镇地方政府对农村治理能人的态度有关。实行村民自治以来,国家为了节省行政成本、调动地方生产积极性,其行政机构逐渐上升到乡镇一级,"乡政村治"的治理格局由此确立。乡镇政府对村庄的关系由领导变成了指导,村庄对乡镇的关系由服从变成了协助,乡镇政府对村庄的控制力、动员力因此减弱。然而,上级政府指派给乡镇的面向村庄的政务,诸如计划生育、税费收缴、公共卫生等,却是必须完成的,否则会影响到主要领导人的政绩。为了保质保量地完成各项政务,乡镇政府往往与村庄治理能人结盟,经常"采取私下协调和某种让步的方法争取他们的支持"[①],甚至纵容治理能人的违规行为。

从更宏观的视角来考察,通过村民自治制度选举出比较能干、比较厚道的村庄治理精英,更是党和国家领导人的一致愿望。1978 年 12 月党的十一届三中全会召开以来,党和政府确立了将大力建设社会主义现代化国家作为中心任务的努力目标,并随后在城市和农村兴起了大刀阔斧的改革。正是在这样的背景下,1958年以来施行了二十几年的高度集中的僵化的人民公社管理体制在农村逐渐得以消解,取而代之的是经济上统分相结合的家庭联村承包责任制度和政治上以村民群众自我教育、自我管理和自我服务为中心的村民自治制度。在广大乡村基层如此大手笔的变革,给中国农村的治理和建设带来了崭新的课题。在人民公社制度普遍实行的时期,任何一位农村村民都是农村人民公社中的一个成员,不管是其生产还是生活,都在人民公社的统一安排和调度之下,国家的行政指令和有关要求可以通过人民公社制度直达每个农民,农村基层的各级干部手中握有相当大的权力。而实行村民自治制度后,如何在"乡政村治"的治理格局下继续保持农村基层有关政府部门与广大村庄和村民的密切联系,在很大程度上与村庄的当家人和政府的代理人——村庄的治理精英有着紧密的关系。正因为如此,政府有关部门和各级干部对村民自治制度中的第一个环节——民主选举非常关注和重视。而对于广大村民群众而言,假如能够通过村委会等的选举选出村庄中最有水平、最有能力、最有群众基础的能人来担任村级公共组织的干部,对村民自身来说是有百利无一害的好事。这也是在村民自治的民主选举阶段,村庄中的选民们通常都是积极参与选举,从而导致选举热热闹闹的重要原因。

由于上述各个层面对选举村庄领袖的关注和重视,随着村民自治制度的推行,改革开放以来村庄领袖的选举方面产生了显著的变化。

第一方面是选举范围的逐渐扩大。众所周知,村民自治制度中所涉及的主要是村民委员会的选举,因此,随着 20 世纪 80 年代村民自治制度的推行,村委会的选举搞得最普遍和最热闹。而且选举的范围逐渐扩大,从原来的有候选人选举到现在普遍实行的无候选人选举,从原来的大家在一起填写选票、一同去投票,到现在的专门配置划票间和投票间,实际上对参与竞选村委会干部的能人们提出了更大的挑战。同时,随着选举范围的扩大、村民在投票时干预因素的减少,村民们有了更多、更大的表达自己的观点的权利。如此一来,通常只有那些具有较强的致富

---

① 吴思红:《村庄精英利益博弈与权力结构的稳定性》,《中共中央党校学报》2003 年第 1 期,第 43 页。

能力和管理水平,而且对村民们平易近人的精英们才有可能最终争取到村民手中足够多的选票。另一方面,在村级公共组织中,不同的组织选举产生领导人这一点上又呈现出非均衡的发展态势。就浙江省村民自治的推进情况来看,主要存在着三个村级公共组织:村民自治委员会、村级党支部委员会、村级集体经济合作社。然而,就目前来看,发展得最好也是动手最早的是村民委员会干部的选举。由于已经有了二十多年的村委会选举的实践经验,也由于上级有关部门和广大村民群众对村委会选举的重视,各地的村委会选举不断走向公开、公正、公平,也正是在认真填写和投放选票的过程中,广大村民群众最真切地感受到自身在村民自治制度中的主体地位。村党支部委员会的选举则是在村委会选举的示范和引领下逐步发展起来的。新中国成立以来,很长时间内,村级党支部的有关干部特别是村党支部书记一般主要由上级提携任命的。然而,改革开放以来,随着村民自治制度的推行和村委会选举的带动,村支委会的成员选举越来越注重体现民意。譬如,现在浙江省各地农村普遍实行的支委会选举过程中采用的"两推一选"制度就是日益规范化的重要体现。而村集体经济合作社的领导人的选举则相对而言显得较为一般。直至今天,在浙江省乡村,村落场域中村级集体经济合作社领导人的产生还是主要由村党支部、村委会推荐,再提交村三委选举产生,因此在选举的公开性方面不及前两者。

第二方面是村级公共组织领导人选举的民主性和竞争性的增强。首选是村委会干部的选举,这可称得上是一项比较浩大的工程。特别是现在,在村委会领导人的选举过程中已经较为普遍地实行海选,有的地方还采取了让参选人上台演讲、发表竞选承诺等办法来营造村委会选举的声势,这就使村级公共组织领导人选举的民主性和竞争性不断增强。一方面是选举的民主性大为增强,任何一位具有选举权的村民都可以在村委会选举中根据自己的意志和判断力独立自主地投出自己的一票。另一方面是选举的竞争性也相应地大为增强。随着选举的民主性的增强,实际上为每一位有志参与村级公共组织干部职位竞选的村民提供了实现目标的机会。因此,不少竞选者为了自己能在选举中获胜,纷纷组织专门的竞选团队,力图通过各方努力和精心策划,在村委会干部职位的竞选中一举取得成功。

第三方面是地方政府在村委会选举中角色的转换。改革开放以来,尽管旨在彰显村民群众民主权利的村民自治制度逐渐取代了高度集中、政社合一的人民公社制度,但是,在村委会选举的初期,地方政府还是习惯于对村委会选举指手画脚,甚至是直接干预,这样做的好处是能够让选举产生的村委会领导比较听话,问题是这样产生的村级干部很容易失去群众基础,最终影响所在村庄的治理和发展,而且这样做也是有违于村民自治的原则精神的。随着改革开放的深入,村民自治制度在实践中不断得以完善和细化,地方政府在村委会选举中可以体现自己意志的空间越来越小,而且很多政府干部发现,与其干预选举产生一位听话的干部,还不如不干预,完全通过村民的民主选举产生一位有能力、有水平的治理精英,因为这样的干部更有可能带领村民群众治理和建设好村庄,而这显然也是地方基层政府和有关干部的重要政绩。

先富能人治理下村民的公共参与之所以出现上述变迁,还与治理能人权威治理的行动取向以及普通村民政治理性程度的提高有关。治理能人主政村庄治理后,凭借其拥有的优势资源和政治地位成为村庄公共权力结构的核心。正如孟德斯鸠所预言,"一切有权力的人都容易滥用权力,这是万古不易的一条经验"①。不少治理村庄的先富能人也是如此。现阶段,由于正处于秩序与规范重构时期的乡村社会对治理能人仍缺乏完善的制度约制,特别是惩戒性、救济性的法律制度还相当稀缺,所以这常常导致治理能人对普通村民公共参与权的侵蚀、挤压得不到应有的惩处和救济。与此同时,改革开放以来,随着农村经济社会的发展,普通村民的政治理性程度逐渐提高,其表现之一是对公共权力减少了盲从与膜拜,对于村庄的公共政治生活不再盲目地参与。普通村民常常在从事公共参与需花费的时间、精力、成本与通过参与所能获取的政治、经济利益之间进行全盘考量后,再决定参与与否。故此,普通村民参与村庄公共生活的广度和频度有一定程度的下降。

二、村民公共参与发生变迁的经济原因分析

在"先富能人治村"的背景下,在考察村民的公共参与时,我们不能不看到其纵向分层和横向分派的现象。就纵向而言,村民在公共参与中可以根据其所处的地位和发挥的作用不同而分为治理精英、非治理精英和普通村民群众这三个不同的阶层;就横向而言,我们可以看到在很多时候,村民参与村庄的公共政治生活并不是以单个个体的面貌出现,而经常是加入到不同的派系中,依托派系来表达自己对村庄治理和建设的意见,并借以发挥自己对村庄公共权力运作的影响力。那么,农村基层中村民群众的公共参与出现如此变迁的经济原因何在呢?

如果仔细考察一下农村基层公共政治生活中的派系斗争,不难发现派系的形成实际上是村民利益博弈和意见表达的需要。每个派系,一般是以村庄中的某些治理精英或非治理精英为领袖,组织、动员本派系的成员,以抱团的形式参与村庄的公共政治生活。显然,在当代乡村,这种村民公共参与中显现的实际运作态势与村民自治制度中有关具体的制度设计有着明显的差异。这是为什么呢? 个中缘由不妨来认真探讨一下。我们认为,改革开放以来所导致的农村基层经济社会的变迁是导致村庄公共生活中村民的公共参与发生上述形变的重要原因。

众所周知,"人与人之间的关系是通过群体和组织建立起来的。在西方工业社会,个人是通过参加一个团体或组织而与他人发生关系的,在传统中国,个人是通

---

① [法]孟德斯鸠:《论法的精神》(上卷),北京:商务印书馆1982年版,第154页。

过家庭与他人发生关系,家庭是社会结构的核心,家庭关系向外延伸就成为社会关系"①。中西方之间之所以出现如此明显的社会关系的差别,其根本原因还得从两者不同的经济基础和生产背景去考察。近代以来,西方在完成资产阶级民主革命的基础上,通过工业革命,相继完成了从农耕社会到工业社会的转变,随着市场的拓展和商业的繁荣,人的流动越来越频繁,团体或组织最终取代家庭成为人们之间相互连接的主要纽带。而传统中国社会则是一个典型的农耕社会,在数千年的封建社会演进史中,占统治地位的始终是自给自足的自然经济,家庭是基本的生产和生活单位。而中国的封建君主们为了维护自己的统治,在经济上采取了重农抑商的政策,在政治上构建起以皇帝为权力顶峰、呈金字塔形的封建君主专制统治制度,在思想文化上则宣扬皇权至上、安分守己,如此,在传统中国的农村基层社会便形成了以家庭为基本单位和伦理核心的基本社会关系。

晚清以降,在外国列强坚船利炮的胁迫下,已沦为半殖民地半封建社会的中国开始了向近代工业社会转型的痛苦过程。遗憾的是,当部分睁眼看世界的先进中国人力图奋起直追,借用西方先进的科技和政治制度来改造中国的时候,既遭到了腐败无能、闭关自守的晚清政府的反对,也不合西方资本主义列强的心意。对于前者来说,只有遵循祖宗之法、因循守旧,才有足够的资本让广大国人继续臣服于既有的封建统治旧秩序,才能维护和延续自己的既得利益。对于后者来说,一个贫穷软弱的落后的半殖民地化的旧中国比一个独立富强民主的新中国更有利于他们在华肆无忌惮地攫取利益。正因为如此,近代以来先进国人为改变民族命运而掀起的一次又一次抗争,因遭到帝国主义和封建势力的残酷镇压,纷纷以失败而告终。

1911年辛亥革命的爆发在近代中国历史上具有里程碑式的意义,其最根本的价值与其说是赶跑了一个皇帝,还不如说是孙中山所提倡的"民族、民生、民主"思想开始在很多先进的国人心里生根发芽。1921年中国共产党的诞生则更是中国近代历史上一件开天辟地的大事情,中国共产党自从成立的那一刻起就明确了自身的定位,发誓将自己建设成为一个代表劳苦大众根本利益的无产阶级政党,这就为中国共产党在领导革命过程中能始终得到广大劳苦民众的支持奠定了坚固的阶级基础,同时,兵民是胜利之本,这也为中国共产党最终领导民众战胜国内外的反动势力奠定了坚实的政治基础。1949年,经过28年的艰苦奋斗,中国共产党终于领导民众战胜了以蒋介石为代表的国民党右派集团,取得了第三次国内革命战争的彻底胜利,建立了中国共产党领导的以人民民主专政为基础的新中国。新中国成立以后,以毛泽东为核心的第一代中国共产党领袖集体在大刀阔斧地完成了生产资料私有制的社会主义改造以后,马上开始了全面建设社会主义现代化强国的进程。遗憾的是,由于对什么是社会主义和怎样建设社会主义缺少理论准备和实

---

① 杨心恒:《从乡土社会到工业文明:转型中的中国农村社会结构》,载于袁方等著:《社会学家的眼光:中国社会结构转型》,北京:中国社会出版社1998年版,第127页。

践经验,党中央低估了中国建设社会主义强国的难度,在 1957 年下半年确立了短时间内"超英赶美"的建设目标,在 1958 年更是发动了以所谓"多快好省建设社会主义"为根本路线的"大跃进"运动,在同一年秋天,中共中央又通过了关于建立人民公社的决议,打算将全国各地的农村村民紧密组织起来。在中央高层看来,这既有利于在兴修水利等大型生产劳动中让组织起来的农民们发扬大兵团作战的威力,又有利于提升广大农村的生产关系,通过先建立"一大二公"的人民公社制度,为最终向共产主义社会过渡奠定生产关系之基础。除此之外,建立高度集中、政经合一的人民公社制度,对党中央来说,在经济方面也具有极其重大的现实意义——在优先发展重工业为基本战略取向的社会主义现代化建设模式确立后,政社合一、采取行政化管理方式的人民公社制度的建立,无异于为国家从农村汲取各种资源支援工业建设创造了有利条件。然而,这种高度集中的"生活集体化、生产军事化、行动战斗化"的人民公社制度,摧毁了中国传统社会以家庭为生产和生活单位的基本社会关系,剥夺了农民的私有财富,极大地抑制了农民生产劳动的积极性,破坏了农村的生产力,并与上个世纪 50 年代末 60 年代初中国严重困难时期的出现有着不可分割的干系。

直至 20 世纪 80 年代改革开放政策的实施,才给中国农村带来了翻天覆地的变化。经济上家庭联产承包责任制的推行,极大地调动了农村生产劳动的积极性。政治上村民自治制度的最终确立,则标志着政社合一的农村人民公社制度的解体。因此,上个世纪的 80 年代可谓是中国农村改革开放的春天,中国的农村呈现出一片欣欣向荣的新气象。然而,时代的车轮滚滚向前,随着改革开放的进一步推进和农村经济社会的进一步发展,农村社会成员的社会关系不断发生着新的变化。尤其是在个私经济发达的浙江等中国东部沿海地区的农村,由于生产的发展和市场的壮大,农民的流动更是非常频繁,农村社会成员之间基于血缘、地缘等传统联接纽带或基于业缘、共同的价值观和知趣爱好等新型联接纽带而结成多元性的社会关系网络。

特别引人注目的是,随着人民公社制度在农村的解体和村民自治制度在农村的普遍推行,农村中出现了不少以利益为根本维系纽带的派系,并在村庄的公共政治生活中发挥着举足轻重的作用,很多时候,村民们正是通过参与派系活动的方式来实现对村庄公共生活的参与。调查表明,农村基层政治生活中的派系具有其自身的形成机制和发展轨迹。首先,派系具有利益性。改革开放以来,随着乡村经济和社会的发展,不少农村村民的公共理性精神得到培育,在乡村基本社会关系的生成过程中,除了以家庭为基础的传统社会关系继续得到巩固和发展以外,利益因素逐渐成为村民们构建新式社会关系的主要考虑因素,获取新的利益和保护已有利益逐渐成为农村村民加入派系的主要目的。"追求自身利益是人们行为的根本动机,虽然人们从事政治活动时,除了个人的利益欲外,还可能有一些其他的动机,但是这些动机对个人行为的影响和作用是非常不确定的,唯有增进利益这种动机比其他动机更直接、更稳定、更具一致性。"①的确,构建基于利益交换的新型社会关系,已成为派系社会成员的基本行动取向。其次,派系具有易变性。与以血缘为纽带的稳固的家庭社会关系不同,派系成员之间更多地表现为一种松散和非正式的关系。不同派系之间的聚散边界显得不够清晰,一般而言,普通的派系成员对本派系缺少强烈的派系认同,这就导致派系结盟基础的不稳固。之所以出现这种情况,说到底是由于当代乡村的经济和社会处于不断的和快速的变迁之中,而乡村经济和社会的变迁又必然带来乡村利益关系的变化和多元发展趋向,既然如此,以利益为根本维系纽带的派系经常处于变动不居之状态也就可以理解了。大量的调查研究表明,目前村庄中的各种派系多以利益为基础而联接而成,同时,由于传统和现代之间的不可分割性,以血缘为纽带的传统家庭关系仍然在派系的构建中发挥着重要的耦合作用和维系力。

在"先富能人治村"背景下,村庄中的治理精英在村庄公共政治生活中之所以占有举足轻重的地位,亦有其深刻的经济原因。首先,我们可以来考察上个世纪五六十年代人民公社体制下的农村情况,在那个时期,农村社会成员不仅在政治上处于国家的行政统摄之下,而且在经济上也须接受人民公社制度的统一调度和管理,因此,社员家中很难积累起超越其他社会成员的个人财富和生产资料。不过,不容否认的是,人民公社时期由公社和生产队统一调度的集体农业经济和工业经济也为村庄公共权力的运作提供了公共财政的支撑。改革开放以来,在搞活经济、发展生产的行动主旨下,农村广泛推行了家庭承包经营制度,一家一户已成为农村生产的基本组织单位,这一方面在很大程度上调动了农户发展生产的积极性,另一方面也导致了村庄集体经济功能的弱化,没有了稳固的集体经济基础,村庄的自我管理、自我教育和自我服务遇到了前所未有的困境。同时,农村基层乡镇企业的变迁也带来同样的问题。本来,有关部门"把实行村民自治的农村社会的经济基础,大体假设为基本上单一地由家庭经营经济、村庄工业或其他集体经济的双层复合体"②。在改革开放初期,乡镇企业的集体性使之成为乡村集体经济的有机组成部分,并且在财政上有力地支援了乡村公共权力的运作。后来随着改革的深化,乡镇集体企业在民营企业的冲击下或者衰退倒闭,或者干脆"去集体化",转变为个私企业。这就在很大程度上削弱了农村基层的集体经济基础,也对村庄的发展带来诸多负面影响。

面对着上述种种问题和挑战,不管是上级政府有关部门,还是村庄中的村民群众,都热切盼望和呼唤有能力的村庄精英担任村庄领袖的职位,特别是那些懂经济、有眼光、敢冒险的经济能人,在村民们看来是担当村庄领袖的最合适人选。因

---

① 莫里斯·迪韦尔热:《政治社会学》,北京:华夏出版社1987年版,第104页。

② 毛丹,任强:《中国农村公共领域的生长——政治社会学视野里的村民自治诸问题》,北京:中国社会科学出版社2006年版,第92页。

为这些有本事的经济能人担任村干部后,就可能像经营自己的企业一样认真经营村庄,促进村庄的经济和社会更进一步发展,甚至能重新壮大村庄的集体经济。正是出于这样的考虑,在村民自治运作的民主选举阶段,村民们一般都会认真地参与村干部的选举,内心里充满着选出一位合格能干的村庄当家人的期盼,在民主决策、管理和监督阶段,村民们则对"先富能人治村"表现出一种由衷的赞成和认可,以至于对部分治理能人在村治中表现出来的专权现象也给予了极大的容忍。

能人治理下村民公共参与所导致的变迁,与村民群众生活面向的拓展也是紧密相关的。20世纪80年代以来,中国农村经济上的分户经营制度、政治上的村民自治制度替代了原先政经合一的人民公社制度。农民获得了生产自主权与独立经营权,致富的途径与机会明显增多。同时,随着非农产业的兴起与国家户籍管制的放松,农民既可以在村内从事农、工、商经营,也可以外出创业或者打工挣钱。由于普通村民生活面向的拓展,其对村庄公共生活的关注度就会有所降低,通过公共参与来维护其权益的必要性也明显减少。

治理能人在村务管理中物质报偿、利益诱导等管理手段的运用,以及普通村民群众对治理能人及其主导下的村级组织经济上的依附,也是导致村民公共参与发生变迁的重要原因。一方面,治理村庄的先富能人在经营企业中,常通过发放奖金、津贴等经济手段来激励员工。能人主政村治后,通常会很自然地将其管理企业的成功经验移植到村庄治理中去,在工作中常面向全村或部分村民采取普遍性的或针对性的物质报偿、利益诱导等经济手段。从某种意义上说,管理者采取以上这些管理策略,能诱致被管理者采取合作、服从的态度。故此,普通村民在村庄公共生活中容易呈现服从型、执行型的参与倾向。另一方面,先富能人主政村庄后,在村务治理中显现出决策果断、效能强、效率高等治村特色,取得了良好的治理绩效。许多经济能人主政村治后,面对分户经营以来凸显的村庄集体经济衰败、村庄发展受阻等问题,果断地将发展村庄集体经济作为其工作重点,并取得良好成效。随着村庄集体经济的发展,其在增加村民福利、改善村民生产和生活条件等方面发挥了显著作用,村民与村庄的关联度明显增加。在此背景下,不拥有优势经济、政治资源的普通村民对领导村庄治理和建设的先富能人容易产生依附心理,而其对村庄公共生活的参与和监督则出现虚化、弱化现象。

在考察先富能人治理型村庄村民公共参与所导致的变迁时,还应注意到一些治理能人和村民群众之间特殊的经济联系。在东南沿海不少经济发达村庄,一些治理能人既办有个私企业,担任着企业的老板,又主导着村庄的治理,担任着村书记或村主任等主要职务。有不少村民则在治理能人开办的企业中做工,故而治理能人和这部分普通村民之间还存在一种雇佣关系。众所周知,按照现代科层制管理体系组织起来的企业等级分明,老板与员工之间是领导与服从的关系。而按派系等新的利益差序格局组织起来的村庄强调的是普遍平等和群众自治。然而,在具体的村治运作中,执掌村庄公共权力的治理能人常常会以企业老总的角色对待村民群众,在村庄治理中习惯于发号施令、权威治理,从而对普通村民平等参与村庄公共生活带来一定程度的负面影响。

三、村民公共参与发生变迁的社会文化原因分析

从社会学的视角来分析,能人治理下村民的公共参与所导致的变迁与乡村社会的分化有着密切关系。改革开放以来,在村民纵向分层、横向分派的背景下,不管是担任村庄领袖的治理能人,还是担任派系骨干的村庄精英,均拥有占优势地位的政治、经济、社会等资源,对村庄公共生活有着广泛、深入的影响。而占人口多数的普通村民则不拥有优势的资源,在村庄社会分层中处在低等排序,地位低、影响力弱。为了维护自身的权益,普通村民主观上有一种寻求强势人物作为依靠的愿望,故易对村庄领袖和派系骨干产生依附心理。在村委会选举中,普通村民往往在派系和精英的动员、裹挟下参与投票的政治景观,正是对上述理论分析的客观现实阐释。

我国著名社会学家费孝通先生在深入考察了传统中国乡村社会的社会结构后,提出了著名的"差序格局"理论。实际上,"差序格局"理论的提出,是建立在深入比较中西方基本社会关系的基础之上的。费孝通指出,"西洋的社会有些像我们在田里捆柴,几根稻草束成一把,几把束成一扎,几扎束成一捆,几捆束成一挑。每根柴在整个挑里都属于一定的捆、扎、把。每一根柴都可以找到同把、同扎、同捆的柴,分扎得清楚不会乱的。在社会,这些单位就是团体。我说西洋社会组织像捆柴就是想指明:他们常常由若干人组成一个个的团体。团体是有一定界限的,谁是团体里的人,谁是团体外的人,不能模糊,一定分得清楚。在团体里的人是一伙,对于团体的关系是相同的,如果同一团体中有组别或等级的差别,那也是先规定的……我用这比喻是在想具体一些使我们看到社会生活中人和人的关系的一种格局。我们不妨称之为团体格局"①。

费孝通提出的"团体格局"形象地说明了西方社会的基本社会形态,指出了西方资本主义国家随着近代以来资本主义经济的发展,逐渐构建起与中世纪的欧洲完全不同的社会形态。与西方社会的基本社会形态不同,费孝通认为,传统中国农村的社会结构是一种差序格局。这种差序格局是建立在农耕社会的生产力发展水平之上的,以家庭为社会关系的基础,以自我为社会关系的中心。这种差序格局"不是一捆一捆扎清楚的柴,而是好像把一块石头丢在水面上所发生的一圈圈推出去的波纹。每个人都是他社会影响所推出去的圈子的中心。被圈子的波纹所推及的就发生联系"②。费孝通的差序格局理论勾画出一幅传统中国社会以亲属关系

---

① 费孝通:《乡土中国》,北京:北京出版社2008年版,第30~31页。
② 费孝通:《乡土中国》,北京:北京出版社2008年版,第32页。

为核心的社会关系网络。每个国人都以自己为圆心,构建起一个犹如水的波纹一般的由近及远的基本社会关系和交往圈子。整个中国社会则根据处于圈子中心的人的地位和身份、等级,构建起的社会关系呈现出贵贱、亲疏、长幼和远近等差序。

费孝通的差序格局理论清晰地勾画出传统中国社会基本社会关系的特殊性,在中国社会学界产生了广泛的社会影响,常被学者引用来解释传统中国的基本社会形态。然而,任何理论都有其一定的适应性,费孝通的差序格局理论也是如此。特别是改革开放以来,中国的乡村社会处在社会结构的转型之中,随着乡村非农产业的兴起和城镇化的发展,传统中国社会正在向现代乡村社会转型;随着城乡的流动和户籍管理的放宽,封闭半封闭的社会正在向流动开放的社会转变。在这样的情况下,事实上已经不能简单地用差序格局理论来分析当代中国乡村的基本社会形态。然而,另一方面,任何现实都和历史有着不可分割的联系,中国乡村社会从传统向现代的变迁也是一个逐步演进的过程,故此,费孝通先生的差序格局理论在今天分析新乡土中国的社会关系时仍有一定的解释力。

如果仔细观察一下当代中国乡村先富能人治理型村庄的村民公共参与情况,不难发现以家庭为核心的传统社会关系在村民的公共参与中仍然扮演着举足轻重的角色。例如,在三年一届的村委会选举中,村庄中参与竞选的候选人除了自己出门争取选民的选票外,还常常动员自己的伴侣、父母等至亲好友,充分利用他们各自的社会关系网络,挨家挨户地去争取选票。如此,候选人不仅能够将与其关系非常密切或者较为密切的村民的选票收入其中,而且还有可能将与自己平时关系比较疏远的选民的选票也争取到手。因为依据费孝通先生的差序格局理论,每个人都是呈差序的社会格局中的一个核心,而每个人的社会关系网络又是不同的。因此,对于一个候选人来说,一位选民很可能在以他为中心的社会差序格局中离他较远,而在以他的至亲好友为中心各自组成的差序格局中很可能处在较近的序列中,这样一来,发动他的尽可能多的亲朋好友组成一个助选团队,就可能将尽可能多的选票争取到手。

改革开放以来,中国乡村社会处于不断变迁之中,"先富能人治村"视野下的村庄也是如此。特别是处在个私经济发达的中国东部沿海地区省份的乡村,随着乡村经济和社会的发展,村落场域中普遍出现了以经济能人为代表的一批乡村精英,从而将本来平面化的村庄转换成在村庄公共权力结构中处于不同地位的治理能人、非治理能人和普通村民。同时,随着村民流动之加剧,以及乡村中民营企业的崛起,村民们纷纷以利益为导向和纽带结成一种新型的非正式社会关系,一般也被称之为派系,这与西方社会中不同的团体或组织有着诸多相同之处。显然,这是改革开放以来中国乡村社会出现的一种新景观。

在考察先富能人治理型村庄时,我们除了能发现治理能人在村落场域的公共政治生活中处在掌控地位外,往往还能看到非治理精英在村庄公共权力运作中扮演着重要的角色。我们在前面多次提及的农村基层政治生活中的派系,一般正是以这些治理精英或非治理精英为领袖的。和村庄中的普通村民相比,这些村庄中的权势精英不管是参与村庄公共生活的水平、能力还是其公共理性和影响力,都是明显更胜一筹。那么,如何来解释这一现象呢?在这里,我们不妨借用一下西方政治社会学界提出的"多元理论"和"精英理论"。多元主义者认为,近代以来,一个国家或集团的统治并不是处在精英共同体的控制之中,同时也"不只是由单一的精英统治,而是由众多专门的、竞争性的集团统治"①。正是多个并存的集团之讨价还价、互相竞争攻讦奠定了现代国家政策生成和社会治理的基础。精英主义者则认为,在普遍实行民主制度的现代国家和政党中,所谓"民主",就是人们有权选出他们所认可的代表,而不是直接参与作出每一个政治决定。坚持该理论的不少学者们明确指出,西方古典意义上的大众民主并没有在现代社会再次重现的可能性,权力总是与一个社会或国家的精英联系在一起的。在很大程度上,"民主并不是指,也不可能指,按照'人民'和'统治'这两个词的明显意义来说的人民是确实在那里统治的意思"。"民主不过是指人民有机会接受要来统治他们的人的意思。""民主方法是为达到政治决定的一种制度上的安排,在这种安排中,某些人通过竞取人民选票而得到作出决定的权力。"②

客观地说,多元主义和精英主义在当代世界社会形态的分析中既有其一定的解释力,又有其明确的局限性。在多元主义者看来,所谓社会,就是一个相互碰撞的台球的集合体。而所谓台球,即是指那些竞争性的集团。政府的政治决定,正是在这些台球的互相撞击中产生的。借助这一理论,我们可更方便地看到当代中国乡村基层政治生活中各个派系或其他团体之间的竞争的普遍性。这一理论的局限性是没有对竞争团体再作更深入的剖析,事实上,各个派系或其他团体内部并不是平面式的,而是可细分为领袖者和参与者,而他们在竞争和较量中所发挥的作用是完全不同的,从某种意义上可以说,派系或团体之间的竞争,主要表现为各派系或团体中精英分子之间的较量和抗衡。精英主张者则指出,现代国家的社会结构呈现出金字塔模式,处在金字塔顶部的,正是那一小撮精英。精英主义者的这一理论有助于我们考察农村基层政治生活中的不同阶层,构建起一个治理精英、非治理精英和普通村民之间呈博弈态势的考察视角。其不足之处是该理论在凸显村庄政治生活中纵向上分为不同权力阶层的同时,对横向上基于利益而结成的不同派系或团体的运作规律有所忽视。

实际上,仔细考察当代中国乡村基层的公共政治生活,我们更能发现村庄公共政治生活中精英治理的多元性。一方面,在每一个村庄公共权力的运作中,村民总是依据其拥有的权力的不同和影响力的差异而分处不同的阶层,如治理精英、非治理精英、普通村民群众,或分为领导者和追随者,等等。另一方面,村庄公共生活中

① 罗斯金·迈,等:《政治学》(第六版),北京:华夏出版社2002年版,第63页。
② 熊彼特:《资本主义、社会主义与民主》,北京:商务印书馆1979年版,第355~357页。

的各路精英会基于各种权衡特别是利益的考量而采取与对方合作还是对抗的策略。特别需要指出的是,这种村庄公共生活中不同派系或其他利益团体之间出现的合作和对抗现象,实际上并不是一个团体或派系与另一个团体或派系的全体成员之间的较量,而是双方精英之间的博弈或抗衡,至于村庄中各个派系或其他利益团体中的普通村民,则多是为派系或团体所裹挟,其自身的派系或团体意识并不是很稳固和清晰。因此,在村庄公共政治生活的派系斗争中,时常可以看到他们在冲突中呈现出游离状态,缺乏对派系的归属感。

因此,尽管精英主义和多元主义理论的产生,是建立在对西方政治现象作系统考察和分析的基础之上的,这两个理论还是为我们考察先富能人治理型村庄的公共生活和政治参与提供了有益的视角。现阶段的中国乡村正在经历从均质性社会到多元性社会的转变,因此,在不少村庄的公共权力运作中,纵向的阶层博弈和横向的派系斗争到处存在,随时可见。值得注意的一点是,由于当前国家相关法律制度对村庄公共生活中权力上的纵向分层和利益上的横向分派尚无正式承认和规范,因此,现阶段村落场域中的派系斗争多以隐性机制在村庄治理中发挥作用。

总之,在社会分化的背景下,农村基层的村庄精英日益呈现出多元性。村庄公共决策的形成也往往建立在各个集团或派系之间讨价还价的基础之上。村民们依托不同的派系或其他利益团体,或者支持某个村庄领袖,或者反对某个村庄领袖,甚至动员派系力量向村庄领袖施压,从而促使村庄公共权力朝有利于他们的方向或轨迹运作。

"先富能人治村"视野下村民公共参与的变迁,与治理能人务实交易的治村理念与村民工具性的价值取向同样密切相关。一方面,在兴办企业过程中经历了爬摸滚打而成长起来的经济能人,既逐步生成根深蒂固的规则、程序意识,又非常注重工作的务实高效。当先富经济能人主政村庄治理后,就很自然地将这套经营性的理念移植到村庄治理中,形成了既注重村治的制度化、规范化,又讲究效率、不务虚功的治村特色。因此,由于民主协商、民情恳谈等大众取向的村民公共参与通常会损失部分决策效率,而往往遭到治理能人有意识的抵制和排斥。另一方面,这也与村庄治理中村民们工具性的价值取向有一定关系。在各地加快发展经济的赶超型战略取向下,村民群众更期待村庄领袖能带领大家共同富裕,而对于扩大民众公共参与的迫切愿望则要小得多。故而不管是村干部还是村民群众都将主要精力放在村庄经济发展上,对于推进农村基层民主的关注度则相对较低。

此外,中国传统的政治文化对于普通村民积极、深入的公共参与也有一定的负面影响。数千年的中国封建社会发展史,在普通民众心里逐渐积淀成"皇权崇拜"、"权威至上"、"小民意识"等顺民文化。直至今日,这种政治文化心理还在深深影响着普通民众。具体到村庄治理场域,其主要表现为普通民众将发展村庄的重任寄希望于干部与领导,自身缺乏自信心理与平等精神,这种心理在一定程度上影响了普通民众参与村庄公共生活的广度和深度。

◆◆◆ 第七章 ◆◆◆

"先富能人治村"背景下促进村民
公共参与的对策思考

　　贺雪峰认为,当下,"先富能人治村"不仅是一个重大的经验现象,而且涉及了乡村治理的基本走向,是一个重大的政策问题。[①] 近年来,如何促进"先富能人治村"背景下乡村政治发展和社会稳定,如何更主动地应对"先富能人治村"背景下村民公共参与面临的挑战,如何将"先富能人治村"和农村基层民主政治发展更有机地结合起来,都是有待于进一步探索的问题。在前面,我们已经对"先富能人治村"背景下导致村民公共参与变迁的原因进行了多维度的分析,在这一章,我们则准备对"先富能人治村"背景下促进村民公共参与的对策及其发展走向作些初步探讨。

一、促进"先富能人治村"背景下村民公共参与的对策思考

　　村民自治制度是人民公社制度解体之后,国家在各地农村推广实施的一项旨在让村民群众成为乡村治理和建设主人的制度。通过村民自治,实现村民群众的自我教育、自我管理和自我服务,促进乡村的经济和社会发展,是国家在建构这项制度时的一个美好愿望。既然如此,让广大村民群众广泛参与村庄公共生活,推进村民自治中的民主选举、民主决策、民主管理和民主监督,便是村民自治题中应有之义。遗憾的是,由于种种原因,在当下的乡村基层村民自治中,还存在种种影响和阻碍村民群众广泛参与村庄公共政治生活的因素。而在"先富能人治村"背景下,村民公共参与在嵌入了能人治理这个变量后则呈现出独特的运作态势。因此,在"先富能人治村"背景下,加快推进村民公共参与的发展,需要立足能人治理后村庄的实际情况,特别是需针对能人治理所导致的村民公共参与变迁,采取针对性的相应举措。在前面,我们已经从经济、政治、社会文化这三个维度,分析了先富能人

---

　　① 贺雪峰:《论富人治村——以浙江奉化调查为讨论基础》,《社会科学研究》2011 年第2 期。

治理背景下村民公共参与发生变迁的原因。在这里,我们拟从深化农村改革、完善村民自治制度、增进村民公共理性等三个视角,就如何促进先富能人治理背景下村民公共参与发展的问题作些针对性的思考。

(一) 深化农村改革,促进乡村经济发展

关于经济增长和政治发展之间的良性互动关系,已经引起许多西方学者的关注和研究。美国著名政治学者李普赛特的一项研究指出,民主和经济发展的状况有着紧密的关系。"一个国家越富裕,它准许民主的可能性就越多。从亚里士多德到现在,人们一直认为,只有在富裕社会,即生活在现实贫苦线上的公民相对较少的社会,才能出现这样一种局面:大批民众理智地参与政治,培养必要的自我约束,以避免盲从不负责任的呼吁。一个分化成大多数贫困民众和少数显贵的社会,要么导致寡头统治(少数上层分子的独裁统治),要么导致暴政(以民众为基础的独裁统治)。"①学者们普遍认为,一个国家或社会生活水平的提高,能够使民众的眼界更加开阔,必要劳动之外的闲暇时间增多,从而有助于民众提高政治参与的积极性,同时民众政治参与的条件也能得到相应改善。而如果一个国家和社会的生活水平较低,民众就不得不将主要时间和精力放在解决温饱问题上,而无暇关注和参与公共政治生活。

那么,中国农村基层政治发展的实际态势是否也呈现出和经济增长之间的正相关关系呢?这显然是一个值得理论工作者重视的问题。事实上,国内有学者在考察农村基层的选举等村级治理问题时,已经开始留意和分析政治发展和经济增长之间的关系问题。例如,徐勇认为,经济发展是影响村民自治的质量和水平的重要因素。如在我国经济发展相对比较迅速的东部沿海地区,村民自治的运作也往往显得更加规范。在1995年,民政部表彰了31个"全国村民自治模范县",其中东部11个省市占了14个,而中西部17个省区则只有17个。同时,徐勇也注意到经济因素并不是影响政治发展的唯一因素。例如,华南的广东省经济发展相当迅猛,然而,该省乡村村民自治运作的规范性及取得的成效都不及与之人口、面积相近,但经济发展水平较低的湖南省。1995年民政部评选的"全国模范村民委员会"中,湖南占了11个,而广东则只有6个。

我们在新近的入村调查中也留意到了农户的经济生活水平与公共参与积极性的相关性问题。我们发现,一般而言,村民经济生活条件较好的,闲暇时间通常较多,对村庄的公共生活也比较关注;而家里经济生活条件较差的,则往往忙于生计,不太有时间和精力关注村庄的公共政治生活。

案例: 嵊州市浦东街道的一个能人治理型村庄——俞村有一对以收破烂为生

---

① [美]西摩·马丁·李普赛特:《政治人——政治的社会基础》,张绍宗译,上海:上海人民出版社1997年版,第27页。

的夫妇,有两个上大学的女儿,家里的经济条件比较一般。为了供两个女儿上学,两夫妻起早摸黑,在外面走街串户地收购废纸、旧铜、烂铁,对村里的事情不太有时间、也不太有精力去关心。当被问及村里的情况时,这对夫妇告诉我们:"村里的工作我们是不大了解的,平时也很少与干部交流,村民代表们也很难碰上。村里的财务开支、村务公开情况一般也不去过问,主要是不太有时间,反正就这么回事。我们都是平头老百姓,一直在外面忙,很少留在村里,我们一般是早上出去,中午回来吃饭,下午再出去,晚上再回来。村里平时在组织什么活动,我们是不太清楚的。"

那么,为什么村庄经济的增长能够推动村民自治的发展、为什么村民经济生活水平的提高能够促进村民公共参与呢?我们认为这首先与村民群众利益意识的觉醒有关。改革开放前,在高度集中的计划经济体制下,广大农村基层地区呈现出利益结构的一元性和国家集体利益的至上性。在当时,这有利于国家集中力量办大事,政府通过汲取农业资源,支援城市建设,实现了工业经济的快速增长。然而,这种体制哪怕在当时也带来很多问题。经济上,这种做法在强调国家和集体利益的同时却忽视了村民的个人利益,从而压抑了广大农村社会成员的生产积极性和创造性。政治上,当时的村民公共参与主要表现为"响应国家号召"的被动型参与。这种村民公共参与尽管声势浩大,却充其量不过是国家政治意志的体现和产物,实际上已经和公共参与本来应承载的表达农村民众利益及主张的实际效能相剥离。改革开放以来,随着社会主义市场经济在广大农村地区的建立和发展,乡村社会原有的利益结构受到极大的触动,"利益一元化"的格局也得到根本性改变。相应地,村民的利益意识也逐渐觉醒,在村落场域中,追求合法权益的合理性得到村民的普遍认同。为了实现和维护自身的应得利益,为了使村庄资源等利益要素的分配对自己有利,村民们往往会倾向于通过社区公共参与向村庄公共权力结构表达自身的利益和愿望,从而有效地激发了村民公共参与的积极性。

随着村庄经济的发展,村落场域中不同阶层、不同派系等新利益群体的出现,则是可能推进村民公共参与的又一个因素。党的十一届三中全会以来,农村经济的发展和产业结构的改变,导致了农村社会阶层的分化和不同利益派系的涌现,这就催生了多元化的利益主体,并形成了各自相对独立的政治和经济利益。"他们在争取、实现和维护自身利益的过程中,已经充分认识到了政治在社会利益分配和人们利益实现中的权威性地位。"[①]村民们会积极参与村庄公共政治生活,并通过对村庄治理和建设的全面介入,实现和维护自己的利益。如此,公共参与就成了村民向村庄公共权力结构表达自己利益和主张的重要渠道,从而提高了村民公共参与的积极性,促进了村民公共参与的发展。另一方面,在一个村庄中,可以用来分配的利益和资源总是有限的,这往往使得村庄各利益主体的愿望和要求得不到完全的满足。为了争取、实现和维护自己的利益,村民们就会依托相关的派系或采取单

---

① 陶岳潮等:《我国现阶段农民政治参与的新特点》,《科学社会主义》2004年第4期。

独行动,通过参与村庄公共政治生活来表达自己的意见和愿望。

从更微观的层面来考察,在"先富能人治村"背景下,可以发现普通村民群众经济地位的弱势是导致其政治地位弱势的重要原因。从理论上来说,村民委员会是村民自治的群众组织,是村民群众的自治性团体,每位村民都应能享受村庄决策的制定、治理目标的实现所带来的利益。"组织的实质之一就是它提供了不可分的、普遍的利益。"[1]然而,在能人治理型村庄村治的实际运作中,村民自治往往蜕变为几位村委会成员甚至是村支书和村主任的"自治",普通村民很难在村庄公共政治生活中找到自己的参与空间和表达途径。之所以如此,其中的一个重要原因是能人治理型村庄经济发展的非均衡性。一方面是村庄的权势精英们往往经济实力雄厚,并对村庄的公共政治生活表现出浓厚的参与兴趣。另一方面是村庄中的普通村民往往可支配性经济资源比较短缺,不少村民们不得不忙于生计,有的甚至选择离开家乡去寻找新的致富途径。如此,这些村民在离开村庄的同时实际上也就放弃了参与村庄公共生活的机会和权利。平时,他们不但对村庄的决策和管理过程无从知晓,就是三年一次的村委会选举投票,也往往因为身在异乡、回家不便而请人代投,或者干脆放弃参加选举。

当然,值得引起重视的不应只是村民个体经济状况的改善,而且还应同时关注村庄集体经济的发展。在调查中,我们发现,如果村庄的集体经济资源丰富,集体经济基础雄厚,往往村庄的各项工作开展得也比较好,村民们对村庄公共生活的参与也比较感兴趣,反之亦然。例如,嵊州市浦东街道俞村、上虞市谢塘镇戴村的村治状况就颇能说明问题,我们的调查研究发现,这两个村均拥有较为雄厚的集体经济基础,这就为村庄的治理奠定了良好的基础。前者以其出类拔萃的村政建设在浦东街道远近闻名,后者则以村干部创造的"四不出村"工作法[2]受到上级和群众的充分肯定。调查表明,集体经济薄弱的村庄,一方面是村级公共组织的公共服务能力受到村级集体经济的制约,露出"无钱办事"的窘况;另一方面是村级公共组织因在村庄治理和建设中无多少作为,而难以获得村民群众的拥护,村庄逐渐失去了对村民群众的吸引力。解决这一问题的根本出路,即在于壮大村级的集体经济。而对于中国东部沿海一带集体经济薄弱但个私经济发达的村庄而言,则应努力寻找农户个私经济和村级集体经济协调发展的共生点,以达到"民富村强"的目标。应该看到,家庭联产承包责任制的实施,尽管极大地激发了村民们个体经营的积极性,但遗憾的是,在很多村庄,村级集体经济并没有随村户个私经济的发展获得同步增长,反而在不同程度上遭到一定程度的削弱。这在影响村级公共组织提供公

---

① [美]曼瑟尔·奥尔森:《集体行动的逻辑》,陈郁等译,上海:上海三联书店1995年版,第13页。

② 请参见裘斌:《从管理到服务:乡村社会治理思路的创造性转换——上虞市谢塘镇"四不出村"工作法调查》,《甘肃社会科学》2012年第6期。

共服务能力的同时,也使村户们个私经济的发展缺少了一个可以依托的村级集体经济"母体",从而使得村庄的公共生活在不少村民眼中失去了吸引力,并直接影响到其公共参与的兴趣。因此,如何通过加快村庄的经济建设,特别是大力发展村庄的集体经济,为村民的公共参与夯实坚实的经济基础,是政府有关部门和各村庄公共组织不能不思考的问题。

(二) 完善村民自治制度,推进村民制度化公共参与

村民公共参与的含义和一般意义上的农民政治参与不同,所谓村民公共参与,是指村民通过参与村落社区的公共事务和村级公共权力的运作,在村庄公共政治生活中施加自身影响、表达自己意见的行为。村民公共参与的核心是村民对村落社区公共生活的政治参与。然而,村民公共参与又不同于村民政治参与,因为村落场域实际上是村民们生活和工作的一个基本社区,村落场域中的大量事务属于社区事务的范畴,所以村民对村庄公共生活的参与在很大程度上可称之为社区参与。因此,村民公共参与的含义要比村民政治参与的内蕴丰富得多。在村民自治的实践中,村民可能通过多种方式实现对村庄生活的公共参与,他们既可以通过国家提供的村民自治制度参加三年一次的村民委员会选举,以及参与后选举阶段的民主决策、民主管理和民主监督等各个环节,实现乡村治理和建设中的自我教育、自我管理和自我服务;也可能通过其他各种法律没有规定的途径参与村庄公共生活,在村庄公共权力结构和村庄公共权力运作中施加自身的影响,甚至有可能通过违反法律规定的参与方式,来达到自己影响村庄公共生活、实现自己的要求和愿望的参与目的。美国著名政治学者塞缪尔·亨廷顿认为,"参与可以是个人的参与或群体的参与,可以是组织的参与或自发的参与,可以是持续的参与或间断的参与,可以是和平的参与或暴力的参与,可以是合法的参与或不合法的参与,可以是有效的参与或无效的参与"①。因此,村民实现对村庄公共生活的参与可能采取多种方式或途径。有时候,为了提高自己参与的效能,达到自己参与的目的,村民可能在同一时候同一事件中采取多种公共参与的方式,一方面在村民自治制度的框架内,按照法律或有关制度的规定参与村庄的公共生活,另一方面又越出村民自治制度规定的框架结构外,借助于非法的甚至是违法的参与方式向村庄公共权力结构施加压力,以达到影响村庄公共权力运作的目的。很显然,前者是村民对村庄公共生活的制度化参与,后者则是村民对村庄公共生活的非制度化参与。

在现阶段,随着中国乡村改革开放的深入,村民群众日益分化为具有不同主张和要求的利益主体,因此,村民通过参与村庄公共生活来表达自己利益的愿望日趋强烈。在这种情况下,由于当前我国的村民自治制度还不尽完善,还不能完全满足

① [美]塞缪尔·亨廷顿,琼·纳尔逊:《难以抉择——发展中国家的政治参与》,汪晓涛等译,北京:华夏出版社1989年版,第3页。

村民制度化参与的需要,因此对于村民群众借助非制度化的参与途径和渠道来表达自己利益及要求的做法,不宜予以全盘否定,而应具体情况具体分析。然而,村民的非制度化公共参与毕竟是偏离了村民自治的原则和发展方向。如果我们听任这种非法或违法的参与行为的发展,将有可能侵蚀合法的制度化公共参与的生长空间,最终影响村民公共参与的有序发展。因此,在社会转型期,我们除了对村民公共参与抱以更多的包容性的同时,还是应有步骤有计划地拓宽村民有序公共参与的组织和途径,夯实村民公共参与的制度基础。

当前,党和政府为了促进农村基层政治生活中的村民公共参与,在增加村民自治的制度供给、完善现有的村民公共参与制度等方面做了很多努力,村级公共组织也比较注重在遵循政府有关村民自治的基本原则精神的前提下,制定和设计符合本村实际的有利于村民自治的村规民约。就党和政府的层面来说,村民自治制度和党内民主制度,无疑是目前最基本的促进村民公共参与的两项基本制度。

一是村民自治制度。村民自治制度是党和国家制定的旨在保障和推进村民自治的基本法律制度,该制度的施行,为村民的公共参与提供了最基本的制度和法律依据。我国2010年10月修订的《村民委员会组织法》明确规定,"村民委员会是村民自我管理、自我教育、自我服务的基层群众性自治组织,实行民主选举、民主决策、民主管理、民主监督"。"村民委员会主任、副主任和委员,由村民直接选举产生。任何组织或者个人不得指定、委派或者撤换村民委员会成员。""村民委员会的选举,由村民选举委员会主持。村民选举委员会由主任和委员组成,由村民会议、村民代表会议或者各村民小组会议推选产生。""年满十八周岁的村民,不分民族、种族、性别、职业、家庭出身、宗教信仰、教育程度、财产状况、居住期限,都有选举权和被选举权;但是,依照法律被剥夺政治权利的人除外。"该法指出,"村民会议由本村十八岁以上的村民组成,召开村民会议,应当有本村十八周岁以上村民的过半数,或者本村三分之二以上的户的代表参加,村民会议所作决定应当经到会人员的过半数通过。法律对召开村民会议及作出决定另有规定的,依照其规定"。按照该法的规定,村民群众可以通过三年一次的村民委员会选举投票产生村委会成员,可以通过村民会议或村民代表会议参与村治的决策、管理和建设工作,还可以通过设立村务监督委员会或者其他形式的村务监督机构对村庄公共权力运作的全过程予以监督。毫无疑问,该法为村民的公共参与提供了最基本的法律制度保障。

二是党内外民主制度。中国共产党在农村基层村落场域的组织,是党在乡村的最基层组织,承担着组织和管理好本支部的全体党员,就党的政策加强对村民群众的宣传和教育工作,在社会主义新农村建设中发挥自身的先锋堡垒作用,等等重要任务。同时,《村民委员会组织法》还明确规定,"中国共产党在农村的基层组织,按照中国共产党章程进行工作,发挥领导核心作用,领导和支持村民委员会行使职权;依照宪法和法律,支持和保障村民开展自治活动、直接行使民主权利"。由此可见,农村基层的党组织不仅是党自身的组织,而且是整个村民自治和乡村建设中的领导核心,拥有领导村民自治、推进乡村经济和社会发展的重要责任和权力。既然如此,增进对村落场域党组织活动的了解和参与,就成了村民公共参与的重要内容。也正因为党组织在村民自治和村庄建设中所担任的重要角色,村落场域的党支部通常都将加强自身的组织建设作为一项至关重要的工作。为了在村庄治理和建设中更好地发挥自己的领导作用,目前村级党组织普遍存在两种基本的制度安排:第一种是党内的民主生活和学习会,通过加强对全体党员的教育和宣传,既有利于更好地发挥党员的先锋模范作用,也有利于党员增进对支部工作的了解,促进党员对党组织活动的参与。例如,在我们所调研的一个先富能人治理型村庄——嵊州市剡湖街道何村,该村党支部从上个世纪90年代后期开始就建立了每月10日和20日全体党员定期学习的制度,特别是注意让全体党员掌握上级有关文件的精神。在每次召开村民代表会议时,该村党支部让全体党员也参加,并且党员也参加表决。这样,就给了党员们一种荣誉感和责任感,达到了增强全体党员的党性、发挥党支部战斗力的目的。第二种是党外的民主制度,即通过各种途径和机会,加强党支部和党外群众的联系和交流。为之,不少党支部建立了定期让党外的群众开展对党员的民主评议活动,加强了村民群众对党员的监督。有些党支部还建立了党员联系农户的制度,让村中的每位党员都固定联系若干户村民,在加强对村民宣传教育的同时,也想方设法解决村民们遇到的各种困难。这在增加群众和党支部及全体党员之间的相互了解、增进群众对党支部工作的参与等方面发挥了良好的作用。

在"先富能人治村"的背景下,当前村民的制度化公共参与方面,尚存在若干有待于解决的问题。首先是后选举阶段村民公共参与的不足和缺位的问题。可以说,农村基层民主建设的不完善,已经成为阻碍村民在后选举阶段公共参与发展的制度根源。例如,在后选举阶段,如何对村干部的治村行为加强监督是一个极其重要的问题。而在具体的村治实践中,由于治理精英的权势地位及其在村庄中其他人很难企及的影响力,村民群众事实上很难对其工作开展有效的监督。尽管现在有关法律和制度明确要求,村级公共组织应将村庄治理和建设中的重要事务和有关信息向全体村民公开。但事实上,在村务公开栏上张贴出来的,往往是无关紧要的数据和信息,很多老百姓真正期盼的关键数据和信息则总是难觅踪影。况且,就是细心的村民们发现了公开的信息中存在的问题,由于当前的村务监督制度中缺乏刚性救济条款,一般老百姓也很少有机会找到有关机构和干部质询,所以最后总是不了了之。又如,村民在后选举阶段对村庄公共生活公共参与的不足,实际上还暴露出村民对公共参与的兴趣和村务监督的积极性不够高的问题,个中原因,同样值得探讨。其中不容忽视的一点是,在村庄公共生活中,村民如果要通过自身的公共参与加强对村庄治理和建设的监督,就必然要耗费相当数量的时间、精力。甚至还要冒由于参与村务监督、揭露村治中存在的问题,而与有关治理能人乃至整个村干部领导班子交恶的风险。而有关村民通过自己公共参与所得到的收益,在通常情况下却不得不与村庄内的全体村民共享。正如美国政治学者曼库尔·奥尔森所言,"这种集团利益的共有性本身就意味着:任何个人为此共同利益作出的牺牲,其收益必然由集团的所有成员所分享"①。由于公共参与所付出的代价与能够得到的预期收益不对称,许多村民在权衡之后就选择了消极参与甚至不参与,他们指望其他村民能够积极参与村庄的公共政治生活,并取得有关的参与收益和效果,以利于他们趁机"搭便车"。而如果大家都这样想,就容易导致村民群众在后选举阶段公共参与的普遍消极现象。

其次是现有的村民自治制度设计的滞后性和宽泛性问题。众所周知,村民自治制度,是党和政府在改革开放以后为了适应乡村治理和建设的新形势而制定的一项重要法律制度。然而,在当时,由于政府有关部门对村民自治这个新事物还缺乏了解和研究,对全国各地的村庄治理具体情况缺少深入比较,最后所制定的村民自治制度尽管具有较好的普适性,但是也暴露出明显的滞后性和宽泛性问题。前者表现在对乡村治理中出现的新情况缺乏相应的制度规范,尽管国家在修订《村组法》时已经尽可能地让有关条文跟上不断发展的形势,如针对现阶段乡村村民的流动性问题,新修订的法律规定,"户籍不在本村,在本村居住一年以上,本人申请参加选举,并且经村民会议或者村民代表会议同意参加选举的公民应当经登记后列入选民名单"。但总体上而言,村民自治有关法律的修订和更新,仍然滞后于日新月异的乡村治理和建设的新形势。后者表现在对一些农村地区出现的富有特色的村庄治理模式,国家在法律和制度层面上没有及时出台相应的制度规范。例如,在东部沿海一些省市的农村地区,不少靠近城镇的村庄的土地已经被基本征用,村里的农民已经无地可耕,如此一来,其村民自治的具体运作势必要做出相应的变更,并展现出其自身的村治特点。又如,在一些集体经济发达的村庄,为了壮大村庄的集体经济基础、提升自己在市场竞争中的实力,这些村庄通常在整合集体经济的有关资产后,走向公司化运作的道路,村级党支部和村委会的干部则通常在公司中发挥着主导和掌控作用。而村民委员会和村级集体经济合作社等村级组织,则由于其建立的基础通常是以村庄经营农副产业为前提,因此在这类村庄公共权力的运作中往往被边缘化,甚至是有名无实。所有这些,都是制度设计者值得引起关注的问题。

总之,由于乡村治理和建设的实践总是要快于有关制度设计的步伐,因此村民自治制度面临着随着不断发展的村治实践,作出相应的制度完善和更新的任务,惟其如此,才能不断促进村民群众在村庄公共生活中的制度化参与,才能切实保障村民群众在村民自治中的主体地位。

---

① [美]曼库尔·奥尔森:《国家兴衰探源》,应中等译,北京:商务印书馆1993年版,第21页。

（三）加强对村庄精英和普通民众的教育和引导，推进乡村政治文化的现代化

辩证唯物主义认为，人的思想和观点来自于客观现实世界，同时，反过来，人的思想观点形成后又能对其行动起到指导作用。毛泽东曾经讲过一段很经典的话："人的正确思想，只能从社会实践中来，只能从社会的生产斗争、阶级斗争和科学实验这三项实践中来。人们的社会存在，决定人们的思想。而代表先进阶级的思想，一旦被人们掌握，就会变成改造社会、改造世界的物质力量。……一个正确的认识，往往需要经过由物质到精神，由精神到物质，即由实践到认识，再由认识到实践这样多次的反复，才能够完成。这就是马克思主义的认识论，就是辩证唯物论的认识论。"[①]

因此，人们接受什么样的政治思想和政治文化，直接关系到他们采取什么样的政治行动。从一定意义上说，"政治文化主要是指影响人们的政治参与的社会传统因素，是一种价值观的约束，它深刻地影响着人们的政治行为。从中国历史的发展来看，传统政治文化的巨大历史惯性（主要是几千年小农经济造就的人身依附性、思想的依赖性，信奉天命、唯命是从，无权无势的平民百姓唯一企盼的是能有'圣君'、'明主'和'清官'的出现）长期左右着中国政治发展的方向，它抑制着农民的主体地位，阻碍着农民政治参与的积极性"[②]。在当代中国乡村政治、经济和思想文化的发展中，总是能找到传统和历史的影子。改革开放以来，中国广大农村基层地区村民公共参与总体上的滞后性，不能不说与这种中国历史上长期以来占统治地位的传统政治文化的影响有着深刻的关系。

党的十一届三中全会以来，随着改革开放在乡村基层的推进，乡村的经济运行体制与社会发展模式与改革开放前发生了翻天覆地的变化，与之相适应的是，人们的思想文化领域和精神世界也发生了根本性的变迁。在改革开放前，人们的思想是依附、被动、消极的，在广大农村地区普遍施行高度集中、政社合一的人民公社体制下，农村社会成员的生产、生活和行动都处于统一的行政掌控下，基本上没有生产经营和人身流动的自由。在这种经济和社会背景下，人们逐渐形成了依附性的思想，其对农村社区公共生活的政治参与，主要靠上级动员和组织，呈现出被动和消极的特征。改革开放以来，统分结合、双层经营的家庭联产承包责任制与强调村民自我教育、自我管理和自我服务的村民自治制度，取代了原来的政经社合一的人民公社体制，人们在获得生产经营自主权的同时，也获得了人身流动的自由。为了维护自己的经济发展权益，表达自己的意见和主张，村民群众对村庄公共政治生活的参与热情，较之以前有了明显的提升。从总体上而言，现阶段的乡村政治文化，

---

① 毛泽东：《毛泽东文集》（第8卷），北京：人民出版社1999年版，第320～321页。
② 陶岳潮：《我国现阶段农民政治参与的新特点》，《科学社会主义》2004年第4期。

"正在从传统政治文化向现代政治文化转变,政治文化的参与倾向日渐明显,变得越来越支持公共的政治参与"[1]。

同时,值得我们警惕和保持清醒认识的是,尽管乡村经济社会的发展对乡村政治文化的推进有着重要作用,然而,人们思想文化的变迁,却不能一味依赖经济和社会的发展,否则就是消极的和不明智的。徐勇在实证调研的基础上完成的《中国农村村民自治》一书中也指出,经济发展水平尽管是推进村民自治的重要因素,经济发展水平与村民自治水平之间,却并不总是呈现出正相关关系。例如,实施村民自治制度以来,在以农业经济为主的中原地区,涌现出了不少村民自治比较规范的村庄,而在东南部沿海地区一些个私经济发展比较迅速的乡村的村民自治中,倒是暴露出不少偏离村民自治原则精神的问题和现象。民政部在 1995 年评选出的"全国村民自治模范委员会"中,经济发展水平颇高的广东省的入选村庄,也远不及经济发展水平比较一般的湖南省多。据此,我们似乎可以得出结论:较高的经济发展水平,是推进村民自治发展的必要条件,而非充分条件。另外值得我们关注的一点是,改革开放以来,中国广大乡村地区与城镇地区一样,经济发展的速度和达到的水平,明显超过了政治发展和民主推进的速度和水平,两者之间呈现出不对称的发展速度和趋势。这就向我们提出了加快发展农村基层民主、推进村民公共参与的任务和要求。因此,文化教育和宣传引导,应该在乡村政治文化的现代化中扮演更重要的角色。

在"先富能人治村"考察背景下,基于上述的理论分析,要推进村庄公共政治生活中的村民公共参与,就需要大力加强对村庄精英和村庄普通民众这两个层面的村民的教育和引导,以加快培育能人治理背景下村庄公共生活中现代化的政治文化。

一是要加强对村庄精英的教育和引导。对有关先富能人治理型村庄的实证研究表明,在村庄治理比较理想、村民公共参与比较规范的地方,通常村庄精英都在其中扮演着重要的角色。这首先与村庄精英较高的参与水平和参与能力有关。和普通村民相比,村庄精英往往具有更远的眼光和更广阔的思维,拥有更高的价值追求,以及对公共参与的意义有更深的思考,因此,村庄精英在村庄公共生活中的参与,往往比普通民众更深入、更广泛,也更容易获得参与的成就感。在浙江省绍兴嵊州市剡湖街道张村调研时,几位村民代表在座谈时告诉我们,他们在参与村委会选举和重要村务的决策、管理活动时,是非常严肃认真的。他们在讲到部分村庄在村委会选举时的贿选现象非常不以为然,并在话语中对本村在选举时基本上没有买卖选票的情况而感到自豪。他们自己在投票时,则首先会考虑该候选人适不适合当村干部,如果认为不合适,哪怕是对方来说情拉票,最后也不会将选票投给他。上述话语较充分地表现了村庄精英们在公共参与中的公共理性。其次,我们常常

① 周平:《我国的公民政治参与和社会主义民主政治建设》,《中国政治》2000 年第 4 期。

可以发现,村庄精英之所以在村庄公共参与中比普通民众更有作为,除了其拥有更高的参与水平和参与能力外,最为关键的一点,实际上是他们一般拥有比普通村民更强的参与责任感。他们既对自己能够在村庄公共生活中发挥比一般民众更大的影响力而感到自豪,同时也觉得自己应该对村庄的发展和建设负起更多的责任,应该对村庄的公益事业有更多的作为,认为自己更应该通过公共参与,对村庄公共权力的运作建言献策。

因此,应该坦承,较之村庄的普通民众,村庄精英通常的确在村民自治中发挥着更大的作用,体现出更高的公共参与效能。有学者指出,"纵观社会发展的历程,每一个社会群体都离不开精英人物的主导和带动,同样,精英尤其是村治精英在村级治理中的地位和作用是不可取代的。所以,中国农村村民自治能否有序、健康发展,取决于村治精英的主导作用"[①]。所谓村庄精英在村民自治中的主导作用,一方面,要求村庄精英在村民自治的民主选举阶段积极参与选举,或者作为候选人积极参与村干部的竞选,凭借他们的智慧和能力,在竞选成功、进入村级公共组织后,带领全村民众治理和建设好村庄;或者作为选民严肃考虑能带领村民群众搞好村政建设的合适干部人选,认真地投出自己的一票。另一方面,则要求村庄精英在村民自治的民主决策、管理阶段,主导或积极影响村庄公共权力的运作,推进村庄各项建设的有序开展。

村庄精英在村庄治理和建设中要发挥上述主导作用,就必须具有较高的政治文化素质。因此,在推进村治进程中,执政党和政府有关部门应该特别注重通过教育和引导,提升村庄精英在下述几个方面的素养。首先是道德素质。作为村民中的一员,村庄精英在村庄公共生活中的参与,肯定有其私利性的考虑,然而,其既然是村庄中的精英,就不能不对村庄的治理和发展担当起更多的责任,作出更多的思考,有时候,甚至需要作出一定的个人利益的牺牲。其次是民主意识。和普通村民一样,村庄精英的政治文化心理和思想,不可能不受中国传统政治文化的影响。然而,村民自治的原则精神,却是对中国乡村传统服从型政治文化的彻底超越。作为村庄精英,应该通过学习和实践,从更深层面上把握村民自治的民主精髓,在村民自治的各个环节积极参与,真正成为村庄治理和建设的引领者和主导者。

二是要加强对普通民众的教育和引导。调查研究和考察分析表明,和村庄精英在村庄公共生活中的影响和作用相比,普通村民在村落社区的公共参与中,不管是参与的机会还是参与的主动性,都要逊色很多。实际上,在国家有关村民自治的制度安排中,已经对如何凸显普通民众在村庄治理和建设中的主体地位作了很多思考。事实上,这也是国家有关部门在历次《村组法》的修订中重点关注的一个主题。可是,直至今日,总体上而言,普通村民群众在各地乡村基层公共政治生活中

---

① 董江爱:《精英主导下的参与式治理——权威与民主视角下的村治模式探索》,《华中师范大学学报》(人文社会科学版)2007 年第 6 期。

的公共参与水平和频率,都处于不够理想的状态。

我们认为,普通村民群众在村庄公共生活中的参与滞后,有其多方面的原因。首先,这与改革开放以来国家全能型治理模式在乡村基层的消解有关。在人民公社时期,全体农村社会成员在生活集体化、行动战斗化、组织军事化的高强度管理体制下,就公共参与来说,参与什么、怎样参与、什么时候参与,都是上级统一意志的产物,该时期的群众运动看似轰轰烈烈,实际上根本无法反映和说明农村民众真实的思想和愿望。改革开放以来,随着人民公社体制的解体,广大农村社会成员不再需要被动员起来进行高频度的参与,普通村民群众对村落社区公共生活的参与,也就自然而然地减少了。其次,这与政治理性程度的提高有关。在改革开放以前,就村民公共参与而言,与其说是农民自己的主张和要求,还不如说是对上级安排的服从和接受。党的十一届三中全会以来,广大农村民众不管是对乡村的经济生活还是政治生活,都获得了前所未有的自主权。因此,不少村民群众在公共参与前,常常先要进行一番基于利益和价值的考量,如果他们觉得参与村庄事务没有多少的价值,最终可能就会选择放弃。

尽管普通村民群众对村庄公共生活参与的减少不一定是坏事,在某些时候,可能还反映出其更高的政治理性。然而,村民群众毕竟是村民自治制度的法定主体,如果村民群众在村民自治的四个环节(民主选举、民主决策、民主管理、民主监督)要么被动参与,要么放弃参与,就无法真正实现乡村治理和建设中的群众性自治,就无法真正体现村民群众在村落场域公共生活中的主体地位,而这实际上也就在某种程度上宣告了村民自治的整体性失败。因此,要切实推进村民自治在中国各地乡村的深入和发展,党和政府有关部门除了注重发挥村庄治理精英和非治理精英在村治中的主导作用,还必须通过加强教育和引导,提高广大村民群众的参与水平和参与意识。有关部门还要特别注重提升村民群众对村庄集体的认同感、责任感和参与中的公共理性。需要引起注意的一点是,实行家庭联产承包责任制以来,村民群众获得了更自由的经营选择和更广阔的发展空间。随着致富途径和机会的增多,很多村民选择了离开村庄去外地谋划发展,这就导致了他们和村庄之间关联度的减少。相应地,他们对于村庄里的三年一次的村委会选举和日常的村庄管理,也失去了往日的关注兴趣和参与热情。要解决这一问题,从根本上而言,恐怕有赖于加快推进各地的新农村建设,加快实施乡村的城镇化和非农产业的发展。唯其如此,才能重新增强村落社区在村民群众心目中的地位和凝聚力,才能在乡村民主增长的进程中,逐步提升广大村民群众对村庄社区发展的责任感。

二、"先富能人治村"背景下村民公共参与的发展走向展望

基于上文的分析,不难看到,能人治理对乡村民主建设产生了重要影响:能人治理下村民参与的分化致使村民自治蜕变成精英自治,能人治理下村民公共参与

形式与实质的矛盾导致了普通村民公共参与表层化,能人治理下村民公共参与的不协调使得农村基层民主主要局限于选举民主。然而,村民自治是现阶段中国农村的法定体制,如果我们能认真考察分析"先富能人治村"背景下村民公共参与发生变迁的原因,积极寻找推进村民公共参与的对策与途径,能人治理势必朝着村民自治的理想目标发展。相应地,村民的公共参与也将呈现民主化的发展趋向。

(一) 从能人主导向普遍参与转换

调查表明,在能人治理的村庄,能人主导和控制着村庄公共权力的运作过程,普通村民对村庄公共生活的参与和影响度较低。村民公共参与虽有一定的发展,但没能把占村民最大多数的普通村民有效地纳入公共参与的范围,在民主参与的广泛性上未能达到真正意义上的群众自治理想目标。这些局限降低了村民自治的民主性,也对村庄治理形成了一些负面影响。一方面,折射出现代民主理念与公共权力运作的精英原则之间难以避免的张力;另一方面,反映出继续扩大村民公共参与,深入推进村民自治的必要。

从法理上分析,村民自治最突出的特点之一,就是村民参与的直接民主性和群众性。即村庄公共权力在村民群众直接、广泛、高效的参与下运作,村庄公共事务由村民群众直接决定和管理。在理想的村民群众自治状态下,各阶层的村民群体均能广泛地参与村庄公共生活,切实影响村庄公共权力的运作过程。治理能人、非治理能人、普通村民三个群体相互协调和有机合作,呈现出良好的互动关系。

然而,由于受农村经济社会发展和村民素质的制约,在中国农村治理实践中,制度设计中的村民自治理想状态尚未成为客观现实,相当部分村庄事实处于能人治理阶段。但是,从能人治理向群众自治转换将是村民自治演进的必然趋势,村民的公共参与势必实现相应的转换,从能人主导转向普遍参与。第一,由村民群众依法管理自己的事情是村民自治的基本原则与精神,村民自治的发展势必朝着理想目标不断推进,要求村民公共参与的日益扩大和逐步提升。第二,能人主导村庄公共权力的一个重要原因,在于普通村民缺失可以掌控和利用的政治、社会资源,以及自身素质的约制。随着农村的进一步改革与发展,村民利益意识与民主素质的提升,普通村民必将逐渐寻求对村庄公共政治生活的广泛、深入参与,日益主张法律赋予自己的自治权利。正如徐勇教授所说:"随着农村经济的快速增长,农民不会再将自己限定为单一的'经济动物',而会提出进一步的政治要求,民主管理和社会参与将扩大。"[①]第三,农村经济社会的发展也会对村庄治理提出更新更高的民主要求,需要逐步扩大村民群众参与,集思广益,推动农村基层民主和乡村和谐发展。

---

① 徐勇:《由能人到法治:中国农村基层治理模式转换——以若干个案为例解析能人政治现象》,《华中师范大学学报》1996年第4期,第8页。

（二）从形式性参与向实质性参与转换

在能人治理背景下,普通村民处于弱势地位。"实力"上的局限使得普通村民只能扮演形式性公共参与者的角色。从形式上看,村民已经按照有关部门及村社区制定的法律、制度规定,参与了村庄公共权力的运作过程。但是,村民的参与事实未能对村庄公共权力运作发生实质性影响。然而,村民自治的发展客观要求降低能人的支配性影响,消除普通村民的参与无力感,以缓释两者之间的紧张关系。这就要求逐渐增进村民群众对村庄公共权力运行的实质性参与,借助村民群众对公共参与实际效应的切身感受,逐步提高村民群众的政治参与效能感。

可以预见,随着村民自治的推进、农村经济与政治的发展、普通民众政治参与热情和技能的提升,其在村庄公共生活中将不断谋求自身影响力,最终实现从形式性参与到实质性参与的根本转换。首先,以"三个自我"、"四项民主"为核心的村民自治制度本身要求普通民众真正成为村治的主人。在村民自治实践中,党和政府积极鼓励地方的民主创新,充分肯定了"秘密划票"、"海选"等推进村民实质性参与的成功经验。其次,在形式性参与的实践中,普通村民客观上获得了宝贵的民主训练,从而为乡村民主的成长创造了内在条件。同时,制度和程序在农村的累进式增长,使制度和程序"从抽象、没有个性、没有生命力的理想状态逐渐变成具体、生动的实然状态,累进式的制度化进程适应了农民对制度的认同心理和接受能力,把农民对能人的信赖、尊重与感激之情迁移到对制度的态度与情感上来"[1]。这些因素的共同作用,势必推动村民公共参与"逐渐实现由形式化民主到实体性民主的转化"[2]。再次,随着农村经济社会的发展与村庄公共资源的积累,村治的得失与导向将直接影响到村民群众的切身利益,因此普通村民将提出深入参与村庄公共政治生活的要求,以表达和维护自身利益。

（三）从选举参与向全程参与转换

民主选举是村民自治的前提,也是党和政府最为关注并着力推动的重要环节。在能人治理背景下,村民群众经由能人的动员,广泛、积极地参与到了村级民主选举活动之中。然而,在后选举阶段,普通村民的参与明显不足,致使民主决策、民主管理、民主监督成为了村民自治发展的薄弱环节。

根据村民自治的原则与精神,村民群众的自治权不仅有民主选举权,而且包括民主决策、民主管理、民主监督权。村民的公共参与应当是一项贯穿村民自治运行全过程的民主机制。民主选举解决的是自治机构的权力来源、更替和合法性问题。

---

① 王金红:《村民自治与广东农村治理模式的发展》,《中国农村观察》2004 年第 1 期,第 68 页。

② 徐勇:《乡村治理与中国政治》,北京:中国社会科学出版社 2003 年版,第 62 页。

但由于权力的运行方式还具有相对的自主性,"权力来源问题的解决并不能消解或替代权力运行的问题"[1]。因此,权力的行使过程也需要有村民群众广泛、深入、高效的民主参与。通过让村民群众尽可能广泛、深入地参与村庄的治理过程,可以集思广益,群策群力,使村庄公共权力的运作更具"合法性",使村庄公共事务的管理更加科学,更符合广大村民群众的意愿,从而取得更好的治理效益。治理能人固然是通过民主选举产生的,但选举的民主化并不能替代治村过程的民主化、高效化、规范化,只有借助于村庄公共事务决策、管理和监督过程的村民广泛参与,才能有效保证村庄公共权力运行的合意、有序、有效。

从法理上讲,村民自治制度设计的民主选举、民主决策、民主管理、民主监督四个环节,是有机统一的一个整体。"四个民主一架车",缺一不可。在村民自治发展的初期,中央和地方政府选择民主选举为村民自治发展的突破口,给予了特别关注和重点推动。在能人治理下,更进一步地造成了村民自治四个环节的不协调,后选举阶段的民主明显不足。然而,随着村民自治实践的推进,党和政府将日益重视村民群众在村民自治过程的全程参与,以"实现村民自治的深层次突破,把民主决策、民主管理、民主监督完善化、系统化"[2]。从村民群众自身的情况看,在村民自治制度实施之初,限于自身素质与水平,普通村民在村庄公共生活中常处于"失语"状态。然而,随着村民自治的推进,村民民主意识的觉醒和民主技能的提升,普通村民将逐渐摆脱"无政治阶层"状态,日益寻求对村庄治理的话语权,不仅要求参与村级民主选举,而且要求村民自治全过程的深入参与。此外,随着农村经济社会的发展,不仅要求通过选举产生能贤的村庄领袖,而且要求村庄领袖在村治过程中充分体现民主的工作作风。广泛听取村民群众的意见,充分吸纳村民群众的参与,虚心接受村民群众的监督,严格依据村民群众集体制定的村规民约处理村庄公共事务。因此,从选举参与到全程参与将成为村民公共参与发展的重要趋势之一。

---

① 景跃进:《行政民主:意义与局限——温岭"民主恳谈会"的启示》,《浙江社会科学》2003年第1期,第27页。

② 厉复魁,于新恒,王亚珍等:《乡村基层民主建设的现状、难题及对策》,《社会科学战线》2002年第6期,第235页。

参考文献

一、著作部分

1. 徐勇. 中国农村村民自治. 武汉：华中师范大学出版社,1997

2. 徐勇. 乡村治理与中国政治. 北京：中国社会科学出版社,2003

3. 陶东明,陈明明. 当代中国政治参与. 杭州：浙江人民出版社,1999

4. 卢福营. 能人政治：私营企业主治村现象研究——以浙江省永康市为例. 北京：中国社会科学出版社,2010

5. 费孝通. 乡土中国. 北京：北京出版社,2008

6. 毛泽东文集(第1~8卷). 北京：人民出版社,1999

7. 卢福营. 村民自治发展中的地方创新. 北京：中国社会科学出版社,2012

8. 萧楼. 夏村社会：中国"江南"农村的日常生活和社会结构(1976—2006). 北京：生活·读书·新知三联书店 2010

9. 陈晓莉. 政治文明视域中的农民政治参与. 北京：中国社会科学出版社,2007

10. 张静. 基层政权：乡村制度诸问题. 杭州：浙江人民出版社,2000

11. 十一届三中全会以来党和国家重要文献选编. 北京：中共中央党校出版社,2008

12. 景跃进. 当代中国农村"两委关系"的微观解析与宏观透视. 北京：中央文献出版社,2004

13. 袁方等. 社会学家的眼光：中国社会结构转型. 北京：中国社会出版社,1998

14. 莫里斯·迪韦尔热. 政治社会学. 北京：华夏出版社,1987

15. 毛丹,任强. 中国农村公共领域的生长——政治社会学视野里的村民自治诸问题. 北京：中国社会科学出版社,2006

16. 马长山. 法治的社会根基. 北京：中国社会科学出版社,2003

17. 浦岛郁夫. 政治参与. 解莉莉译. 北京：经济日报出版社,1989

18. 白钢,赵寿星. 选举与治理. 北京：中国社会科学出版社,2001

19. 王锡锌. 公众参与与行政过程——一个理念与制度分析的框架. 北京：中国民主法制出版社,2007

20. 贺雪峰. 乡村治理的社会基础. 北京：中国社会科学出版社,2003

21. 卢福营. 农民分化过程中的村治. 海口：南方出版社,2000

22. 张厚安,徐勇. 中国农村政治稳定与发展. 武汉：武汉出版社,1995

23. 项继权. 集体经济背景下的乡村治理. 武汉：华中师范大学出版社,2002

24. 张厚安,徐勇,项继权等. 中国农村村级治理——22 个村的调查与比较. 武汉：华中师范大学出版社,2000

25. 吴毅. 村治变迁中的权威与秩序. 北京：中国社会科学出版社,2002

26. 唐鸣等. 村委会选举法律问题研究. 北京：中国社会科学出版社,2004

27. 于建嵘. 岳村政治——转型时期中国乡村政治结构的变迁. 北京：商务印书馆,2001

28. 赵秀玲. 村民自治通论. 北京：中国社会科学出版社,2004

29. 仝志辉. 选举事件与村庄政治. 北京：中国社会科学出版社,2004

30. 王汉生,杨善华. 农村基层政权运行与村民自治. 北京：中国社会科学出版社,2001

31. 萧唐镖等. 多维视角中的村民直选. 北京：中国社会科学出版社,2001

32. 袁方等. 中国社会结构转型. 北京：中国社会出版社,1998

33. 陆学艺. 改革中的农村与农民. 北京：中共中央党校出版社,1992

34. 陆学艺. 当代中国社会流动. 北京：社会科学文献出版社,2004

35. 毛寿龙. 政治社会学. 北京：中国社会科学出版社,2001

36. 张乐天. 告别理想——人民公社制度研究. 上海：东方出版中心,1998

37. 托克维尔. 论美国的民主. 北京：商务印书馆,1988

38. 孟德拉斯. 农民的终结. 北京：中国社会科学出版社,1991

39. 伯尔曼. 法律与宗教. 北京：生活・读书・新知三联书店,1991

40. 约翰・罗尔斯. 正义论. 上海：上海译文出版社,1991

41. 杜赞奇. 文化、权力与国家. 南京：江苏人民出版社,1995

42. 罗伯特・D. 帕特南. 使民主运转起来：现代意大利的公民传统. 南昌：江西人民出版社,2001

43. 谢和耐. 中国社会史. 南京：江苏人民出版社,1995

44. 曼库尔・奥尔森. 国家兴衰探源. 应中等译. 北京：商务印书馆,1993

45. 曼瑟尔・奥尔森. 集体行动的逻辑. 陈郁等译. 上海：上海三联书店,上海人民出版社,1995

46. 熊彼特. 资本主义、社会主义与民主. 北京：商务印书馆,1979

47. 罗斯金・迈,等. 政治学(第六版). 北京：华夏出版社,2002

48. 孟德斯鸠. 论法的精神（上下卷）. 北京：商务印书馆,1982

49. 黄卫平,汪永成. 当代中国政治研究报告Ⅲ. 北京：社会科学文献出版社,2004

50. 塞缪尔·P. 亨廷顿. 难以抉择：发展中国家的政治参与. 北京：华夏出版社,1989

51. 塞缪尔·P. 亨廷顿. 变化社会中的政治秩序. 王冠华等译,上海：上海人民出版社,2008

52. 西摩·马丁·李普赛特. 政治人——政治的社会基础. 张绍宗译. 上海：上海人民出版社,1997

53. 石伟. 组织文化. 上海：复旦大学出版社,2004

54. 程同顺. 中国农民组织化问题初探. 天津：天津人民出版社,2003

55. 吴振坤. 20世纪共产党执政的经验教训. 北京：中共中央党校出版社,2002

56. 韩雪. 从多元到和谐——和谐社会的构建. 北京：社会科学文献出版社,2006

57. 黄宗智. 华北的小农经济与社会变迁. 北京：中华书局,2000

58. 黄宗智. 长江三角洲小农家庭与社会变迁. 北京：中华书局,1992

59. 李培林主编. 中国社会分层. 北京：社会科学文献出版社,2004

60. 裴斌. 治世·盛世·和谐社会. 北京：中国社会科学出版社,2010

二、论文部分

1. 卢福营. 论农村社会转型中崛起的经济能人群体. 浙江师大学报（社会科学版）,1998(5)

2. 华农心. 一个应引起重视的政治现象——中国农村能人政治分析. 前进,1997(3)

3. 吴毅. 制度引入与精英主导：民主选举规则在村落场域的演绎——以一个村庄村委会换届选举为个案. 华中师范大学学报（人文社会科学版）,1999(2)

4. 徐锋. 我国公民政治参与的成长与执政党政策活动的变化. 河南社会科学,2003(1)

5. 吴坚,戴天才. 选得好,是百姓之福——义乌市村委会换届选举采访札记. 今日浙江,2005(5)

6. 卢福营,金珊珊. 集体经济资源丰富背景下的村庄治理. 中共宁波市委党校学报,2008(5)

7. 卢福营. 个私经济发达背景下的能人型村治. 华中师范大学学报（人文社会科学版）,1998(3)

8. 卢福营. 集体工业发达背景下的村治. 浙江师大学报(社会科学版),1999
(1)

9. 于建嵘. 利益、权威和秩序——对村民对抗基层政府的群体性事件的分析.
中国农村观察,2000(4)

10. 徐勇. 现代国家的建构与村民自治的增长——对中国村民自治发生与发
展的一种解释. 学习与探索,2006(6)

11. 卢福营. 群山格局:社会分化视野下的农村社会成员结构. 学术月刊,
2007(11)

12. 刘义强. 民主巩固视角下的村民自治. 东南学术,2007(4)

13. 卢福营,江玲雅. 村级民主监督制度创新的动力与成效. 浙江社会科学,
2010(2)

14. 孙琼欢,卢福营. 中国农村基层政治生活中的派系竞争. 中国农村观察,
2002(3)

15. 应小丽. 协商民主取向的村民公共参与制度创新. 浙江社会科学,2010
(2)

16. 王金红. 村民自治与广东农村治理模式的发展. 中国农村观察,2004(4)

17. 景跃进. 行政民主:意义与局限——温岭"民主恳谈会"的启示. 浙江社会
科学,2003(1)

18. 潘自强. 乡村典章:农村财务治理的制度创新. 农村经济,2010(1)

19. 黄俊尧. 论村民代表会议与"先富群体治村". 浙江学刊,2009(2)

20. 万慧进. "先富能人"担任村书记的绩效、存在问题及其对策. 中州学刊,
2007(3)

21. 卢福营. 论村民自治运作中的公共参与. 政治学研究,2004(1)

22. 吴毅. 村治中的政治人. 战略与管理,1998(1)

23. 纪圣麟,周炳泉,陈军. 先富群体竞选村官现象调查. 乡镇论坛,2003(8)

24. 卢福营. 村民自治的发展走向. 政治学研究,2008(1)

25. 卢福营. 村民自治与阶层博弈. 华中师范大学学报,2006(4)

26. 陈正权. 建立高效能乡镇政府之我见. 乡镇论坛,2009(10)

27. 吴思红. 村庄精英利益博弈与权力结构的稳定性. 中共中央党校学报,
2003(1)

28. 卢福营. 遭遇社会分化的乡村治理. 学习与探索,2007(5)

29. 黄俊尧. 先富能人参政背景下的村庄政治生活. 云南行政学院学报,2007
(4)

30. 王信川. 义乌老板们的村官仕途. 经济月刊,2003(11)

31. 贺雪峰. 论富人治村——以浙江奉化调查为讨论基础. 社会科学研究,
2011(2)

32．陶岳潮等．我国现阶段农民政治参与的新特点．科学社会主义,2004(4)

33．裘斌．从管理到服务：乡村社会治理思路的创造性转换——上虞市谢塘镇"四不出村"工作法调查．甘肃社会科学,2012(6)

34．董江爱．精英主导下的参与式治理——权威与民主视角下的村治模式探索．华中师范大学学报(人文社会科学版),2007(6)

35．徐勇．由能人到法治：中国农村基层治理模式转换——以若干个案为例兼析能人政治现象．华中师范大学学报(哲学社会科学版),1996(4)

36．仝志辉．精英动员与竞争性选举．开放时代,2001(9)

37．陈晓莉．村民自治中的乡村政治人：以陕北S村为例．学习与探索,2007(5)

38．郭正林．卷入民主化的农村精英：案例研究．中国农村观察,2003(1)

39．厉复魁,于新恒,王亚珍等．乡村基层民主建设的现状、难题及对策．社会科学战线,2002(6)

40．裘斌,郑德荣．论乡村政治信任重建中的村民公共参与．社会科学战线,2013(6)

◆◆◆ 附　录 ◆◆◆

访谈实录

在当下中国农村基层，"先富能人治村"到底给村民的公共参与带来了怎样的影响？在能人治理的背景下，村民公共参与呈现出何种运作态势？如何推进能人治理型村庄的村民公共参与？要探究这些问题，不仅需展开多维度的理论探讨，而且更有赖于实实在在的田野考察。基于上述认识，笔者在开展本项研究时，非常重视"先富能人治村"视域中村民公共参与的实证考察和分析，努力将实证研究作为理论探讨的前提和基础。我们认为，对于当代中国乡村治理研究而言，只有建立在实证考察上的理论探讨，才是具有生命力的。

开展本项研究时，在当地政府部门有关负责同志的协助下，我们选择了浙江省嵊州市俞村、棠村、张村、何村等比较典型的先富能人治理型村庄，作为重点考察的样本村。在具体的调研过程中，我们注重从多方面搜集访谈、文献、影音等各种有助于我们分析和研究的材料。我们尤其注重对能人治理型村庄各阶层村民访谈材料的搜集和分析，尽管在田野调研中亦可采取问卷调查、数据统计等其他调研方法，但是我们认为，针对乡村基层大多数村民的知识背景而言，一定范围内深入而细致的访谈，更能够洞察村民对有关问题的认识和看法，更能够获得村民自治运作的丰富信息和资料。

以下为我们在本次田野研究中搜集的部分访谈材料，相信对读者了解乡村基层的治理和建设会有一定的帮助。在访谈过程中，我们紧紧围绕"先富能人治村对村民公共参与的影响和对策"这个主题展开和深入。参加访谈的，既有政府机关工作人员，也有乡村基层党政干部；既有村庄中的书记、主任，也有村民代表和普通的村民群众。由于访谈的对象不同，我们交流的话题也有所不同。访谈对象在具体交流中的话题既有我们意料之外的精彩拓展，也会时而出现答非所问的情况。在不影响阅读的前提下，我们一般不对有关材料作大尺度的改动，以保证访谈资料的原汁原味。

一、嵊州市人民政府、乡镇地方政府部分基层干部座谈实录

（参加座谈者：嵊州市人民政府信息科科长张涛，中共嵊州市剡湖街道组织委员金哲贤、中共嵊州市剡湖街道工委党建办主任邢春江、嵊州市浦口街道组织员郑晓惠，等等，访谈时间：2012 年 8 月，访谈地点：剡湖街道办公室、浦口街道办公室）

问：你们怎么看待"先富能人治村"这个问题，目前农村基层乡村治理中有哪些值得注意的趋势和动向？

金哲贤："先富能人治村"是一个必然的发展趋势，对于一个村干部而言，如果他连自己的小家都发展不了，很难设想他能带领一村村民将村庄发展起来。

"先富能人治村"，由于村庄带头人是经济条件较好的村庄中的一员，他就会在村庄财务运作中比较规范，手脚会比较干净。

"先富能人治村"体现了先富能人的一种价值追求，物质上的欲望满足后，会进一步追求精神层面的东西。很多能人担任村干部以后，都能够想方设法将村庄治理和建设好，以赢得老百姓的口碑，也不枉几年下来的工作。

不过，也有一些能人担任村干部以后，并没有将精力放在村庄治理上，导致村庄发展受阻，老百姓并不满意。

村庄的制度建设，有的村搞得不错，如嵊州市三界镇八郑村的"八郑规程"，不过有些东西太复杂了，村干部和老百姓不一定看得懂，至于能否做得那么完善，就更值得担心和怀疑，很可能到头来变成形式主义的东西。所以村级事务的规范化建设，我认为做到公开、公正、公平就可以了。

现在总的情况，还是民主选举阶段做得比较好，声音比较响亮，民主决策、民主管理、民主监督三个阶段做得弱一些。不过，情况也在慢慢地改善，很多村干部越来越在乎村民的评价和议论，他们知道，如果自己上任村干部后虎头蛇尾，乱搞一气，容易招致村民群众的失望、不满甚至批评。而且许多村干部必须考虑到，如果自己这一届村干部当得不好，那么下一届村委会选举时，自己就很难获得村民们的选票了。这种压力也会转换成他们在选举后的各个环节认真工作、为民做事的动力，从而促进后选举阶段村务工作运行的规范化。

对于贿选，现在实际上很难定性，也很难操作。有些候选人在选举前到村民家中走一圈，递几支烟，甚至几包烟什么的，能说这一定是不正之风、贿选吗？好像也不能这么说。

有些村委候选人在选举期间提出竞争承诺，如"假如当选就帮助村民减轻税费负担、免除上缴费用"之类什么的，实际上表明了这村干部有打算，有努力方向，是应该鼓励的一种行为。

对于选举阶段一些候选人的公关活动,我的看法是要么大家都走动,要么大家都不走动,这样比较公平些。

农村基层民主的推进是一个新事物,事实上是在中国民主政治素质最低端的乡村推行民主化步伐最大的村民群众自治。任何村民,只要年满十八周岁,都可以参加村民选举,这力度是空前的,恐怕是可以和欧美发达资本主义国家的公共事务运行民主化相媲美。

我来乡镇街道工作的时间并不长,我 1997 年绍兴文理学院经管系会计专业毕业,在黄泽镇政府工作了 6 年,在市政府工作了 6 年,给常务副市长当秘书,在市委政研室工作了 2 年,来街道还只有几个月时间。调查农村基层的民主推进情况,关键应该是村级组织运行的规范化,抓住这一点很重要。

邢春江:能人治理问题也要具体村庄具体分析,有些能人治理型村庄并不是治理得很好。我们街道有一个能人治理型村庄,有外来人口 2000 多,村子比较脏乱。担任村领导的两位村主职干部(村主任和村书记)并不和睦,他们自己经营的实业也并不大,老百姓对村干部的满意度一般。

就我们街道能人治理型村庄而言,非常好的和非常差的都只是少数,大多数是中间型的村庄,这就是我们街道能人治理型村庄的治理现状。

我主要搞党组织建设这一块,对村庄的实际情况了解得并不深和多,相对而言,驻村指导员和联村干部更有发言权一些。

郑晓惠:有些能人并没有担任村主职干部,但是他们却像一只看不见的手,在幕后影响着和操纵着村庄权力结构的运作。

现在的村民自治法律制度体现了民选民治的精神,其大方向固然对,但是,由于村主任是由村民选举产生的,他很可能会不太配合乡镇街道的工作,自行其是,对于这些人,上级有关部门是非常头痛的,但又没有好的解决办法。这种现象在实行村民自治制度以前相对而言要少得多。

我调到浦口街道还没有半年时间,想起来好像做梦一样,当时听人说,组织部在选拔干部,就这样随大流去报了名,后来笔试、面试居然都通过了,于是就到这里当了组织员,组织员地位稍低于组织委员,但也属于班子成员。

相对而言,班子里面,组织员的压力是最小的,其他乡镇领导都有发展经济、维持稳定等各种硬任务,相比较而言,我这一块主要是负责干部管理,事情不复杂。

村里的书记在平时的工作中还是比较配合的,这同我们对干部的要求有关系。党的下级要服从党的上级,这是一条严格的组织纪律,不要说村支书,就是村里的普通党员,也很清楚这一点,所以线上的事情布置下去,各村书记还是比较配合的。

另外,党员违纪、违规,根据有关章程规定可给予通报批评、甚至留党察看等各种处分,这也是一柄管理党员干部的尚方宝剑。所以,党员干部这一块的管理相对容易一些,相比较而言,村委会这一条线的管理就吃力一些。

张涛:不要以为能人治理型村庄就什么都好,事实上,不少能人治理型村庄隐匿着许多问题。如在选举时拉票贿选，选举后矛盾重重，这种现象在能人治理型村庄同样存在。

对于调研者的入村，有的支书可能并不欢迎，建议做好足够的思想准备。

尽管这几年政府有关部门对于村民自治做了许多工作，也有不少成绩，但实际情况和理想的制度设计之间还是有明显的差距，先富能人治理型村庄同样不例外。

二、嵊州市浦口街道俞村村主任、村支书访谈实录

（参加访谈者：俞村村主任李永兴、村支书赵建华，访谈时间：2012 年 8 月，访谈地点：浦口三维网业公司办公室）

问：作为村干部，里里外外都要管，肯定很忙吧？

李永兴：当村干部的压力主要是社会压力，你做的好事百姓可能很快就忘记了，但你做的糗事，老百姓可能会经常唠叨起。我们每次过年时，不管老小，都发给每个村民 1500 元。

赵建华：村里在信用社的公款还有 600 万。

问：有这样的实力，村里做事应该比较容易吧？

李永兴：是的，所以有人当时曾经提出将钱分掉，我们没有动心。现在村委选举时，用钱拉票是很普遍的，一般一张票两条烟是起码的。

问：据我们了解，情况确实如此，有些地方更厉害，不少老板参选的动机也各异。你们村怎么样？

赵建华：我们村没有这种现象，你是否需要去村里老百姓家里作些走访？

问：正有这样的打算，不过像我这样冒冒失失地去走访，村民们会不会有排斥心理？

李永兴：可让一个本村村民陪一下，如果我们陪去，那可以肯定，你听到的百分之百是好话。

问：据我了解，哪怕两位干部不陪同，相信我将听到的老百姓对你们班子及你们本人的评价，多数会是正面的。不过你们不在场的话，可能百姓讲话会更放松些。你们去，可能老百姓讲话要想一想：我这样讲，主任和书记是否满意呢？

李永兴：三十年来，的确，对我们工作有意见的总有个把人，这是难免的，但是很少很少，而且即使有意见，也不会多。

赵建华：不会多，是个别，只要年纪在 50 岁以上。

李永兴：建议你去看一看村里的村容村貌、自然景观，然后我们安排一位同志陪同你去走访。我们陪去的话，百姓不会讲一句不满意的话的。一则是本身满意，一则是我们在场。从选举角度来说，我们村干部是村民实实在在选出来的。一般的村庄去调查，听到的评价可能一半正一半负，这是很正常的。我们村不可能有一

半人反对,也就几个人反对吧。

赵建华:你晚上来的话,6点多可以来了,一些村民5点多就吃饭,7点多就睡觉了,估计每晚可以走访两三个人。

李永兴:早上8点左右,村里的广场里已经很热闹了,晚上和白天一样,跳舞、乒乓球、篮球什么的,非常热闹,村民的娱乐生活很丰富。

问:近几年来村里的选举情况如何?

李永兴:其实,关于村民选举的真实情况,政府有关高层是很难了解到的。选举期间,上面来的巡视员和特派员一般来看过就走了。事实上,有时候选举是很残酷的,你不按他们的要求填候选人,流氓破脚骨就可能打人,很多村的派系斗争很严重。不知道中央对农村基层的这种情况是否知情?

就全省而言,可能几个选举的样板村是做得比较好的,但是相当部分村的情况是不容乐观的。很多村,主任和书记是唱对台戏的。我说对,他说错。他说对,我说错。就是不给对方顺利做事的机会,否则对方有功劳了,不利于自己。我们村是比较和谐的,要两个人以上去街道反映村里问题的还没有过。就我们村来说,凝聚力还是有的,老百姓也不会来反对的,一般做事还是比较顺利的。独户人家去上面反映可能会有吧?像外面有的村,村民去北京反映的都可能要排成一个长队。

赵建华:现在有些村干部并没有把上级政府放在眼里,他们认为自己是民选的,不必听上级的指示。

问:我们准备明天开始安排对村民的走访座谈,今天先对两位村领导作个访谈。村主任能否先介绍一下自己的情况?

李永兴:1979—1983年,我在部队当兵,1983年我25岁,老赵27岁,我当主任,他当书记,现在看来25岁可能并不适合当主任,太嫩气了。在那时来说,我们都是正劳动力吧。当时,对我来说,当干部的经验谈不上,但体力是有的。干部团结才能做事,这一点我是有体会的。1986年开始我办厂,刚开始是预制板厂。就村办厂来说,那时是我和老赵牵头,集体办了一个玻璃丝厂,1984年开始,到1985年有了起色。当时模仿外面的做法,企业转制给个人,交承包款,当时集体办厂似乎已经有点落后了。然后,1986年开始,我和老赵另外办厂,当时也叫厂,但是很小,主要从事菜籽油加工,应该说效益还不错。当时也只能说是给村里带个头吧!当时,我和老赵家里都不宽裕,所以借了几千元钱,就是想改变生活处境。一直到1995年,然后将厂转给了他人,自己又买了一个预制板厂,花了30000元钱,当时有这么多现钱,自己感到已经很不错了。我的想法是:通过办实业为村里多做点事,这样自身有了点实力后,当干部的优势就体现出来了。

我认为当干部也是需要有点经济实力的,因为钱是人人喜欢的。家里很穷,往往会走歪门邪道。自身有点实力,讲话口气也能硬点。

1995年开始,预制板厂一直办到2001年,中间停了几年,又觉得太空闲,2004年又办了一个化工厂,搞了六七年。这个厂是2010年办的,已经有1200万投下去了。

　　我的体会是：自身厂办着，在群众中的威信也能高点，因为经济上面肯定能占点优势。老百姓选举时眼睛也是看过的，如果真的吃了上餐没有下餐，或者家庭压力很大的话，老百姓也很难信任你，因为事实上穷的人不一定能清正，往往富的人有很多是正当收入。特别像我们，是通过劳动一点一点致富的。

　　当了这么多年干部，自己为公家事招待几次客人也是有的，拿集体的钱买几包烟供自己用，这种事倒是没有的。这些，老百姓不一定能看得到，但村里负责财务监督的干部是清楚的。

　　三十年来，跟我们合作的干部，三五年更换一下是常有的，但我和老赵还没有更换过。我们也听到老百姓的很多评价，说我们干部当得还是挺可以的。

　　如果当干部的，这里也报销一点，那里也分享一点，老百姓往往有想法：他们将村里的很多钱都捞进去了。我们关于这一点是有底气的。你去调查一下，相信村里对我们在村里财务管理方面是不会有意见的。对老百姓来说，哪怕你用掉村里的三四千钱，他们也会觉得这钱我们也有份的。

　　现在，高层贪官贪几千万，人家不一定能看见。但农村干部贪两千、三千，百姓也是看着的。

　　我们村小，氛围不错，相互之间的交流也多。三十年来，我尽管一直办厂，但坚持一条：村里的事情有办法可以想时一定尽量想办法。那就是为了百姓的好处，我们做下去，老百姓还是会看到的。这一方面，我和老赵两个人是一定想办法去做的。因为即使老百姓要求做、想做，但我们不去牵头想办法，也是永远做不掉的。因此，关于这方面，我们是一直走在前面的。该做的事，或者老百姓想做的事情，我们先自己脑子里盘算一下，做下去到底有什么实惠、好处，我和老赵也经常为此商量。村里先后投下去的也有七八百万了，群众上访什么的从来没有过。有些村，村干部花了三五十万，群众已经议论纷纷了。我们村里没有这种情况。

　　我们1988、1989年开始在农村浇路，是水泥路，还有绿化。在嵊州市，我们可以说是带了个头。那时路浇得并不像样，是土办法上马、劳动力集工，我跟老赵带头，也跟百姓一起做，可以说是相当不容易。那时群众是相当高兴的，村里有这样一个变化，对老百姓来说也是想不到的。因为原来走路毕竟不方便，泥土路，一下雨，根本走不了路。路浇好后，老百姓很形象地说，从此以后，我们的雨靴可以脱掉了。那时村里的土地已经承包到户，全村尚有七百亩田。每次农忙时，田里的稻谷都要用谷担一脚高一脚低地经过泥泞的村路挑回家的。所以，路能浇起来，这是老百姓以前想都不敢想的，当是劳动力全都是免费的，一户人家几个人分担，一点水泥钱是集体出资的，其他全部免费。

　　问：那时支部书记已经是赵建华担任了吗？

　　李永兴：是的，1983年开始一起当上的，马上快30年了。我们干部一直可以说是超前的。1984年接自来水，那时也是靠劳动力，材料钱是集体的，其余全部是义务劳动。我们这些建设在做，老百姓去上访、举报是没有的。有个把人不满是难免的,但很少很少,我们一般是尽量将工作做在前面,跟我说的,我向他做工作,跟老赵说的,老赵向他做工作,一直到做通为止。

问:村里做事的程序能否介绍一下?

李永兴:如果投资上万以上的,跟老百姓有利害关系的。这时候,首先,我和老赵两个人商议:此事可不可以做?想不想做?定下来想做的,再同村委和支委联系,我们村总共只有四位干部,我是村主任兼村委,老赵是兼村委的。现在很多村里,6个干部往往分成两派,相互拆台,这样就不可能做事情了。

我们是两个人先商量好,基本上可以了,估计是十有八九会成功的,然后跟支委和村委商量。一般他们都会支持,个别情况下他们会提出不同意见,这时一般我或老赵会担当起来,出现问题,由我们负责和处理。再下一步,是跟老干部商量,他们现在都七十多了,文化大革命时就是干部。有必要时,我们会将这些老同志请到办公室,跟他们说我们想做的事情,以争取他们的同意和支持。再下一步,就是党代会,这实际上是一种形式,党员一般坐在一起,要群策群力实际上是不大可能的,一般是两种情况,要么是意见一致,要么是推翻掉。

再下一步,是召集三十多个村民代表。这时我们已经基本上胸有成竹了,该怎么做也已经有思路了。这时村代表也会提出五花八门的问题,我们基本上就当场回答掉了。不管是代表举手表决,还是口头表示也好,绝大多数情况下,事情都能顺利通过。有时也会有个别代表表示,这事麻烦是有点麻烦,但绝对没有人会提出这事这样是不行的。

我们村子里大的建设投资上百万,确实有压力,这毕竟不是国家工程。

那时村里修路,其实碰到的不仅仅是钱的问题,还有一个是要取得全村村民支持和配合的问题。当时,村民在家旁村边埋了不少露天粪坑,有的搭了车棚,都要我们一个一个地去做工作。我们那时基本上采取一只粪坑赔多少钱的做法,有个别钉子户,我们则针对性地做工作,与老赵关系好的人,老赵去做工作,与我关系好的人,我去做工作,我们两人都不行的,让其他的村委和支委出面做工作。

很多情况下,我们做的时候,有些老百姓会说,为什么要做呢?有必要吗?但一旦做好后,老百姓一般都会赞同和肯定。我们村里没有一只村民的个人粪坑,而只有公共厕所,这已经是十几年前的事情了,所以我们村在文明方面是走在前面的。村里的绿化、亮化工程,也往往是别的村还没有想到,我们已经开始做了。

我们还有一条经验:我们的书记很聪明,每年让代表和党员出去,名义上是考察,实际上是出去放松一下,这样回来后也有凝聚力。

赵建华:好的村庄考察几个,顺便放松一下。

李永兴:不仅仅是党员,有时是老干部代表,所以党员、干部、老同志对我们的工作是大力支持的。还有一点,任何场所,我们始终将老领导放在第一位,从来不是我和老赵居第一,年夜饭也好,其他场合也好,让他们坐上房头。这样,其他干部、村民就会相应地尊重我们。

我们刚当村干部那会儿,我和老赵是最年轻的党员,另外的全部是老党员,是文化大革命时期的党员。我们很尊重他们,每次开会时,我们替他们泡好茶再开会,当然,会还是我们召集的,因为我和老赵是书记、村长。

工作的经验谈不上,我们的原则是群众想做的,群众愿意做的,基本上做掉,经过这么几年的努力,村里的开发也已经搞得像模像样了。

我们村实际上是浦南大道的中心区域,马路旁的摊位是很多的,是自发形成的。我们觉得很有商机,村里开会议决后马上造了一个农贸市场。我们对村里的群众说,现在建市场可能挣不了钱,但以后可能很有前途。现在市场已经比较热闹了,经常有几百人在交易,这些考虑和打算,一般的干部是不会想到的,我们现在投资实际上是在求发展。

赵建华:以前,村里的人买菜要到镇里,费钱又费时间。现在,我们将村里的市场建设好,是省时省力又实惠的事情。

李永兴:办起市场后,尽管我们暂时不向经营者收摊位费,但老百姓富了,而且这样一来势必是租房户越来越多,不知不觉之间房租和房费都会涨价。一个小套间本来租金是 100 元一间,现在可租 200 元,因为承租者出入可以买菜了,村旁又有公共汽车、公共卫生院的资源可以享受,这样租房子肯定是越来越多,所以我们开会时对与会者说明,造市场,村里不一定能创收,但老百姓肯定能挣钱。现在村里如果你看到住着小两口的,通常是外面来的承租者,这方面百姓的收入是明显增加了。因此,老百姓对我们是比较感激的。因为我们看到的问题,老百姓通常是想不到的。譬如,现在市场一建,马路一造,租房子越来越多,这样不想租的人可自住,想租的人则可租掉挣钱。

刚开始,我们听到一些承租者的叹息:房子租在你们村,交通是便利的,就是买菜比较麻烦。我们了解到这些信息后,就决心建立一个市场,以提升本村的区域优势,所以,我们做一件事情,都是经过认真的考虑的。

问:我们看到,现在乡村基层呈现出一种趋势,即先富能人当村干部的越来越多,你们怎么看这个问题?

李永兴:先富能人当干部有一定的优势,但话说过来,也需要投入精力。在现在的选举制度下,具有实力的人,当干部的机会还是有的。但当好当坏,下来后还得听老百姓的评判。

问:本村选举时,村民的参选率如何?

李永兴:除了确实外出,只要在村里的人,一般是全到的,我们村是全部自己投票。有的村,选票被人收走了,村民失去了填票的权利,我们村没有这种情况。选举时,一些村委一般会跟老百姓打个招呼,希望选他,我是不去打的。我也不会去说,"大家选我吧,让我再当几年村主任"。从我的票数看,选民 900 多一点,我上次得 861 票,得票率基本上是 90% 以上。

问:这很不容易,一般能得三分之二以上的选票已是很难得了。你当了这么多年村主任,街道也了解了。选举时,他们有否给你打招呼:你再当几年吧?

李永兴:选举时,马桶旁踩高跷的人确实是很多的。双方票数一样多的,不得不选两次的也很常见。一般街道也不太会来说,不鼓励也不会来说其他的话。一般的情况是,对他们来说,谁选出来当村主任都差不多。

所以有的村有许多村民都当过村主任。如我们旁的一个村,当过村主任的有八个人。作为老干部,通常应该给他们一点待遇,这对村里来说也是一笔不小的开支,他们村当过书记的也有八个人。而我们村三十年间两位主职干部一直没换,他们村基本上一届就换掉了,仅有个别人当了两届。

问:这么多人当过干部,对村里工作的开展可能比较被动吧?

李永兴:村里有这么多元老,选举时肯定很热闹。

赵建华:这样一来,村里的事情也就比较难做。开党员会议,20几个党员中,当过村主任和村支书的占了十五六个,这就往往会猫拖老鼠。我们村就一位老书记。

李永兴:以后我们退位了,他就是老老书记了,就这么个客观情况。我们对他是很尊重的,实际上,我们也通过这种方式在教育和引导村民:当干部就应该这样做,不能忘记老干部。老干部对我们也很放心和放手,从来不来干预我们的工作。刚开始当时,他们有事还说几句,后来就越来越放心了。

赵建华:村里大的事情,我们一般都先跟他们商量,毕竟我们的经验跟他们是无法比的。现在,我们做了这么多年的干部,说句实在话,当干部的经验,还是我们丰富了。所以,现在,无非是我们跟他们说一声在做什么事情,尊重他们,他们也从来不干预。刚开始,我们刚上去时,他有时也帮我们出点子,现在就不来说了,年纪也大了,六十七八岁了。

问:选举时,村里的工作还顺利吧?

李永兴:选举,在我们村基本上也就是过过场。

赵建华:在我们村,主任、书记也好,村委、支委也好,选举时一般都没有悬念,干部也不用操心。

问:有些村选举时很热闹,本村怎样?

李永兴:我们村老百姓一般自己来,先过来将票拿去,然后是填票,再就是投票。

赵建华:我们村不像有些村,唱票时很热闹,村民们盯得很紧。我们村唱票时也就几位工作人员,最后统计好后公布一下,谁是书记,谁是村主任,老百姓一般是不来盯的。

问:平时,关于村里工作方面的事,村里老百姓来提些建议、出些点子,这样的情况多不多?

李永兴:很少。现在农村中,说句实在话,经验比我们足的,已经没有了。现在的情况是:村务工作中不合理的地方,有些人也会跟我们说说,合理的地方,也即是建设性的意见,他们一般也提不出来,因为他们往往想得没有我们这样齐全。我们作为村干部,在规划村里的事情时,也会尽量办得又好又省,我还是很注意节约的,老赵更加节省。

赵建华:比如造灯光球场,想想要花这么多钱,当时也实在不敢大手大脚。

李永兴:不管是灯光球场,还是村里其他一些重要设施,我们现在都是一步到位,连灯都配好。

赵建华:你晚上来,会看到很漂亮的村容村貌。

李永兴:特别是花坛景观什么的,我们都很注意逐步完善。

赵建华:和城市不能相比,但在农村社区,应该算不错了。

李永兴:档次不能比,但场地可以比。我们是老百姓的钱,也不能大手大脚。但是钱我们是有的,我们村还有存款1600万。城市的建筑是有品位的,我们从品位上不敢跟他们比,但是在农村里是比较超前的。

我们村里,现在村民在活动中心办红白喜事是免费的,村里青年人在那里举行婚礼什么的也都是免费的。这样,老百姓是很高兴也是很感激的,应该说30年来,他们对我们村干部是很感谢的。

实际上现在城关镇也有一些街道的居民提出来,希望在小区建立一个公共活动中心,500到900平方米的,可举行婚礼什么的,但往往难度很大。事实上,这的确是很好的一个工程,社区居民在里面举行婚礼什么的,至少能省下三、五千钱,而且还有气氛。现在你去嵊州宾馆办,还没有茶水,但在我们这里办,茶水是没有问题的,还很有气氛。我们是专门有人管理的。我们在这方面是走在前面的,我们2009年开始建,2010年建成,一步到位,有750多平方米,还有1200平方米的广场。

问:村里的居民有多少?

李永兴:我们村600人,另外一个自然村450人,共1050人。

问:通常村里有一部分人,具有较高水平和实力,办厂的或者经商什么的,这批人对村里的工作是否支持?

李永兴:从来不反对,我们也没有让他们为村庄的事情破过费,因为我们村比较富。但如果我们跟他们说,希望他们做点善事、出点资什么的,他们都会支持。

问:现在街道布置下来的任务多不多?

李永兴:不太有,比较少。

赵建华:硬任务就是按时交纳农合保险金,我们村是统一交掉了。计划生育这一块,现在担子轻了,超生的不太有了。

问:看来现在村子里的事还是自己管理自己的比较多?

赵建华:是的,在这样的背景下,像我们就提前想到老百姓想做又做不掉的村庄事务,我们去做掉,像浇路什么的,而且一边浇好一边就硬化掉。

李永兴:我们还是想得比较周到的。前五六年,买车的人越来越多,我们就集体造了四十多个车位。现在我们村里车子已经超过一百台了。农户家里一般老房没有车库,新房有车库,我们就先想到了老房没有车库这一点,随意停放又容易发生刮擦事故,因此有加建一批车库的必要。目前部分车库已被居民租用,付一点租金,钱很少,主要是方便村民,这一点我们是考虑得比较早的。

问:村里的收入主要是来自哪方面?

李永兴:集体收入主要靠利息。2006 年土地开发后,开发委有部分土地返还,约有 70 亩,现在用于集体出租,而不是一卖了之,所以收入主要来自土地盘活资金及利息。而我们对这笔钱绝不乱用,而是借给了开发委,每年有 70 万利息,当年作为红利分给百姓。

赵建华:开发委利息每年 60 万,给老百姓 90 万,村里实际上尚需贴进 30 万,医疗保险 10 多万,卫生、球场管理、老年活动室管理费等也需三四万。

李永兴:卫生费起码一万,每天清扫一次,雇人扫,自己村里人,一万一年,公园管理也是一万。你不管什么时候来,都是那么清洁。每天早晨 5 点开始,扫到 8、9 点钟,垃圾拖掉,厕所冲掉。

问:村里老百姓的收入如何?

李永兴:老百姓百分之十经商,百分之九十打工,打工的机会很多,周边有很多工厂企业,两口子打工收入有五六万,过年时村里发一点福利,应该说老百姓的进步是比较快的,村里有车的估计已有六七十户,或七八十户,我们也不是很清楚。

问:现在主任办厂,书记主要从事哪方面工作?

李永兴:原来书记也是办厂的,现在跟我一起在做。

赵建华:办过厂,但是不太理想,现在主要协助主任一起打理企业。

问:两位领导办厂、管理的有关经验对当村干部帮助大吗?

李永兴:我们认为办厂的人去当干部还是有好处的,在村庄管理和建设中会比较超前。老赵的思想还是我更加解放些。我比较超前,老赵一般很多时候舍不得花钱。

问:你们两位是很好的搭档,可否这样说,主任负责开源,书记负责节流?

李永兴:这是事实,这句话是真的。我做事的确比较超前,老赵用钱比较节约。如在建村路时,我就主张起码要建 5 公尺宽以上,那时候很多农民都觉得没有必要多花钱。现在大家觉得 5 公尺也不够宽了,所以这方面我的思想要比大伙更加超前些。

又如上世纪 80 年代造房,一般农村就规划宅基,我们就同时规划好了绿化带,这在其他村是没有的,这还是 1986、1987 年的时候。

赵建华:现在村子里规划村路至少要 10 米了。

李永兴:老赵当书记很爱惜集体的财富,老百姓都比较满意的。支部选举时,我们都是高票当选。

赵建华:当时村里要从四人中选出三名支委,当时老百姓民主测评测出来 3

个,但街道坚持必须要四选三,我们没有办法,只好硬着头皮做工作,让另外一个人出来陪一下,后来是会计出来陪了一下。

李永兴:当时街道也感到很难理解,怎么会有这样的事?选三个人,就推选出三个候选人,而且个个都是满票,而有的村是选得一塌糊涂,有的村要选两三遍。有的村 30 名党员,很可能有 20 多个候选人,全部上来了,而我们村是高度集中的。

问:现在有的村派系斗争比较厉害,这里怎么样?

赵建华:闹派性的村最糟糕。

李永兴:闹两派的,村里的那帮痞子容易成老大。他们会利用书记和主任的矛盾,扩张自己在村中的势力。个别村委和支委则为了个人目的,利用这股势力,这样村里就会搞得乌烟瘴气。在我们村里,如果有这样的人,他们也施展不开手脚,因为我和书记之间很团结,哪怕别人来离间也是没有用的。我们有事情总是先商量,而且我们做事情很尊重和倾听民众的呼声。一件事情,如果时机不成熟,我们宁可先缓一年,到明年有了呼声和舆论再做,而不是蛮干,蛮干往往要出问题。

我们有时候做事也下了很大的决心。如关于露天粪坑的事,我们从 1987、1988 年开始就规划逐步消除了。

赵建华:刚开始时是 100 元补偿一只,后来逐渐提高了补偿标准。

李永兴:我们决心很大,要求村民务必将粪坑全部移掉,补贴标准可以谈,高的补偿 300 元的也有,但移与不移的问题则免谈。原来可能移掉一只要补贴 500 元,如果有的钉子户实在不肯配合,大家都移掉了,就剩下他的一个不肯移,那我们也就铁下心来坚决将其铲除掉了。所以,现在村里没有露天粪坑,我们村干部的功劳是比较大的。现在有的村走进去,还有整排整排的粪坑。

赵建华:有的村,在露天粪坑中,甚至在其他角落,小孩的尿不湿、妇女同志的卫生纸到处可见。

问:现在村委和支委共几个人?

李永兴:共 6 个。

赵建华:现在上面要求专职专选女村委,所以本来是 5 人,后来加上一个,共 6 人,一般的村是 7 人。

问:现在村子的干部报酬如何?

李永兴:报酬是有的,我们 12000,他们有近 10000。

赵建华:两位主职干部的报酬是街道发的,12800 元,另外的干部,我们村里补贴 8000 到 9000 元,万把块钱,也就是我们的 8 折。我们不去多拿的,因此其他干部也没有意见。如果我们拿 5、6 万,那可能其他干部就要有意见了,因此我们村经济方面的问题是没有的。

问:现在村里的监委会如何设置?

李永兴:有一个村支委兼着主任,上面规定的,有三个监委会成员,班子是齐全的。

问：村监委的运作情况怎样？

李永兴：比较顺利，拒签的事从来没有的。我们的公务开支非常清晰，主要是出去公务考察，非常阳光。如村里安排招待，以前较多，现在很少了，如果有必要的话，如晚上你在这里吃饭，我们就主任、书记、会计，再叫个委员签字，还是很规范的，不一定写上招待某某，但尽量写明开支项目。因此，在财务方面，我们做得非常透明，一个村就像一个家，兴衰老百姓都是知道的，因此我们做事非常谨慎。

问：村里的村务公开栏搞得任何？

李永兴：有的，定期公布，但不大有人去看，很少有人去看。这么几年下来，老百姓对我们几个干部已经非常了解了，他们知道像我们这几个干部是不会去乱花钱的。因此，财务方面对村干部们非常放心，并没有半点怀疑。

我们主要的公务支出是外出考察，村民代表一届一次，村两委一届一次，老干部一届一次。

问：现在不少乡镇要求村主职干部参加评议和述职，这里怎么样？

李永兴：基本上不弄。

赵建华：有向街道的述职，也有向村代表会议的述职，不一定每年搞，有时做有时不做，上面来人，要求做的，就做。不来要求，我们就不做了。

李永兴：说句实在话，这已经成为一种形式，有些管理混乱的村，实际上并没有村代表会议，签来的仅仅是名字而已，并没有实际上召开会议。每个人签三五个名字，应付一下。我们村里的会议记录，开会的人签字，不开会的人没有机会签字。28个人开会，就28个人签字。有些村的村民代表签字是去村户家里签来的。有些村的村长和书记每人拉住一帮代表，村里的事情在议决时往往过不了半数，事情就很难做。

问：村里的会议记录方不方便给看一看？

李永兴：可以的，没有关系的，方便的。

赵建华：由会计保管，下次可取来看一看，我有一本会议笔记，记得不全，你可先看一看。

李永兴：我们做得非常透明，也很规范，所以讲得响，当然做的事情赖也赖不掉。

我们做事情的原则是站在大多数老百姓的角度去考察问题，而不是从一两个干部的角度去考察。

还有一点，我们去做老百姓的工作时，一般讲"我们干部"认为、"我们班子"觉得，而不是"主任"认为、"书记"认为，这样老百姓就更能体会到沟通的分量，并予以更加慎重的考虑。所以，我们村里有事情基本上就村里解决掉了，去上访、去上面反映的几乎没有。

问：现在有些村的村干部尽管刚开始时承诺办什么，但后来往往会碰到各种困难而难以实施，你们怎么看这个问题？

李永兴：基本上是做不到的，要做到的只有一条：班子的团结。有些村里主任做事很是艰难，任完三年已经是很不容易了，有的村甚至村印被人收走。据我们了解，有好几个村的书记连财务负责人都不是。

赵建华：经合社社长要村民代表选举产生，有些村民代表如果和书记不合，就不选他，这样就不能按制度设计的那样当上经合社的社长了。

李永兴：所以，有时制度规定的，操作起来并不能如愿。制度是上面设计出来的。如果这样的事，中央、省里有人来考察，他们可能连听都听不下去了，可能压根儿就不相信有这样的事。"不是上面规定书记兼经合社的社长吗？怎么会这样呢？"像这样的事，街道的主任和书记也很难出面加以控制，否则，村里可能要翻天了。所以很多时候制度管制度，实际操作管实际操作。现在很多村选代表也不规范了，选代表也是买的，所以基本上可以说，选举这件事应该说是失败的，是整体失败。如果每次选举时候选干部都要花钱去买的话，10次下来，整个村庄就买穷了。我们村实际上属于委任制，如果需要出钱买的话，我们老赵就吃不消。

赵建华：我肯定吃不消，也不会去买。

李永兴：30个党员，每人一千，就是3万，而且这样做的后遗症很大，分到的人要怀疑：这钱，你是不是要拿回去的？没分着的人则不满，矛盾就产生了。

我们百姓可能会说，也真是的，太让我们的干部便宜了，选举时香烟钱都不用开销。但其实他们的心里是清楚的，对干部是放心的。别的村，有的连一个支委都要花5条香烟，最好的村庄也要分2条烟的，所以选举制度是失败的。实际上只要选举制度完善一下就可以了。其中文凭是一定要完善的，这一点很重要，现在是不管流氓破脚骨都可以，对文凭和年龄不作要求，村干部候选人50岁也可以，70岁也可以，这一点其实也要紧，或者是30岁到50岁，到60岁亦可，干部的年龄结构也要好。

问：现在政府不是有规定，5类人员不能作为候选人吗？

李永兴：很难做好，有些刑满释放人员也被选进去了。当然，现在规范也在逐步规范起来了，比以前好了些。

问：除了文凭，你们认为其他什么比较重要？

李永兴：其他基本上都已经写进去了，从年龄上来看，有的村选出来的干部竟然有70多岁，这样的话，当选者的目光和能力都会成问题。当然，这主要是对初选者的限制，对于本来就一直在当干部的，可以另当别论。如我国一些中央干部已过70多岁了，还在当，那是因为他们一直在当干部。

赵建华：有个村，村委和支委中，一个68岁，一个70多岁，也没有多少文化，这样的人怎样为村民谋划呢？

李永兴：所以这样的选举制度整体上是不够完善的，作为村干部，带头很重要。

赵建华：自己的眼光也很重要。

问：书记和主任是什么文凭呢？

李永兴：我原来是高中生，书记稍微低些，是初中文凭。

问：现在你们觉得当村干部最好能有什么文凭？

李永兴：最好有高中文凭，这确实需要，否则普通话也不会讲，像我们就不会讲普通话，这有时候会很不方便，像有一次绍兴市领导来考察，老赵就不会讲普通话，影响了交流。所以如果能将素质限制在高中文凭，素质方面就能进步99％，一帮小混混都是初中文凭以下，这帮人就被排除了。现在村里选举实际上很大程度是被小混混弄破的。在选举的头三五年，一批流氓、破脚骨纷纷参选，选举一下子就乱掉了。

问：有村民说，现在村里，要么是流氓当村干部，要么是老板当村干部，你们怎么看这个问题？

李永兴：是的，关于这一点，连我们也可揩点油，我们出去，说起来，我们是主任、书记，他们就会想：哦！是村里的土霸王。如果高中或者大学毕业，再去当流氓，就来不及了。不过，一定要大学生，那也是没有必要的。总的来看，读过高中、大学，当过兵的，去当破脚骨，是很少的。现在有的村选举时，一些流氓把持选举，你去填选票时，旁边有人盯着你必须选某某，否则就会给你颜色看。

赵建华：有的村填选票时，有人用硬邦邦的东西抵住村民的腰，完全蜕变成一种暴力胁迫。

问：不是有秘密投票间吗？

李永兴：规定是这样规定的，但在实际选举中基本上票是拿去的。我有时也对上面的同志说，你们汇报选举情况时，不能汇报得太好，我们村的汇报也是"基本正常"。有的村在选举时搞得剑拔弩张，部队保护，在往上汇报时，县委书记汇报说"好"，省委书记再往上汇报时就是"更好"了。在有关汇报材料中，"选举时打伤2人，打死1人"这样的话是不会写进去的。

问：上面对选举制度是规定得越来越细，如要求设立秘密投票间，等等，看来要真正做得很规范，是不是难度很大？

李永兴：是的，像我们村，也就是最近一次设立了秘密投票间，以前都是提前一天，百姓将票领走，第二天放回来。最近的一次做得非常严格，设立了秘密投票间，一边进去，填好后放入箱，一边出来。对我来说，这没有压力，他们拿回去选我，不拿回去也是选我。像有的村就搞得很紧张，老百姓的选票一到手就被夺去了。一般的村，在1000个选民中能争取到550票已是很理想了。有些候选人将选民从北京、南京接回来，这一票一般就是他的了。很多候选人在公开前就知道他可能得多少票，一般八九不离十。

赵建华：王家村的主任跟我们很熟，曾经跟我们说，多少选票花了多少钞票。有的每票出300元，也有出400、500的，多的也有1000元。

李永兴：像我们村，老百姓好像并没有从选举中得到实惠，但实际上得实惠的,恰恰是我们的老百姓。有些老百姓当面不来说,背后也在说:人家在选举时,都在发东西,我们村主任就怎么不来分几条烟呢? 我是这样的,选举时,中华牌放几包在身上,选举时,看到百姓就发支烟,而要去人家家中,放几条烟,我是不会去弄的,说出来也难听。我们村 900 位选民,我得票 861,有几个人外出,失去几票是很正常的。有几位选民则抱着反正投不投选票,都是这几个人当村干部的想法,而没有去填投选票。

三、嵊州市浦口街道俞村蒋姓村民访谈实录

(参加访谈者:蒋姓村民,访谈时间:2012 年 8 月,访谈地点:蒋姓村民家中)

问:你家里几口人?

蒋:4 口人,女儿已经出嫁,儿子二十三岁,自己五十多岁了。

问:俞村各方面做得比较规范,村里干部在做的工作,你清楚吗?

蒋:具体的工作并不是很清楚,但我们村的主要干部从 1983 年开始担任至今,我们都是认可的。

问:这几年来,干部们确实做了很多事情,通常在做前,老百姓这里是否来通一下气?

蒋:一般村民代表开会协商,普通老百姓是不可能个个都通知的。一般先是同村民代表沟通,村民代表再传达给老百姓,老百姓都是满意的。

问:村里制度中有一块是"村务监督",你是否知情?

蒋:我们知道有这一制度,但实事求是地讲,我们普通老百姓也不可能都去监督,我们一般均通过村民代表实现对村务的监督。

问:你的意思是村民代表对村务的监督,也就是老百姓对村务的监督?

蒋:对,这就是村民代表的作用,况且,村务一直定期在公开栏公示。

问:你认为本村的村务公开做得规范吗?

蒋:有否规范,我们也不太懂。

问:那你看得清楚吗?

蒋:看得清楚,但要说对其中的每一件事情都搞得一清二楚,这是不现实的。

问:本村的特点是主任与书记办厂,已办了近三十年了,你觉得他们办厂对村务的开展是否有益处?

蒋:他们一直在办厂,其管理经验对村里工作的开展是有好处的,当然,具体的情况我也不是很清楚。

问:你在哪里工作?

蒋:在我们俞村两个自然村之间的一家工厂打工。我妻子也在村旁的厂里。夫妻两人每个月能挣四五千,家里的负担主要是儿子要娶媳妇。

我们老百姓对村干部是满意的，这么多设施建起来了，而且时常村里给老百姓分东西，真的要算很不错了。

有些村是比较乱的，建设方面也没有起色。我们村能如此规范地建设起来，不容易，干部们是花了很多心血的，老百姓对他们也是很信任的。

问：三年一次的村委会选举能连任这么久，的确不容易，你是不是每次选举都参加？有没有村民因外出打工等各种原因，没有回来参加选举等事发生？

蒋：每次选举我都是参加的，其他村民一般也都能参加选举的，我们两个自然村哪怕加起来也不多，选举开始后很快就完成投票了。

问：村委会选举前，村干部是否来村民那里宣传、发动？选举期间，主任和书记有否过来，到村民家中作些自我推荐？

蒋：有的，他不表示这个意思，我们就不太清楚他还想不想再担任村干部。

问：一般是来村户家里表示呢，还是在开会等场合表示？

蒋：一般是来村民家中说一下，通常村民家中都会去走一下的。现在不比生产队，那时可开社员大会，现在大家都在上班。

问：有些村里，想竞选村干部的候选人会动用香烟或其他财物来获得村民的选票，我们村有这种现象吗？

蒋：我们村里是没有的，选举期间候选人向选民递一支烟是有的，但仅仅是一种礼节而已。说句实在话，村里的工作，我们普通村民不知道的也有很多，但是，能够将村庄治理成这个样子，我们老百姓总体上是满意的。现在，村干部不办事情的村庄有的是，村干部不和甚至吵架的村也有的是。村干部在做的一些琐碎事情，我们村民不知情的肯定有很多，说句实在话，很多事情我们也不懂。但就我们能看到的事情来说，我们是满意的。

问：一般农村里，选举时都是比较热闹的，我们村投票是怎样的程序？选票是否发至村民家中？还是去秘密投票间填票？

蒋：村民们都是去老年活动室领取和填写选票的，然后出来时将选票投进放在门口的投票箱，不是发至村民家中的。老年室门口专门有人坐着分发选票的，我们走到，他们就分给我们票子，然后我们填票，再就是投票，就完事了。

问：填票时，你填了谁，人家（特别是干部）能看到吗？

蒋：如果你想给人家看，那当然人家会看到，如果你不想给人家看，人家是看不到的，村民自由填票的权利还是有保证的。

事实上，在很多村，选票是向村民买的；有的村甚至花了好几百万，不过，买票的钱，肯定要拿回去的，这样一来，村里就乱套了，所以这些被人家买走选票的村民是糊涂虫。他们给你一百两百，当上了干部后，这些钱都是要从村里挣回去的。

问：有没有听到村里的村民发牢骚，人家村在选举时有东西可拿，我们村却没有？

蒋：那是没有办法的，这才是硬的规则。当然，如果村民想当村干部，且想用经济手段来助选,他也可以去买选票。但我相信在我村,他不一定能用钱买到选票。我们村的村民整体素质还是不错的,也团结,干部也清正。

问:在你看来,村民平时对村里的事务关心吗?

蒋:关心的,一般村里有事,村民都愿意出一份力。

问:你及周围的村民,如果对村里的事情有什么想法,会跟村干部提建议吗?

蒋:一般情况下,我是这样想的,我们工作也很忙,实际上也不太有时间去操心村里的事,这是一方面。另一方面,村里干部们已经做得很不错了,我们也不太有去多提意见的必要。

说句实话,如果干部之间有竞争和派系的,那么村里事情是很多的,部分村民对村干部做的事和待做的事评头品足的也很多。像我们村,一直就这么几位干部,互相之间也没有什么竞争,村里就很安定了。

问:你的意思是新站出来竞选村干部的村民很少?

蒋:不用说村主任和村书记,连新出来竞选村委和支委的人也很少,所以现任村委也已经连任好几届了。

总的来说,这表明老百姓对他们是满意的。实事求是地说,我对村里的事情并不是很熟悉,我1992年开始主要在外面开车,现在在厂里开叉车,工资低了点,但人也舒服。对村里的事,有很多我并不知情。关于选举,我所知道的,主要就以上这些。

问:我们村里,老板多吗?

蒋:很少,而且没有大老板,办厂的就主任等几个人,主任的工厂也不是很大,也就几十个人做。村里多数是打工的。

问:村里的那些能人和村主任、村支书唱对台戏的有没有?

蒋:村里能干的人是有的,但要冒出来和村干部抬杠的还没有,这是一方面。另一方面,村里出现什么纠纷也是难免的,但总的来说并不多,况且我们村也小。不比旁边的棠村,村大,历史复杂,强人也多。不过,他们村大,就不可能将村庄建设搞得和我们村一样好,那么漂亮。

问:现在乡镇布置给村民的任务是不是越来越少了?

蒋:是的,可以说没有,像合作医疗保险什么的,都是村里替我们交掉了。

问:依你看,是希望村干部事无巨细地将村务和老百姓沟通后再做呢,还是觉得一般的事没有必要都和老百姓说,干部做掉就是了,以提高效率?

蒋:小的事情我认为是没有必要跟村民交代的。大的事,他们肯定会通过村民代表传达和沟通的。说句实在话,村干部拿的津贴并不多,自己也很忙,也要去挣钱,要他们整天都扑在村里,无论做什么事都要向村民汇报,也太难为和苛求他们了。

反过来,村民也很忙,也实在没有精力去关心村里的大大小小事情,村干部们没有事来找我,我乐得轻松。以我而言,白天在厂里上班,晚上来村里,要做饭,要休息,自己的事也够忙了。现在村里的公园做得那么好,我们去玩玩,真的非常舒服。

问:是不是觉得村里的生活条件已经和城里差不多了?

蒋:除了买点东西是城里方便点外,其他方面,真的还是我们这里舒服。晚上,亮化工程开启后,村里非常漂亮。当干部是很不容易的,大小事情去麻烦他们,也是过意不去的,他们也在上班啊!

问:村里,除了三委一社,是否有其他较有影响力的组织?

蒋:我们的村土地都已经被征用,经济合作社的功能已经大大弱化了。我们村的百姓之间是很和睦的,晚饭后聊聊天,拉拉家常,生活得很不错,至于干部,已经担任了这么多年,大家都很相信他们。

四、嵊州市浦口街道俞村杨大妈及其老伴唐大伯访谈实录

(参加访谈者:杨大妈和唐大伯,访谈时间:2012 年 8 月,访谈地点:杨大妈家中)

问:请杨大妈介绍一下家庭情况行吗?

杨:我家里是老两口、小两口再加上一个孙子,我老伴以前是街道泥水合作社的,现在已经退休,每个月有退休金,我和儿子、媳妇常年在新疆乌鲁木齐做馒头,孙子在家读书,收入还是不错的。我今年 61 岁,我老伴 64 岁,儿子和媳妇现在在家休息,准备明年再去,孙子下半年读初中三年级。

问:村里开展村务的程序,你是否了解?

杨:不了解,但我对娱乐很感兴趣,经常去跳排舞,我们的腰鼓队还获得了奖。我是腰鼓队的头头,这奖状是奖给我们腰鼓队集体的,我们这样娱乐娱乐,生活是非常丰富的。

问:三年一次的选举,你每次回来吗?

杨:每次回来选的,一般如果我老伴在家,他替我们填票,我如果在家,就自己填票,总的是我老伴在负责。

问:现在一些地方在选举时,参选人要像美国选总统一样上去演讲,我们村里有这种情况吗?

杨:没有的。

问:候选人有否在选举期间过来打招呼?

杨:那一般总是有的,对于选举村干部,我们的观点是新的还是老的好,原来谁当的就选谁,我们有这样一种感觉:老的不用换!

问:村主任在选举期间有否来你家打个招呼?

杨:不走进来的,不过一般我们能感觉到他的意向,我的老伴也很稳重的,投

票时不会朝三暮四的。

问：你觉得村里的老百姓和村干部唱对台戏的有没有？

杨：老百姓一般不会去弄的，以我家来说，也是老老实实，不去寻事作孽的。做事从来不去抢先，一般反而是落后的。以我家房子为例，前不久，邻居造房时占用了原来属于我家的一点地，我们去向村里反映了一下，村里治保组过来看了一下，劝我们退一步，我们也接受了。我老伴也是很好说的一个人，那时泥建队散伙时，有的职工将队里的工具大大小小往家里拿，我老伴连一只小水桶也没有拿回来，那时还被我埋怨了。

问：你觉得本村村民对村里的事情关不关心？

杨：村里起头这么差，但是现在这么好，老百姓已经是很满意了。村里的村民对村干部不满的声音，可能在年轻人中也能听到一点，但对我们这一代来说，干部将村治理建设得这么好，是很满意的。而且干部也不贪，我们也从来不去怀疑干部贪，也不去关注这些。

问：你有没有这样的情况：就关于村里的事情，向村干部提些建议什么的？

杨：那是不去提的，是不去过问的。

问：村里是否有一些特别厉害的村民，这样的人多不多？

杨：这个我倒是不知情，我也不去关心这些。我向来只相信自己，不轻信别人的话，否则事情徒增心烦。我也很少和人家发生争执，如果有的话，也就是关于地盘的事和邻居有过，以前关于灌田水的事和其他村民有过点争执。

问：你对村里现在的情况是不是比较满意？

杨：那是的，村里搞得这么好，我也是做人都想不到的。我们自己这户人家变化得这样好，也是想不到的。

问：村干部做事是否来同老百姓商量呢，还是自己就做掉了？

杨：一般是我们老百姓要做事情去同村干部商量，如要买宅基地什么的，肯定要同干部沟通。

（这时，杨大妈的配偶唐大伯回来。）

问：本村村主任是办厂的，书记在协助他，他们经营厂务，对村里的事务和工作是否有影响呢？是否村中的事务会少操心一些？

唐：村里大事是没有，小事总是免不了的。家家都有自己的事，我们真的有事情，一般晚上跟他们去说，白天大家都忙。

问：村里做事情，造公园什么的要花很多的钱，村干部是否来征求村民们的意见？

唐：村里大的工程需要招标，一般都是党员和干部在管的。我们平民百姓既管不着，也不想去管。

现在，村里的土地征用掉后有几百万钱还存着，村民们每到过年都有一笔款子可以分。也有一些平民百姓有些担心，这笔钱这样存着，过了一些年后会不会没有呢？事实上，这种担心是没有必要的。

但是，社会上的确有不少这样的村，有了钱了，不知怎的就挥霍光了。有些村的干部花了两三万元钱去洗脚、玩麻将、按摩，这样的事，我也时有听到。能干的干部就会想到，这笔钱是不能随便用的，个人用钱还得个人另外去挣，这才是能干的干部。笨的干部就不管这些了。如果我们村的这笔款不少下去，不挥霍掉，老百姓是不会有意见的。

村里大的工程，几十万、几百万的钱在投资，村干部去征求每个村民的意见，那也是没有的。总的来说，当干部还是有权力的，每次选举总是权力的角逐过程。

问：本村也是这样吗？

唐：毫无疑问是这样的，候选人总会来说一下"选举时请投我一票"。我们村子的候选人就过来递支烟，有些村就不一样了，用钱换选票，100、200、500元的都有。像我们这类村民只想图个安全，从来不去竞选干部，有些人是削尖脑袋争干部做。

问：在本村，好像争做干部的村民并不多，你认为是什么原因？

唐：每个人的想法不一样，像我来说，已经这么大岁数了，已经没有这样的热情，也没有这份能力了。干部要当好是不容易的，要肯倒贴才好。如果想当准备捞一把的干部，总要被人奚落的。

问：有些村里闹派性比较厉害，这里怎么样？

唐：有的村闹派系分成三、五派的都有，我们村还算平稳的，也没有发生过大的事情，没有听见过老百姓发生过大的矛盾，或去上访什么的，有的话也是个别。像隔壁的棠村，百姓去上访、争斗的事例是很多的，他们村子也大，事情也多，有些村民甚至用刀，我们村用拳头的都很少见。

问：就本村而言，村里花了多少钱，村务公开栏写得清楚吗？你是否常去看看？

唐：我小时候看牛，没有时间和条件看书，后来农村大办钢铁的时候，小孩集中睡觉和学习，我们才有时间读点书，但文化程度还是很低，导致现在水平很有限，村务公开栏去看得不多，也不太看得懂。

问：村里三委一社的组成人员你清楚吗？

唐、杨：确确实实是哪几个人，一下子也说不出来，不大晓得，我只知道赵紫阳时，村主任的财务权比较大，花了村里的钱千儿八百的不用经过书记，赵紫阳以后哪怕是花百元钱也要经过书记了。别的事情，我们是不去管的。

杨：我们是管好自己，其他闲事是不去管的。

问：你们觉得村干部做事公平吗？

杨：不晓得，我们并不清楚，眼睛能看到村里搞得这样好，已经很满意的了。像我们这样不管闲事的人，村里恐怕也不多吧？村里分东西什么的，要他们通知我们才会知道，否则是哪怕分完也不晓得的。

五、嵊州市浦口街道俞村一位学根雕的男孩父母访谈实录

（参加访谈者：男孩父母，访谈时间：2012 年 8 月，访谈地点：俞村村民家中）

问：请问家里几个人？

妇：两口子加一个儿子，儿子二十三岁，在嵊州市北直街艺术村学根雕，师从一位姓陈的著名根雕大师。

问：你们两位从事什么工作？

夫：我是打工的。

妇：我已经休息好几年了，身体一直不好，我们条件在村里算差了。

问：我看你们的居住条件也不错，你们觉得本村村干部做事情规范吗？

夫：要算做得好的，有几个村，干部几年下来，将钱用得一干二净，甚至还要贷款。我们的村干部已经当了多年了，还是不错的，不能算差。村干部一点不用村里的钱是不可能的，有些干部是做得太过分了。

我们的村干部是过得去的，这一点是需要说明的。真的过不去，这么多年也当不下来，这也是实在话。我们主任和书记的任职时间都快 30 年了。

问：村干部做事有否同普通村民商量的？

妇：那是没有的。

问：大的村务、工程什么的，要花上几十甚至上百万，不跟你们沟通，开展工作容易吗？

妇：有村民代表等人在操心，村民平时事情不多，也就是选干部时来发动一下，我们去行使一下选民权利。

夫：像我们一点职务都不担任的，平时村里商量什么事务，我们也走不进去的。

问：在村务开展的过程中，村民代表有否来村民家中传达一下村里正在做或将做的事情的相关信息？

妇：没有的，说句实在话，当选上村民代表的，并不见得思想就如何好，一般都是拉票的，这是普遍现象。

问：主任在选举前有否过来说一声？

夫：那是有的。

问：是自己来说还是托人来说？

夫：基本上是他自己来说的。

问：听说本村选举时出来竞选的村民很少，是吗？

夫：不太有的，有些村民晓得自己自不量力，是争不来的，到头来也白争。主任当了这么多年了，别人要竞选的话，需要争取半数以上的选票，这是不太可能成

功的,也就不来弄了。

问:选举投票时,选民是否是完全自由投票?

妇:是的,完全是自己填票和投票,不过,选前,亲托亲、邻托邻,准备工作已经做得差不多了。

问:村里除了村委会和村支委会,还有村务监督委员会,有关情况你们知道吗?

夫妇:这个倒是不知道,谁是村主任和村支书倒是清楚的。另外哪几个人当干部也大致有数,但村监委会这个名堂倒是真的不清楚,里面成员是哪些人就更不晓得了。

问:本村的村主任和村支书经济条件都比较好,其中村主任还是办厂的,你们觉得这对村庄和村民有好处吗?

夫妇:恐怕也谈不上吧,要说有的话,就是有几个人在他们厂里打工。如果村民们想打工,跟他们沟通一下,恐怕有方便些,其他好处实在是说不上来。

六、嵊州市浦口街道俞村一对收破烂的夫妇访谈实录

(参加访谈者:一对收破烂的中年夫妇,访谈时间:2012 年 8 月,访谈地点:俞村该夫妇家中)

问:你家里是否是两口子、两个女儿?

夫:嗯。

问:请问两位了解村里干部工作的情况吗,比如说工作的程序?

夫:工作的程序? 我们倒是不太了解的。

问:你们的工作主要是收破烂吗?

夫:是的,我们一直在外面转的。

问:收入还好吧?

夫:总是这样吧,小收入,人比较自由些。

问:我在看,本村的书记和主任比较和谐,你是否这样看?

夫:的确如此。

问:三年一次的村委会选举,你都参加了吗?

夫:参加的,全家参加的。

问:选举前,村干部一般来发动一下吗?

夫:一般不发动的。

问:主任是否在选举前过来打个招呼?

夫:我们一般肯定选他们。

问:你是党员吗?

夫：不是,平民百姓。

问：选举时村里秩序如何? 顺利吗?

夫：比较顺利的,不太有矛盾。

问：村主任是办厂的,你认为主任办厂对他当干部是否有好处?

夫：好处总是有的,如果不办厂,可能对村里的钱财会贪一些。

问：你觉得村里的百姓对村里事情关心吗?

夫：这一点我也不太说得上来。

问：你如果对村庄的发展和建设有什么建议,会同村干部商量和沟通吗?

夫：不太有的。

问：村里的财务开支和村务公开情况,你是否会去过问和关心一下?

夫：也不太去过问的,我知道有村务公开栏,但平时不太去看的,主要是不太有时间,反正就这么回事。

问：你对村干部的组成是否清楚?

夫：基本有数的。

问：村里做比较重要的事情,有否来同老百姓商量?

妇：一般同村委和村里选出来的代表在商量的。

夫：同平民百姓是不太商量的。

问：村干部和村民代表商量后,村民代表是否和百姓说一下?

夫：我们在外面,一般很难碰上的。

问：村民办厂多不多,有否办得较大的?

夫：也就两三家,大的也有。

问：这几位老板是否支持村里做事,捐献点钱物什么的,你知道吗?

夫：这个我不太清楚。我一般早上出去,中午回来,下午再出去,晚上回来。

问：主要经营什么?

夫：废纸。

问：现在街道布置给村里的任务该不太有了吧?

夫：没有了。

问：村里的集体资金除了征地补偿款,另外有否?

夫：没有了,就这点钱,每年发点福利,户口在村里的都有,每年每人 1500 元,做媳妇和出嫁的就没有了,小孩刚出生的就有,上半年的一半,下半年的全部。

问：看起来似乎本村的矛盾比较少?

夫：是的,矛盾多的村是当干部竞选比较厉害的村,你也要当我也要当,打架什么的就多了。不少村选举时有人来村民家中塞钱,我们村不用这样的。

问：你觉得我们村这方面为什么能做得这样好?

夫：一是两位主要干部不错,二是新冒出来争夺的人也没有,冒出来也想当,给我们村民打招呼的人也基本没有。如果有两三个人争夺,就要塞钱了。

问：我们村村民分成几派的现象有否？

夫：我村不大有。

问：你认为我们村村民对干部配合吗？

夫：配合的。

问：你认为我们村干部做事是否民主？

夫：民主的，否则没有这么顺的，两位主要干部搭档已经近 30 年了。我 50 多岁了，这个比较了解，嵊州市底下搭档这么长的是很少的。

问：两个女儿全在读大学吧？学费贵吗？

夫：一个已毕业，学费负担较重。

问：村里组织活动多吗？

夫：村里是在搞活动的，但是我不太清楚。

七、嵊州市浦口街道俞村一位唐姓厨师访谈实录

（参加访谈者：唐厨师，访谈时间：2012 年 8 月，访谈地点：唐厨师家中）

问：你贵姓？家里情况如何？

唐：姓唐，一个儿子一个女儿，儿子是绍兴文理学院外贸专业毕业的，现已工作，是搞外贸的。我今年虚年龄 60 岁，我妻子今年虚年龄 56 岁，儿子今年 27 岁，大学毕业三年了，正在找女朋友。

问：你在哪里工作？经常回家吗？

唐：我是厨师，经常在外面干活，也没有工作日和双休日，忙时外出，闲时回家。

问：你对村级领导班子的工作情况清楚吗？

唐：这个我具体不太清楚。我是一个普通村民，几位干部的年龄还是我稍微大几年，他们是 50 多岁。我基本上每个村都跑遍了，我认为我们村的干部为老百姓做事情方面是比较优秀的。为什么这样说呢？我也经常看到其他村的种种情况，事实是摆在面前的，据我所知，我记得我们村的自来水已经换过 5 遍了，这就是为老百姓办实事。

我在看，也有几位村民好像并不知足，老是担心干部是否会贪污什么的，我是这样说的，假如下一届干部还是有这样优秀，那是你们老百姓的福气。我就是这么一句话。

我记得很清楚，有几位上面的干部下来，办点菜什么的，我们村的干部是比较做人家的。有几次甚至是在自己家中做菜招待上级领导，不用集体开支。所以，我觉得我们村的干部的确是可以的。

问：本村的老百姓对村里的工作予以监督，主要通过什么渠道你知道吗？

唐：这个一般当村民代表的村民可能会比较清楚些，我经常在外面跑，家里不太有人的。有时候刚逢上选举，电话打过来，而我又在外面，我就委托我阿侄去投一下票。我家里基本上没有人的，家里儿子和女儿都是大学生，也在外面，我昨天就在外面做菜，家里没有人。

问：现在农村当村官的有两类人特别引人注目，一类是老板，一类是破脚骨，我们村主任好像也是办厂的？

唐：当时主任有一个预制板厂，后来又和老婆舅合伙办过织厂，书记刚开始时和主任及另外一个人合伙办过一个木材厂，后来散伙后，书记又办过网络丝厂，后来就一直没有自己办厂。也有人说，我们的主任和书记都办厂什么的，钱挣得很多了！我对此不以为然，人家有能力办厂挣钱，你不想让人家富起来怎么成呢？关键还是看他们有没有为老百姓办实事。

通过政治渠道搞企业比较方便些，这也是事实，但只要不把集体的钱拿出去是不搭界的。我向来对政治不太过问，什么选村干部，包括选村民代表，我经常委托我阿侄或外甥去投一下票，我有事甚至连看都不去看一下的，也不关照要他们选谁投谁。实话说，我自己也不想当村民代表什么的，所以尽管让他们去放手填好了。关于村主任和村支书等干部，我们村一直就原来这几个人，别的人上来，杂七杂八的，不一定有原来的好。我的一句话是如果全部主要干部换届后，下一届干部还是有现在这样好，那是你们老百姓的福气。

问：你在外面跑来跑去，有见识就有比较，是不是对这方面感触特别深？

唐：像我们村选举时，参与竞选的候选人是连香烟都不用送一包的。无非是碰见村民时递一支烟，一种礼节的关系。实话说，在浦口街道，包括嵊州市底下，像这样的选举可能已经不太有了。

我在看，我们村的干部并没有去多占老百姓一寸地，多用一分钱，像我们书记，以前办厂什么的，用了村里的一块地，但也是很小的。不比有些村的干部，不但自己乱造房子，而且还庇护自己的亲邻到处沾光。像我们的村长和书记，包括其他干部，基本上没有多占村里什么地方。

可以说，另外村，这样的干部是很少有的。我们的村干部自己没有乱用和多用一寸土地，别的人也不允许他们乱来，这一点的确做得很好。

问：主任任职时间也久了，他在选举时有否过来打个招呼什么的？

唐：这也不太来说的，是这样的，我们村由两个自然村组成。合并前，那时干部根本说也不来说的。现在两个村合并后，干部在选举时打个招呼倒是有的。因为两个村庄在竞争，另一个自然村以前在选举时有打架什么的情况发生，两个村合并后，他们就变得很安分的。

问：原来村的主任什么的干部难道不来竞选了？

唐：主要是他们觉得竞选取得成功的可能性几乎没有吧，像我们村的村民肯定是将80%以上的选票给上届干部的，我们村又比他们村大。另外一个自然村本来有两派，不和谐，结果是一个支委都选不出，后来还是我们村的村干部做工作，无论如何，女村委，还是要从他们村里选出一个来的。那时倒是干部来我们老百姓家中一户户说过来的，让我们从他们村中选一个女村委。

问：街道有没有在选举时来干预或指导？

唐：那是没有的，我们村本来就没有分派闹事的，况且干部们一向做得很好的，现在街道也是尊重村庄和村民的意愿的。像有些村在选举时，派出所忙得不可开交，我们村是从来没有这些事的，上面根本没有必要来操这份心，更没有必要来人了。

像我本来对选举就不太关心，更何况多数时候，在选举时都没有人。像上次，我又刚巧在另外一个地方烧菜，他们打电话过来，我就让我阿侄帮我填了。我阿侄是村民代表又是党员，我就委托他了。

问：一般村在选举时热热闹闹，选举后就让村干部做事了，村民们不太去关心，我们村是否也这样？

唐：我们村是这样的，我也听村民讲，我自己说真的并不太清楚。重大事情是通过村民代表协商的，其他的小事情总是这样子的，总是让主要领导决定了的。我为什么晓得呢？我自己有亲身经历。我3年前新房造好后，房后有20多米的地方，我想申请来建点车棚什么的，就跟书记说了，书记说那得经过村委会和村民代表会议讨论一下。后来他们讨论以后，同意以800元的价格批给我建车棚。地方并不大，做不了车库，也就可以放辆电动车什么的，这样我花一点钱从村里批来，自己也踏实些，让干部也下得了台。

问：在你看来，我村村民对村里事情关心吗？

唐：以我自己为例，是不太去管村里的事情的，老是外出干活，经常是回家时已经是深更半夜了。像我这么大年纪了，对村里的事情抱尽可能不过问就不去过问的原则。我在生产队的时候也当过干部，那时我当管委会委员，相当于现在的村委，我主管农业，像现在一方面是自己年纪也大了，一方面是比较忙，也就不去多过问了。

问：村里有一定的水平和能力，讲话比较有分量的人多不多？

唐：有，但不多，在我看来，我们村的人从村干部到老百姓的整体素质是不错的。

问：依你看，村民自治这套制度如何？

唐：就我村而言，还是切合实际的，选上干部的也就是当得好的，与其他村庄相比算是优秀的了。对于有些村庄而言，情况就很难说了，有不少参选者靠香烟和钱当上了干部，导致真正优秀的人选不上。

以前有个海选村官的电视剧，第一轮入选的人要演讲，我在三年中要实现哪些指标，可实际上真正的农村并不是这样的。有一个村庄，以前曾是乡里的标兵，这些年并没有起色，每选一次，村干部就打一次架，很多村已经道路硬化了，他们村还是老样子,下雨天连自行车也骑不来,干部们在参选时劲头十足,选上后什么事也没做。

像我们村搞得这样好,按照农村土习惯,小伙子找个大姑娘也特别容易,我也不仅仅在这里说说,我在外村也常说,比起其他村的干部,我们村的干部算优秀的,我在外面也跑得多见得多了。

问:依你看,为什么本村村民对干部能如此配合,而旁边有的村干群关系则会如此复杂?

唐:这可能有多种原因,一是村干部平时有没有踏踏实实抓工作,二是村中有没有较浓厚的邪气,正气不足,邪气就上来了。

像我们村也有个别村民,往自家旁的路边延伸建出一些违章建筑,这是很不好的,如果每个村民都往自家外面占一点土地,村路就会越来越小,所以我认为这种原则问题不能放手,否则事情会越来越麻烦。

八、嵊州市浦口街道俞村周大伯夫妇访谈实录

(参加访谈者:周大伯及其妻子陆大妈,访谈时间:2012 年 8 月,访谈地点:周大伯家中)

问:两位对本村村干部的总体评价怎样?

陆:我们村的干部不错的,这么多东西建设好了,这也只有干部不贪不拿进,才有这么多建设。这就好比一户人家的当家人,当家人只有将家建设好,才能管好一家,子女才能服服帖帖。如果当家人只管自己享受,吃吃喝喝,不搞建设不理家,那下面的子女就会气不过。每个人都是这样的,农村也都是一样的。像我们村的东西不断建起来,这样下一代总会轻松一些。

问:是不是不少村民都这样认为?

陆:是的,我们村的干部相比较而言应该说是不贪的,但是做村里的事,拿点香烟钱是有的,我们也是讲良心话。

周:以前生产队的干部是连一包烟都不给报销的,我以前当过十几年的大队干部。

陆:我们的干部外出办事,报销几包香烟钱总是有的。否则要递支烟什么的,总不可能自己掏腰包的,这也是合情合理的,哪怕是省委书记,也要报销香烟钱的,要自己口袋里挖出来是不可能的,这是集体开支,名正言顺的。

讲得好听一点,这是办集体的事情,报包香烟钱也是应该的。有些村民可能有微词:干部们香烟钱也可以报销,这也可以去,那也可以去。我认为你不给他们报销香烟钱是不现实的。他们到外面去考察一番,看看人家建设得怎样,然后回来自己搞,可能说不定是这样一种意思。这个我们普通村民也是管不来的,犹如一个人

家的父母外出交往,子女怎么可以去管呢?实际上也是没有权力去管的,这是实话。现在,村里的情况,让我们过日子是好过的。

问:大伯大妈的身体怎样?

陆:主要是我吃药,每天 15 元的费用。

周:我今年 70 岁,我身体很好,没有病,也没有高血压什么的,就是去年一只眼睛瞎了。怎么瞎也不晓得,有一天突然视网膜脱落了,连忙去看嵊州市眼科医院,他们让我动手术。手术后尽管眼睛还是看不见,但是另一只眼睛总算保住了。主要是视网膜脱落,躺在床上,咕咚一声,眼珠就滚了下来。在医院里躺了 20 天,医了 10000 多元钱。

陆:结果还是没有好。

周:我也就是去年眼睛动手术没有挣钱,以前是每天干活挣钱的。主要做泥水匠帮手,过去一天二三十元,现在都一百元一天了。我一个月可以挣两三千元钱,假如眼睛没有事情,其实我还是可以做泥水匠下手的,我力气还是有的。

问:我们村里哪几位当干部,大伯大妈清楚吗?

周:那都是清楚的。我们的干部要算好的。上次一个嵊州城里的干部下来时说,你们书记村长已经当了 30 年了。我的意思是如果当得好,哪怕当 50 年也是可以的,反正是给我们村办事的。

陆:有些村干部的选票是用钱买来的,我们村没有这样的事情,想选谁就选谁,这样的村已经不多了。

周:我们村主任是办厂的,很有钱,但他在村里也没有多造屋,书记也是这样。

问:你们有事情一般找哪位村干部?

陆:找赵建华书记。

问:三年一次的选举,你们是自己选,还是委托他人?

周、陆:都是我们每个人自己填的,填好后放进箱里就行了,最后在老年活动室汇总、唱票。

问:填票时有没有人来打招呼?

周、陆:没有的,哪怕连香烟递一支给我们也没有的。

问:一般村里都是选举时热闹得很,选好后就比较安静了,我们村怎样?

周:我们村也差不多,主要村干部办事公平,我们就放心了。

问:平时有没有村民向村干部提意见什么的?

周:基本上没有的。不过也有村民很是担心干部们将村里的钱花光了,总是希望村干部们建设少搞一些。

我们的书记和村主任都是很能干的。开发委在棠村旁建了一排屋基,他们没有买去,又不来造房子,就这样烂着。

陆:后来我们村干部非常果断,出钱将它买进了,你说这是不是很能干?

问:村里买来后干什么用?

陆：卖给村民造房，地盘是浇好的，也有卖给外村人的，我们村也不吃亏。隔壁棠村村民买去，好像每个要 40 万呢。

问：村里其他事情如何在开展，你们也清楚吗？

周、陆：不太知情的，村干部不来说的，但有的事也有些数的。

周：总之，一句话，我们村的干部绝对不是贪官，否则他们自家在村里村外拼命造房子，你有什么办法？

问：有没有这样的情况，村干部对自己的亲属多照顾一些，对普通村民少照应一些？

陆：没有的。

九、嵊州市浦口街道棠村村支书唐海平、老年协会会长唐兴国访谈实录

（参加访谈者：村支书唐海平、老年协会会长唐兴国，访谈时间：2012 年 8 月，访谈地点：棠村村委会办公室）

问：都说棠村很大，占了浦口街道的六分之一强？

唐海平：我村有 1088 户，包括 18 个村民小组，98 名党员，6 个党小组，6 个村委，7 个支委，总共 9 人，选举时由于接连两次几位票数并列，后来又任命了两位。现在村里土地被征用的款子，安置费给了老百姓，征用费存在开发办，有 4000 多万，每年拿利息。

旁边俞村的建设搞得比较好，这跟干部们任职时间比较长、村庄稳定这些都有关系。

还有一片屋基地，本来是我们村的，后来被他们村买去了，很是可惜，情况是这样的：前几年，政府拆迁办准备拆迁农村一大片房屋。为了保障拆迁工作的顺利开展，在我们村旁造了一排屋基，准备分给被拆户，但后来碰到了财政困难、被拆户反对等种种因素的干扰，于是就没有继续开展这项工作。后来拆迁办的有关人员曾经同我们商量，愿意将这片屋基地卖给我们，但我们村当时当主任和书记的正在打架，谁来管这件事呢？这时俞村的村主任和村支书了解这事后，主动与市领导、拆迁办联系，并同他们签订了协议，将这片屋基买了过去。当时连屋基浇好也就是 3 万多块钱。

问：现在该片屋基地该是涨价了不少了吧？

唐海平：是的，每一块可卖十多万了！他们村关键是书记和主任搭得好，这几年村干部们做了很多事情。我印象很深的是前几年造湖，当时他们村有很多村民是反对的，但后来造好后，老百姓就认可了。最近听到的风声是老百姓在唠叨：那时要是能再造得大些就好了。

他们村从我们村占了很多便宜了,村边的一片地本来实际上也是我们村的,后来划给他们造路了。还有上次本来给我们的屋基,又给他们买了过去。

他们主任是办厂的,很忙的,一般村里的事情还是村支书多操心一些。书记基本上有想法后会跟他们主任说,他们主任一般都会支持。

(这时候进来一位老同志,是老年协会会长、老干部,叫唐兴国)

唐海平:我们老年协会的工作能力是很强的,业绩是很优秀的,老年协会是绍兴市优秀老协,现在族谱的整理工作也是他们在负责。

问:这该是一项很辛苦的工作吧?

唐兴国:是的,已经忙了两三年了。

问:除了修族谱,老年协会还做些什么工作?

唐兴国:还有文娱活动。

唐海平:现在生活条件也好起来了,与城市化也接轨了,文化这个东西,老百姓也需要了。作为我们村,重点是靠老百姓自己组织,村里主要是提供场地,我们村有三四处地方是可以作为活动场所的,我们的鼓乐队是得了绍兴市金奖、浙江省二等奖的。

问:现在村庄组织开展工作是怎样的一个程序?

唐海平:每月 20 日,村三委,包括老年协会,都定期开会。我们主要是每个月工作总结一下,下个月工作安排一下,具体再分工分线。如果是大事情,我们就召开代表会议、党员会议,并向村民公告,一般性的事情就村三委会议定掉了。如果别的有什么事情,再另外临时召开,如防洪什么的。

问:村监委的组成如何?

唐海平:三个人,主任是由分管纪检的支委兼任的,上面也有这样的规定,两个委员是代表里面产生的。我们在程序这块是做得比较好的,是省级档案资料示范村。

问:会长你今年多大了?

唐兴国:70 岁。

唐海平:他当副书记的时候突然血压升高,所以退了下来,要不然可能现在仍是村干部。

现在不妨讲个笑话:以前文化大革命时,上面对破四旧有刚性要求,我们会长那时就是分管干部,当时执行任务非常积极,村里文化载体受破坏而言,我们棠村是比较严重的。现在他又担任村老年协会会长,尽心尽力地带领大家修复整理那时被毁掉的东西,有时看他也挺后悔的,有人跟他开玩笑说,既然如此,那时又何必那么积极呢?

问:村里的企业办得怎样?

唐海平:有几个领带厂,我自己家里也有一个,主任是跑工程的,很有钱。

问:三年一届的村委会选举,书记觉得村民们的参与情况如何?

　　唐海平：参与率是相当高的，怎么可能不参加呢？现在的选举是挨家挨户，人人都到，百分之百。

　　唐兴国：这个选举问题看起来比较麻烦，不仅仅是我们村的问题，而且是全国各地都拉票、买票。

　　唐海平：你是来调研的，应该是想了解真实情况的。对于选举，上面有相当齐全的政策，也不可能轻易更改。实事求是地说，现在搞选举，总是伴随着打架什么的，搞一次选举就乱一次。

　　唐兴国：现在看来，棠村本来是可以发展得更好一些的，就是选举的失败，造成了村庄的不稳定，书记和村主任总是不和，最近两届总算稳定一些了，情况好了一些。

　　唐海平：现在不少主任什么的村干部上来的动机就不对，并不是想为村庄和村民做事。

　　唐兴国：现在你调查起来，十个村庄有八个村，干部中往往有破脚骨，而且，他在选举时花了这么多钱，要不要拿回去？像我们棠村，一次选举需要花几十万，香烟、钞票什么的。他当选后肯定要想办法怎样将钱拿回来。这些问题，我们反映反映也没有用，希望你们也在各种场合讲讲。

　　唐海平：总体而言，对于新农村建设，上面是比较重视的，村里尽管开展节奏有快有慢，但总体上还是搞得比较可以的。你有没有去看过俞村的村容村貌？他们是一年一年地搞的，他们村庄稳定，干部搭得好占了便宜。

　　问：书记你是什么时候开始任现职的？

　　唐海平：我是上届的上届中途接过来的，当时就是因为一直乱，已经有六七年了。

　　我们这位老书记自己从来没有当过主职一把手，他培养出来的新人可是都已经当过书记。我们这位老书记的配角当得非常好，实际上配角非常重要，一把手再厉害，如果配角不配合，也办不成事情。不管你能力多强，八只脚不一致，螃蟹还是走不了，所以书记和主任一定要和。

　　问：现在村民代表会议是多长时间召开一次？

　　唐海平：说不好，没有重大的事情，一般就三委会处理掉了，到年终再集合一下。一般是年初规划，年终总结，一些重大事情结合村民代表讨论、决定一下，如要浇什么路、要处理什么地等。我们还有80多亩地，这些地如何承包？也会通过村民代表会议商议一下，这样我们也有部分责任可以推。

　　现在的情况是上面对党员会议没有硬性的要求，而对村民会议则有刚性的召开要求。

　　唐兴国：事实上，应该是党支部大会作为最高权力机构才对。

　　唐海平：现在的实际情况是：一方面支部书记是村里的一把手，党组织是农村的领导核心；另一方面村庄又是基层自治组织，实行村民自治，最高权力机构是村民会议以及由其选举产生的村代会。所以其中实际上是很矛盾的。

问：在你看来，除了选举，村民们对村庄事情关心吗？

唐海平：如果涉及自己的切身利益，那肯定是关心的。

问：关于村庄的发展来村里提意见的村民多不多？

唐海平：一般是这样的，部分村民的意见和建议能通过老年协会反映上来，一般的村民如果没有涉及自己个人利益、个人事务，很少来过问村里的发展的。

现在，上面的管理力度也大不如以前，以前上面在管理上肯花时间，现在大多过得去即算，希望在本届任期内平安无事即可。这样的情况下，大部分的事情都是村庄自己解决。而且现在的选举制度也有些问题，以前的选任制度，干部是不怕得罪村民的，现在的选举制度下，谁愿意去得罪村民呢？

现在的村委和支委选举中，买选票是很常见的事情，有些村民主要在外面干活，与村庄关联不大，只要竞选者送他们点东西，或者跟他们关系好的，他们就很大方地将选票给他了。

我们村原来的村主任和村支书经常吵架，工作就做不下去。

唐兴国：每个人都有自己的打算，各自争权。

唐海平：现在的情况是第一年坐稳位置，第二年排排工作，第三年就走人了。

唐兴国：现在改革开放后，条件好了不少了，以前不少老年人经济很困难的。

唐海平：现在老年协会还承担着调解邻里纠纷的职责，替我们分担了很多事情，现在村级组织中也有调解员，但很多方面，老协的作用还是无法替代的。

唐兴国：老年人出面有时也有自己的优势，有时可说：嘿！年轻人，让我们老人来说句话吧！

唐海平：现在老年协会的人都是有威信的人，几乎人人都担任过书记或主任或其他干部，老年协会在维稳方面的确发挥了很大的作用。

十、嵊州市剡湖街道张村部分村干部访谈实录

（参加访谈者：村监委会主任马平原、村支委兼村会计马夏愉、村支委袁彪，访谈时间：2012年8月，访谈地点：张村村委会办公室）

问：村干部中办厂的多不多？

袁彪：书记和主任都是办厂的，我家里也有一个领带加工厂，也就是人家那里拿来半成品，然后是组织一些人干活，主要是解决一些剩余劳动力，小作坊。

问：书记的厂办得不错吧？

马平原：资产已经上亿了，产值去年也有一亿多。

袁彪：他自己说是1.4亿，办的是金属冷拉型材公司，经济实力是雄厚的。主任办的是石材厂，专门扎石子的，用于高速公路及建材方面，资产有三四千万，其他

村干部则没有办厂。像我们这些人是没有人力、精力和财力去办这么大的实业的。

问：能介绍一下村里干部们开展工作的程序吗？

马平原：譬如造房子，方案定下来后，必须公开招投标，这是很规范的，完全按照上面的要求来的。集体所有的事业，大小工程，均经过村两委会议先定方案，然后再召开村民代表会议表决，决议后大小工程公开公告，然后再报名，报名完成后再公开摸球投标的。

问：村中的事情是否在党员这边通过一下？

马平原：通过的，关于集体事务，一般肯定会开党员会议沟通一下。首先第一个是党员先晓得，表决权是没有的，但具体情况应该让他们先了解，以取得他们的支持，然后再召开村民代表会议。

问：村监委成立几年了？

马平原：算上今年，已经是四年多了。我是主任，下面有两个委员，在村民代表里面产生的。全部是选举产生的，包括我也是选出来的。按照现在的制度是任命不来的，必须要选举产生。

问：关于村务的商议，现在村庄是否有安排，比如多长时间开一次会？

马平原：这方面安排是有的，但是实事求是地说，完全要按照墙上挂的来做是没有的。一般是有必要时及时召开村两委会，而不是一定每个月召开一次。规定是有的，但实际上并不是死板地执行的。

马夏愉：否则走拢来也就是无聊地坐坐。

问：主任和书记都是办厂的，开会时，遇着厂里忙，还过来开会吗？

马平原：肯定来开的，开会首先要以他们两个人为主，也是要他们召集的。他们不召集，我们是没有办法开的，像我们普通干部是没有权力随便召集会议的，也是召集不起来的。

问：上次村委会换届选举的秩序如何？

马平原：上次换届是在 2011 年 3 月，选举是比较规范的，按照上面规定的程序，一点不让逃走的。

问：有没有在选举时发生吵闹什么的？

马平原：没有的，支部换届是很顺利的，好几届都是这样的。村委会选举，1996 年那次竞争特别激烈，但最终谁上谁下还是看票数的，打架什么的是没有的。就是看谁的本事大，谁的关系强，最后以得票多少为标准。

问：书记和主任都是办实业的，你们认为这对他们参加村委和支委的选举有否优势？

马平原：如以书记为例，相对而言，本身拥有实业，来村里做点事情，普通村民和党员的支持力度相对而言会更大些，人际关系也会更旺些。另外一点，就是依托他本身的财力，当村庄运作产生经济困难时，像他来赞助点是有的，相对而言，对村庄的奉献是有点的。

由于两位主职干部有相当的经济实力,人际网络又比较广,出去为村庄办点事也比较容易。当村庄碰到什么困难,去哪个部门争取点资金,靠他们两个人总是容易些,这对村庄是有利的。另外一点,我们书记和主任要为自己个人从村庄挣点钱去,这是绝对没有的。相反,只有委屈点自身,而对集体奉献点。

但话说回来,村庄担任干部,无形资产是有点的。有时碰到个人事情,到某个部门或某个单位去坐一坐,提点要求,稍微有些优势,这是客观存在的。

另一方面,要将村庄搞得如何标准,那还是有一定困难的。尤其像现在,老百姓的思想很活跃,大家都是自找门路自挣钞票,才不来多管村里的事情。

这跟过去不一样,过去干部对于很多事情可以说了算,现在不行,大小事情须公开,要透明和规范,而过去是没事的。比方说,过去我是生产队长,如你不听话,就扣你2分工分。而现在这样是不允许的,现在中国正在推进民主化,老百姓这方面的意识也增强了。如果干部不这样去努力,他们就会说:我们村庄的事情,你们干部怎么不让我们知道呢?

问:我们在看,选举时有两类村民,一类是相当认真的,选谁投谁经过仔细的考虑。另一类是敷衍型的,往往随便一填一投了事。你怎么看这个问题?

马平原:现在的选举,讲得凶点,是带有残酷的性质的。作为选民,部分人有这样的想法:你们两个人在争,哪个人给我更多实惠,我就选谁。这样的选民是有的。但有部分村民则是这样的:你拿来的东西我收下,但是我选时不投你票。这样的选民也是有的。他们的理念是:当面我不来得罪你的,我暗地里得罪你,你又不晓得、看不到。所以选举这个东西比较残酷。相对而言,最终的结果是,候选人和选民关系好些的,那就得票多些。关系好的,不管你香烟给不给我,我就选你。否则,哪怕你香烟给我,我也不选你,这样也是有的,所以说现在的情况是看不出、摸不着。

问:村民会议每年都召开吗?

马平原:村民会议一般不开的,一则是现在这样的场所没有了,二则是这么多人也根本叫不起来,过去集体生产时开社员大会是比较多的,哪怕是大队开,一年开次把也是有的。现在涉及全村的会议也就是选民大会,那也不是全村人在一起,往往是分组召集,形式上以组为单位,其他是没有的。

问:在代表的产生过程中,村干部们有没有做些工作?

马平原:我们村支书为首的村级党组织认为,产生代表的时候,一是要有代表性,二是要有一定的威望性。能够在会议上合理合情地提建议,否则走拢来像菩萨一样只管自己坐着,是不行的。所有这些都要考虑到。对我们来说,以上这些,支部内部都是酝酿过的,尽管不能指定,但是引荐是可以的。比如,可以跟各组打个招呼:"某某某,最好选举时给引荐一下。"这样,相对而言,代表能够在思想上形成这样一种意识,否则走拢来或者是瞎扯,或者是顶杠,那是比较麻烦的。

索　引

后 记

　　终于到了可以写后记的时候,心中不由得松了口气,其感觉好比是自己在厨房里忙碌半晌后终于端出了一席酒菜,又好比是孩子在书房里读写了半天后总算完成了所有家庭作业。我之所以打这两个比方,一是因为闲暇时我特别喜欢在厨房里折腾,最好有我妻子做助手。她负责刀工,我主打烹调,共同完成一曲美妙无比的"锅盆瓢碗交响乐"。每当亲手将热气腾腾、吱吱作响的菜肴端上餐桌,那份快乐只有自己才能品味到。二是因为我的孩子正在中学读初三,经受的学习压力想必每位初中孩子的父母都能理解。傍晚,背着沉甸甸的书包放学回家,要做的第一件事就是扑向书房,拼命完成老师布置的家庭作业,不知不觉地待到客厅挂钟的时针指向 10 时,通常差不多也就是孩子做完作业的那一刻。这时,孩子往往会长舒一口气,然后爬到客厅的沙发上美美地伸一下懒腰,那份惬意连我们都能感受到。

　　本书是笔者主持的教育部人文社会科学项目"'先富能人治村'对推进村民公共参与的影响及对策研究"的最终研究成果。扳指一算,我涉足乡村治理研究领域已经不止十个年头了。说起来,这其中还有一段难忘的故事。记得那时,我还只有三十出头,刚刚随着自己原来任教的上虞师范学校升格为绍兴文理学院上虞分院后,从一个中专教员转变为大学教师。作为高校教师,除了教书育人,还增加了开展科研和为社会服务这两项工作。作为一个出身农家的子弟,也许我的血脉里对乡土中国有一种难舍难分的情结。所以,当 2001 年的一天下午,受邀来上虞分院作科研报告的绍兴文理学院法学院教授、学报常务副主编梁涌先生讲到当前开展基层治理问题研究的重要性时,一下子激起了我无穷的兴趣。

　　当时,我试着完成了一篇关于基层治理问题的论文"对当前我国人民内部矛盾社会调控滞后的思考",随后寄给了《宁波大学学报》(人文社会科学版)的编辑部,令我不曾想到的是,没有多长时间,就收到学报编辑的来函,表示愿意刊发此论文,这无疑使我倍感惊喜。更让我高兴的是,论文在《宁波大学学报》(人文社会科学版)2002年第3期刊出后,又被中国人民大学复印报刊资料《社会主义论丛》2003年第1期全文转载。这对初涉学术研究的我来说,可谓是个不小的鼓励。从那时起,我就决定,日后将基层政治稳定和政治发展作为自己的主要学术研究方向之一。特别难得的是,2010年,在单位领导的大力支持下,我有幸到浙江师范大学做高校访问学者,师从著名乡村治理学者卢福营教授。在访学期间,我在学术上得到了卢老师的倾心指导,并在卢老师的严格要求下进行了更为规范的学术训练。正是在浙师大访学期间,我确定将能人治理作为自己在乡村治理领域的研究重点。

十多年来,我一直没有停止对乡村治理的研究,并在《社会科学战线》、《天津社会科学》、《浙江社会科学》、《中央社会主义学院学报》、《理论探讨》等学术期刊上发表了数十篇研究论文,有的还被《中国政治》等中国人民大学复印报刊资料全文转载。而本书则是我关于乡村治理领域的第一本专著,笔者在撰写过程中也尽了自己的努力。常言道"敝帚自珍",在笔者看来,本书可谓是自己多年来关于乡村治理思考和探索的阶段性研究成果。同时需要指出的是,尽管本人对乡村治理问题一直没有停止过思考,但所取得的研究成果还是较为初步的,有的观点和结论也不一定客观和正确。与其说自己是该领域的学术研究者,还不如说是该领域的学习思考者。因此,对于笔者在本书中涉及的相关探讨和研究,不当之处,真诚地期盼各位专家学者不吝指正。本书在撰写过程中,也参考了不少相关研究成果,无法一一指明,谨在此向有关著作者表示谢意!

本书在撰写过程中,得到了很多领导和朋友的关心支持,我在此要表示深深的感谢!在浙江省嵊州市落实田野调查计划时,我得到了我的好友,嵊州市人民政府外事办副主任张涛先生的大力帮助。在调研期间,不少在乡镇、街道和村级组织任职的同志在百忙中对我的研究给予了大力支持,他们是中共嵊州市剡湖街道组织委员金哲贤同志、剡湖街道党建办邢春江主任、中共嵊州市浦口街道组织员郑晓惠同志,以及在相关村级组织中担任领导工作的俞柏忠、魏君良、吴孝忠、吴兴全、喻家良、王爱忠、王雪庆、袁荣灿、宓梦君等诸位同志。在入村调查中，接受访谈和调查的各位村民不厌其烦地配合我们的调研工作，尽管直到现在，我还叫不出一些受访的乡亲朋友的名字，但我由衷地感谢他们。

　　我还要特别感谢我的爱妻马芹芬，以及我的儿子裘望烨。我的妻子去年自从原单位调入绍兴文理学院元培学院后，教学和研究任务特别繁重，但她毫无怨言地承担了几乎全部家务，在滋润我生活的同时，还给我创造了良好的思考和研究条件。我的儿子今年在读初中三年级，学习任务也特别繁重，除了做功课，他还特别"好问"，经常喜欢问大人各种课内和课外的问题。令我感动的是，他对我总是特别体谅，将大部分的问题留给了他的妈妈去帮助解答，从而给了我一份难得的清静，使得我可以在书房里安静地完成属于我的"作业"。我也要在这里向居住在另一个城市的父母亲表达我内心深深的感恩之情，他们含辛茹苦，把我培育成一个自食其力的人，可是从来不求回报，每次打电话，或者去看他们时，总是说他们一切都好，叮咛我们自己多保重身体、多关心孩子的成长。我还要感谢我的岳父母，他们尽管和我的父母一样是受教育不多的农民，可总觉得我和妻所作的似乎没有物质效益的研究是很重要的工作，总是特别支持，让我们很受感动，也备受鼓励。

　　同时，我也要感谢浙江省新闻出版广电局将本书列入浙江省2014年度服务"三农"重点出版物，真诚感谢浙江大学出版社和有关编辑同志对本书出版的支持。

　　要感谢的人还很多，无法一一列举，请允许我在这里向所有关心我研究、支持我研究的领导、老师、朋友、亲人说一声："谢谢你们！"

裘　斌

二〇一四年三月十二日

于上虞丰泽苑寓所

图书在版编目(CIP)数据

"先富能人治村"视域中的村民公共参与/裘斌著.
—杭州:浙江大学出版社,2014.7
ISBN 978-7-308-13348-7

Ⅰ.①先… Ⅱ.①裘… Ⅲ.①农村—群众自治—研
究—中国 Ⅳ.①D638

中国版本图书馆 CIP 数据核字(2014)第 118707 号

"先富能人治村"视域中的村民公共参与

裘 斌 著

策 划 者	何 瑜(wsheyu@163.com)
责任编辑	
封面设计	杭州林智广告有限公司
出版发行	浙江大学出版社
	(杭州市天目山路 148 号 邮政编码 310007)
	(网址:http://www.zjupress.com)
排 版	杭州林智广告有限公司
印 刷	富阳市育才印刷有限公司
开 本	710mm×1000mm 1/16
印 张	11.25
字 数	233 千
版 印 次	2014 年 7 月第 1 版 2014 年 7 月第 1 次印刷
书 号	ISBN 978-7-308-13348-7
定 价	36.00 元